从语音到文字,分享人类智慧

历史教你说话

林毅 著

天地出版社 | TIANDI PRESS

图书在版编目（CIP）数据

历史教你说话 / 林毅著 . —成都：天地出版社，2021.3

ISBN 978-7-5455-6023-7

Ⅰ.①历… Ⅱ.①林… Ⅲ.①语言艺术—通俗读物 Ⅳ.① H019-49

中国版本图书馆CIP数据核字（2020）第199988号

LISHI JIAO NI SHUOHUA

历史教你说话

出 品 人	陈小雨　杨　政
作　　者	林　毅
责任编辑	王业云　李　栋
装帧设计	仙　境
责任印制	董建臣

出版发行	天地出版社 （成都市槐树街2号　邮政编码：610014） （北京市方庄芳群园3区3号　邮政编码：100078）
网　　址	http://www.tiandiph.com
电子邮箱	tianditg@163.com
经　　销	新华文轩出版传媒股份有限公司
印　　刷	北京文昌阁彩色印刷有限责任公司
版　　次	2021年3月第1版
印　　次	2022年2月第3次印刷
开　　本	710mm×1000mm　1/16
印　　张	20.75
字　　数	350千字
定　　价	56.00元
书　　号	ISBN 978-7-5455-6023-7

版权所有◆违者必究

咨询电话：(028) 87734639（总编室）
购书热线：(010) 67693207（营销中心）

如有印装错误，请与本社联系调换

读了本书，我有三个感觉。

当看到书名时，我顿时产生了第一个感觉：够宏观！

因为我总觉得，"以史为鉴"是后人把历史当作镜子，从中了解国家兴亡的原因的意思，怎么跟说话扯上了关系呢？其实"以史为鉴"出自唐太宗李世民《旧唐书·魏徵传》中的一句话："夫以铜为镜，可以正衣冠；以古为镜，可以知兴替；以人为镜，可以明得失。"是啊，这些见证过历史兴替的历史人物的相关史料，既可以让我们知晓朝代兴替的原因，又可以教会我们说话，岂非两全其美？说实在的，目前关于口才的书不少，但从历史的角度谈口才的不多。单从命题来看，我就觉得本书有高度、有深度，很有点哲学意味，堪当"宏观"二字。

当看到本书的目录和页码时，我又产生了第二个感觉：很系统！

本书共十章，有五十个说话案例，其中每一个案例都分五个环节进行阐述，可读性很强，尤其是"五星评跋"评价体系的建构更为读者指明了努力的方向。这些案例的史料分别源自《史记》《春秋》《左传》《战国策》《晋书》《新唐书》《宋史》《资治通鉴》等史书经典，关系到四十七个历史人物，一根主线从头至尾清晰可见——口语传播学：传播语境、传播态势、传播内容、传播形式、传播目标、传播手段、传播角色、传播对象、传播心理等。

这让我不由得想起了这么一件轶事。曾有人问丘吉尔："敢问阁下，两分钟演讲，要多少时间准备？"丘吉尔答："半月。"又问："五分钟演讲呢？"答："一星期。"再问："一个小时呢？"答："无须准备。"丘吉尔的幽默旨在说明一个道理：演讲要做到言简意赅而且精彩绝非易事，而真正长达一个小时的演讲却无须准备其实几乎是不可能的。因此，没有明确的学术思想为制高点，没有完整、合理、缜密的结构框架作支撑，没有一年半载的焚膏继晷、篝灯呵冻，要完成这样一项大工程的著作岂不是天方夜谭？

当仔细阅读了整部书稿后，我又产生了第三个感觉：挺实用！

我体会到书中这些历史人物从四个层面教会了我们如何说话：一、要有智慧，二、要明原则，三、要懂策略，四、要重语言。其中第一个层面"要有智慧"显然是重中之重。

我觉得书中历史人物的智慧体现在以下五点：

一、能做到"先知独见，不惑于事"。

汉代班固在《白虎通义》里说："智者，知也，独见前闻，不惑于事。"智者虽然身处社会动荡之中，却凭借着眼力见儿，看得早，看得明，不被假象、表象所迷惑。从这个角度来说，书中历史人物的"智慧"得到了最准确的体现。

二、能做到"远见未萌，避危无形"。

司马迁在《史记·司马相如列传》里面写了这样一句话："盖明者远见于未萌而智者避危于无形。"有智慧的人对未来具有准确的预测，看问题具有超越常人的眼光，对世事具有透彻的领悟和理解，对事物之间的关联性具有深刻的体察。从这个角度来说，书中历史人物的"智慧"得到了最生动的体现。

三、能做到"明辨细别，见微知著"。

《中庸》里说："慎思之，明辨之。"智者说话，当头脑清醒，可圆通自如，尽得事之体要。智者对现象的观察，对线索的梳理，对逻辑的推断，对规律的把握，善于从相似中寻找差异，从区别中发现联系，从凌乱中找到头绪。从这个角度而言，书中历史人物的"智慧"得到了最鲜明的体现。

四、能做到"巧妙应变，见机行事"。

杜牧为《孙子》这本书作注时写道："兵家者流，用智为先。"《鬼谷子》一书有"钓语"一说，清人俞樾解释为："'钓语'谓人所隐藏不出之言，以术钓而出之。"在得失和进退之时能敏捷把握并创造机会，巧妙地化解危机。从这个角度而言，书中历史人物的"智慧"得到了最充分的体现。

五、能做到"善于倾听，耳聪目明"。

国人常说："愚者自以为是，智者善听人言。"西人也说："雄辩是银，倾听是金。"倾听是一门沟通的艺术，也是一种沟通的态度，更是一种沟通的智慧。倾听能帮助表达者看清问题的本质，能帮助表达者寻找到解决问题的良方。从这个角度来说，书中历史人物的"智慧"得到了最恰当的体现。

说到智慧，我要说说作者，以及他与我的关系。作者在华东师范大学传播学院读博时，我是他的老师；我在担任上海市演讲与口语传播研究会会长和名誉会长时，他担任副秘书长和秘书长。我长他三旬有余，我们曾一路携手同行，为口语传播研究全心全力付出，做了不少事情，包括一起搞科研、做课题。数十年来，他的稳健、踏实、勤奋，特别是他在处世和做学问中所表现出来的智慧给我留下了很深的印象。他能将学理和实践有机嫁接，能将历史和现实巧妙结合，本书的成功付梓便是一个有力的证明。

在文章的最后，我倚老卖老提点希望：我想说，因为篇幅的原因，本书的语言资料主要集中在先秦两汉，尚未反映历史的全貌，只能说这是一部"断代史"了。《历史教你说话》的研究还在路上，期盼作者能够进一步扩大历史范围，获得更新、更大的成果！

承蒙重托，认真谈点感受，是为序。

王 群

2020年6月6日

《历史教你说话》的读者,大家好。我是林毅,一位口语传播工作者。开门见山地报上自己的身份,是为了最有力地向您告知本书的精髓。这不是一本简单地讲述历史经典的故事读本,而是一本力求"用语言赋能历史"的复合读物。

2019年中国新闻网对我的一篇采访稿中写道:"在中国文明的历史长河中,在浩如烟海的历史典籍中,镶嵌着无数熠熠放光的经典对话,它们无一不是改变和推动历史前进岔路上的闪亮路标。为了创新传播手段,传承经典文化,贯彻运用信息革命成果,实现信息内容、技术应用、平台终端共融互通,让以往仅通过传统媒体传播的人文历史内容,在互联网时代借助移动传播,牢牢占据舆论引导、思想引领、文化传承、服务人民的传播制高点。以林毅博士为核心的内容研发团队,在专业音频分享平台喜马拉雅上推出了首档以历史人物对白为素材基础的口语传播知识类音频节目《林毅:历史教你说话》。"

是的,这就是本书的来龙去脉。最初,它是一档在互联网平台上服务于全国听众的免费音频节目。该音频节目是由我和来自广播、电视及互联网领域的核心创作团队共同制作的,是一档"从历史记载中寻找、剖析实用说话技法"的有声节目。我担任该节目的主讲人。节目制作团队通过这个有声节目,深入浅出地分析、理解那些影响着中华五千年文明走向的魅力文字,经口语传播让每位听众都能切身感受到历史对白中的智慧与技巧。在每集节目中,我带领着听众按照"史料记载对白+说话技法分析+现实生活解构"的剧本创作模式,进行节目播讲。节目采取由主讲人对历史经典对白进行多维度综合评分的方法,给每一篇作品做出星级评定,以便听众更为感性地认知那些历史人物的说话水平。

然而,口语传播和文字传播必定存在一定的差异。在节目完结后,我从一百多篇稿件中精心挑选了最具代表性的五十篇内容,重新整理文字成书。为了更好地贴近读者的阅读习惯,全书根据史料故事中人物说话技法的类型分为十章,让读者能够分门别类地学习书中人物的说话技巧，欣赏史料故事的情节。每一节都由钩玄提要、史料新说、技法正名、五星评跋和沙盘推演五个版块组成。我们在音频节目的基础上，更为细致地梳理了故事的结构和说话技巧的用法。

几年前在我主持的青年学者口语论坛上，一位德高望重的学者对我说："林老师，您是研究和教授口语传播的，而我觉得说话这件事不需要技巧，只需要真实，传递真实的内容就是说话的唯一技法。"我知道他的意思，他在间接地告诉我，我的工作没有意义。

在我看来，这句话显然有失偏颇。如果一个社会的口头语言只剩下"实话"，那也是一件非常可怕的事情。这样的语言该有多直白、多暴力，暂且不谈"艺术"二字，就连沟通中的和谐都很难做到。到头来，实话也只能变成一块为人所用的挡箭牌。

有人会说："嘴长在我身上，我说什么，就是什么。"这句话想要表达的意思更暴力。言下之意是，说话是我的权利，我说什么话，你们管不着。表面上看，好像的确如此，似乎挑不出毛病，因果关系非常明确。但是只要学过一点传播学的人就知道，这是典型的霸权表达、单向思维，也是传播学中常说的靶子理论。传播者只顾及自身利益，以自我为中心，把传播对象当作靶子一样对待，乱射一通。实话是一个好东西，但它并非完美无缺，甚至缺点还不少。有时候，它不过是表达者过度自我表达的一种借口。当然有一种情况允许这么做，那就是自言自语，你自己既是传播者，又是传播对象，爱怎么折腾都行，不关别人的事。

除此之外，说话这种行为至少是由两方构成的活动，你在说话之前有没有考虑过对方的感受？是否明白你占用的不仅是对方听你说话的时间，更是对方的生命？哪怕是出于某种善意，是否也应该照顾一下对方的情绪？

退一万步来讲，很多人在伤害别人后，往往会掏出一块免死金牌——"我说的都是实话"。我承认，敢说实话是一种可贵的品质，我从不否定实话本身的价值，但以上种种坚持并不代表实话只有一种说法，并不代表实话的表达不能使用技巧。请千万别再用实话作为排斥说话艺术的挡箭牌。如果你坚持这么说，我倒想要问问你，在这块挡箭牌背后，你真正的目的究竟是什么？不要把道德绑架时时刻刻发挥得淋漓尽致，目中无人的实话实说未必就比善意的谎言强多少！

事实上没有传播效果的传播内容，无论多么真实，都不会有太大的价值。归根结底，天底下没有排斥说话艺术的人，只有排斥需要花时间、花代价去学习说话技法的人。你之所以会有这样的想法，是因为今天你说错了一句话不会掉脑袋，更不会株连九族。然而，当有一天说话关乎你的生死存亡，关乎你所在的集体的兴衰荣辱时，你是否会重新审视自己的说话才能？

在中国历史上就有这么一批人，他们以说话为生，凭借三寸不烂之舌，不仅挽救了自己的性命，还改变了一个国家的命运，他们被尊为"辩士"。你可别用今天的工种名称去套千年前的称谓，辩士不是指辩论选手，而是指口才出众的人。

让我们一起来体会一下口才的力量。公元前311年，秦相张仪返回秦国，还没走到咸阳的时候，秦惠文王就去世了。继位的秦武王当太子时就不喜欢张仪，加上大臣们不停地诋毁他，张仪深知自己的处境已极其危险。于是，张仪回到咸阳后找到机会对秦武王说："我有个不成熟的计策，希望献给大王。为了秦国着想，必须使东方各国产生分歧，大王才能多割得土地。如今众人皆知齐王特别憎恨我，只要我在哪个国家，他一定会出兵讨伐那个国家。所以我希望让我只身前往魏国，齐国必然会攻打魏国。在他们混战时，您利用这个间隙攻打韩国，打进三川，军队开出函谷关，直接挺进，兵临周都，就可以挟持天子，成就帝王的功业了。"秦武王听了张仪的话，准备了三十辆兵车，送他去了魏国。张仪就这样用嘴救了自己的一条命。

当然想要说得好，显然不是干说、愣说，其中藏着太多的技法，张仪使用的技法便是说话中典型的"迎合利益点"。设想一下，如果张仪不注重说话的技法，直来直去，上去就问秦武王是不是对自己有成见，他的下场会是怎样？

但我们要看清现实。人不是天生就拥有说话才能的，这就决定了说话需要学习，不仅需要学，还需要不断地练。可能听到需要花代价，又会有人不乐意了，甚至还会有人鄙视技法，认为这都什么年代了，格局得大，我们要讲素养，别盯着基础的技法磨来磨去。那我得告诉你，你是站着说话不腰疼，看人挑担不吃力。你怎么不去擂台上跟对手讲素养呢？你敢吗？你不敢，因为你要活命。

那些十几年如一日的专业拳击手，天天练得难道都是素养吗？他们翻来覆去练的无非就是那么几个技术动作。你之所以敢放弃技法谈素养，是因为今天这个时代说错了就说错了，你还能活得好好的，不会被人打倒在擂台上。要知道，素养不是空中楼阁，它是建立在"术"之上的东西，没有面包和牛奶，哪来的诗和远方？

让我们再次回到历史中，值得一提的是，在辩士盛行的年代，社会各阶层自上而下对口才了得者的尊敬程度是当今社会远不能及的，他们知道善于表达的背后所支撑的是智慧与文化。有人会反驳说，时代不同了，现在都21世纪了，还需要向古人学习说话吗？我想告诉你一个不幸的事实，互联网+、智能时代、融媒体等概念堆积的今天，科技是取得了飞速的进步，但我们的口语传播的发展进程却极其缓慢。要不然到了今天我们怎么还在把《论语》奉为经典，还在前赴后继地拜读四大名著呢？有时口语和文字如出一辙，我们不比古人强多少，有些地方甚至还不如他们。让我们一起向先辈们致敬一回！

更值得一提的是，对史料的整理和对故事的编辑，其工作量之大和难度之高，绝非凭我一己之力就可以完成。全书五十篇文稿的史料编辑工作融入了多位老师的心血，他们分别是卢美毅、陈大川、杨和轶、刘磊和杨青。同时，杨东杰老师也用自己的专业能力为本书做出了极大的贡献。在此借作序之际，一并向他们表示诚挚的感谢，没有他们的共同努力，本书很难顺利付梓。

我之所以需要借一本书的篇幅用历史来教你学说话，有两大原因。第一，历史故事中凭借说话改变命运，甚至改变历史的经典很多，三言两语说不完。第二，本书不仅谈古，还会论今。在抽丝剥茧后，看看从古代穿越到今天的技法摇身一变，在现实生活中成了什么？如今各类演讲、沟通、辩论、谈判中的专业技巧古已有之，我们却没有对它们细细品味、好好总结，其丰富程度只言片语是说不完的，更别提那些在技巧雕琢之上还饱含思想的丰富的口语传播经典了。

既然如此，那就听我慢慢道来。

林　毅
2020.6.30

目录

第一章　语境引导：想要抓住梦的手，必须跟着感觉走

　　晏婴使楚·拟定准环境 - 003

　　惠公点穴·话指弱光区 - 008

　　毛遂自荐·明确大前提 - 013

　　烛之武退敌·把玩回忆杀 - 018

　　扁鹊神医·治病遵医嘱 - 023

第二章　语势驱动：明明白白我的心，得用一份真性情

　　吴起练兵·并用同心句 - 031

　　弦高犒师·表态铭我心 - 036

　　公孙弘巧辩·火候需得当 - 042

　　孙武斩妃·简易口语杀 - 048

　　谢安护国·云淡配风轻 - 054

第三章　材料变通：光天化日变戏法，套路一茬接一茬

　　李泌阻焚·举证最大化 - 061

　　刘邦平叛·把话说清楚 - 066

　　陈轸就任·学会编故事 - 072

　　司马光执意·有理伴有据 - 078

　　冯唐易老·确保真信源 - 084

第四章　辞藻修饰：修辞不在书本里，总有一款适合你

江乙暗讽・引喻出真意 - 091

智瑶水逆・说话积口德 - 096

樊哙救主・千古传金句 - 102

王翦求赏・一语埋乾坤 - 109

申包胥哭嚎・善用副语言 - 115

第五章　能量转化：常理只给常人用，出其不意方成功

乐毅疾书・语音转文字 - 123

黄歇阔论・形式造内容 - 129

鲍叔牙结交・贬己欲抬人 - 136

田穰苴治军・按部不就班 - 142

冯道为官・借力来打力 - 148

第六章　心理揣度：掀起你的盖头来，让我读懂汝情怀

荆轲刺秦・倾诉心里话 - 157

随何劝降・排解幽患处 - 162

蔺相如夺璧・捅破窗户纸 - 167

田单复国・想要说不要 - 173

夫差求贤・倾听会人心 - 180

第七章　对象创设：一个萝卜一个坑，对的时间对的人

靳尚救友・校准南北极 - 189

朱家侠义・找对代言人 - 195

西门豹治邺・承袭彼之道 - 200

萧何建都・替你说对白 - 206

晁错被诛・在其位谋其言 - 212

第八章　视角选择： 抽刀断水水更流，举杯得有个由头

　　虞卿神算·厘清逻辑线 - 221
　　赵穿弑君·引水入沟渠 - 226
　　甘罗拜相·寻找切入点 - 232
　　赵匡胤释权·臆断可能性 - 238
　　卫平占卜·话接平行线 - 244

第九章　策略防备： 遇事可以讲气度，坚守原则不含糊

　　赵括其母·被迫守底线 - 253
　　子韦观星·捍卫知情权 - 259
　　主父偃献策·褒贬皆个性 - 265
　　李广难封·讷言而敏行 - 272
　　苻健埋祸·避免后遗症 - 280

第十章　人物连载： 一波未平一波起，长江前浪也是浪

　　苏秦合纵（上）·充实素材库 - 287
　　苏秦合纵（中）·勾勒全景图 - 292
　　苏秦合纵（下）·轻拍弹力球 - 298
　　商鞅变法（上）·勘探三生愿 - 305
　　商鞅变法（下）·理得换心安 - 311

第一章

语境引导：

想要抓住梦的手，必须跟着感觉走

事，有情境；言，有语境。语境，可以望文生义地理解成语言环境。通常情况下，我们所说的语言环境是指说话时，一个人所面对的具体状况。

语境分为很多种，比如自然语言环境，这种语言环境一般指代母语的生存环境，它很难被改变。本章谈及的语境引导意指自然语言环境之外的部分，如人工语言环境。在交流和沟通时，人们可以通过思维层面的自我传播，用口头语言选择性地传递记忆层面的相关信息，营造出有利于传播者的语言环境，并引导传播对象跟着自己的口语传播进入相应的语境。

晏婴使楚·拟定准环境

【钩玄提要】

有些人面对别人言语刁难的第一反应就是回击。从心理上讲，任何人面对他人的故意为难总是不快乐的。但在心理层面，我们一定要做好面对质疑的准备。这方面的心理建设是人与人的交流中必备的，如果你永远期待着别人像对待亲人似的对待你，在交流前你就犯了一个不该犯的错误。

本节通过晏婴的故事，将为你讲述的说话技法与口语传播时准环境的设置密切相关。本节的史料取材于《晏子春秋》。

以前常听到这么一句话："外国的月亮比较圆。"为了证明这一猜想，越来越多的人走出国门去看外国的月亮。

看月亮之余，在与世界各族人民的交流中，我们会有收获、会有快乐，但难免也会遭遇一些不自在的情况。当面对那些戴着有色眼镜、态度并不友善的人时，我们是退避三舍、据理力争，还是付之一笑呢？

【史料新说】

春秋时期，中原大地被割据成一百四十多个大小诸侯国，国与国之间时常爆发战争。作为一国的使臣在出使他国，尤其是强国的时候，就更需要勇气和智慧了。

公元前531年，一个并不算晴朗的日子，齐国国君齐景公派遣他的上大夫晏婴出使楚国。上大夫这个职位相当于现在一国的总理。可见，晏婴的这次出访，重任在肩。放在今天，应该是要派专机接送的。

当时的齐国处于齐桓公"九合诸侯，一匡天下"之后的一百年，国力已大不如前，而齐国周围列强环伺，尤其是晋国和楚国两个超级大国。齐国虽已投靠了晋国，但两国关系并不稳固，晋国时不时会在齐国边境举行军演，喊杀声让齐景公夜不能寐。另一边，执政的楚灵王是有名的战争狂人，两年前刚刚借机灭掉了陈国。如果齐国不与楚国建立良好的外交关系，迟早会被楚国打上门来。为了让齐国赢得更多韬光养晦的时间，为了在大国争霸中赢得一席之地，为了不负齐国人民的厚望，我们的主角晏婴就出发了。

晏婴，就是我们常说的晏子，在姓氏之后加上一个"子"字，通常代表后人对他德行的高度评价。当然，这个"子"得念第三声，不能念轻声，要不然老子会极力反对。

晏子，第一眼看上去就不是一般人。《史记·管晏列传》中记载，晏子"长不满六尺"，换算成现在的身高，大约一米四左右。读到这里，你可别笑，浓缩的都是精华。以文笔冷峻著称的传记作家司马迁，虽然如实记录了晏子的身高，但他却感叹道："假如晏子还活着，我就算是为他执鞭驾马，也心甘情愿！"晏子到底有多厉害，很快你就知道了。

晏子来访的情况楚灵王很早就掌握了，他心中大为不满："齐王竟然派晏婴这个小矮人来，太瞧不起本王了！本王一定得给他点厉害瞧瞧！"

这一天，晏子来到了楚国的国门外，却发现大门紧闭。原来，楚王派人在大门的旁边开了一个五尺高的狗洞，想让晏子钻过去。也有研究者认为这不是狗洞，是一扇"矮"了一点、"窄"了一点的门。可晏子却不这么看，他打量着门的大小，嘴里念念有词："这，不是个狗洞吗？"

想必一旁的楚国官吏们正等着看他的笑话。忽然，他转身，略带疑惑地问："如果我今天到的是狗国，那是该从狗洞进去，而如今我出使到楚国来，似乎应该换个门吧？"

这句话有两层意思：第一层是骂，骂楚国是狗国，灭了对方的威风；第二层是夸，夸楚国是个大国，应当打开大门让人进去，这又让对方无话可说。

就这样，晏子迈着大步，被人从正门迎进了楚国。第一回合，晏子完胜。

紧接着，晏子进殿拜见楚王。楚灵王盘着腿坐在地上，继续拿身高说事："你们齐国是没人了吗，竟然派你这样的人来做使臣？"

他的意思是，你晏婴站着还没我坐着高呢！

晏子用坚定的眼神直视楚王，开口说道："齐国的首都临淄是大都市，有七千多户人家。我们伸出手，衣袖就可以遮天蔽日；我们挥一挥汗，就像天上下雨一样；人挨着人，肩并着肩，脚尖碰着脚跟。大王怎么能说我们齐国没有人呢？"

话音未落，楚王追问道："哼！既然如此，那为什么派你这样一个人来做使臣呢？"

晏子整了整衣衫，抛出了早就准备好的回答："我们齐国派遣使臣，都是分配好了的。贤明的使者，就去见贤明的君主；不肖的使者，就派到不肖的君主那儿。而我是最无能的人，所以只好委屈一下出使楚国了。"

楚王听到这里，立刻挤出了微笑："来来来，咱们喝酒吧！"

好一个晏子，你说咱家里没人我可不同意，你说我无能，那你也只配见我。齐楚辩论赛，齐国再下一城。

话说楚王唤人取来了酒菜，晏子自然也得体地回应，推杯换盏之间，楚王正要使出他最后一招。

此处先把时间往前调一点，回到楚灵王刚刚得知晏婴来访的时候，楚王问身边的谋士："晏婴是齐国最会说话的人，脑子转得很快，快帮本王想个治他的办法。"

左右谋士答道："这还不容易，到时候我们绑一个人从你们面前走过。大王您就问：'这是什么国家的人？'回答说：'是齐国人。'大王再问：'他犯了什么罪？'我们就说：'犯了偷窃罪。'"

楚灵王和晏子正喝着酒，预先排练好的宫廷闹剧就上演了，两个官吏押着一个被五花大绑的犯人走到楚王面前。

楚王假装奇怪地问："没看到我正和晏子喝酒吗？绑着的人，是哪个国家来的？"

身旁的人立刻答道："禀大王！他是齐国人，犯了偷窃罪。"

楚王立刻收起笑容，用斜眼盯着晏子说："你们齐国人是不是都喜欢偷东西啊？"

晏子并不急着回答，而是从果盘里拿起了一个橘子，端详了起来。他心里一定在想，你们真当我傻，三番五次地拿我开涮，现在又来这一出。

于是，晏子说道："我听说，这橘子长在淮河以南就是橘子，长在淮河以北就变成了枳，只是叶子的形状相似，但是吃起来味道却大不相同。这到底是什么原因呢？我想，是因为水土不同。我们的百姓在齐国安居乐业，但到了楚国就开始偷东西，难道说楚国的水土能让人学会偷盗吗？"

"哈哈哈……"楚王连忙举起酒杯，大笑说，"寡人怎么会想到去侮辱一位圣人，真是自作自受，自作自受啊！"

楚灵王，一个被后世称为暴君的人，在这一刻，心中只有一个字——服！后来，楚灵王给晏子准备了厚礼，并派人护送他回了齐国。

【技法正名】

在这个一波三折的故事里，我们的大圣人晏子在说话的技法上，其实只用了一招，就连破了楚王三个回合。这个技法的名称，叫作拟定准环境。

拟定，是指根据自我判断进行推导，也就是假设；准环境，表示该环境未必就是最终的事实环境。拟定准环境的技法在于把人和事都放入自己的话语所设定的环境中，以达到改变讨论方向的目的。

如果晏子的故事离我们比较远的话，有一个人你肯定熟悉，他就是苹果公司已故的创始人乔布斯，他常被身边的人形容有一种叫作"现实扭曲力场"的能力。当年苹果手机横空出世的时候，乔布斯表示这是一款完美的手机，不需要更换电池。是的，以前的手机都是需要打开后盖更换电池的。而现在，他说的没错，手机是不需要更换电池了，但所有人却都在包里装了一个和手机一样重的充电宝。

拟定准环境的说话技法有着明确的传播目的，关于准环境的拟定行为都是朝着有利于自身利益的方向而去的，这种拟定不是欺骗或歪曲，而是通过自己的注解把它变得更加具有说服力。

再看晏婴，面对楚王接二连三的刁难，他保持了良好的口语传播素养，分别运用大国要开正门迎接使者、出使什么国家派遣什么使者、不同的水土生活着不同的百姓三条说辞，重新定义了楚王给出的难题。

【五星评跋】

让我们从现今的视角给上述史料中的对白做一个综合评定。

在每一次与楚王的对话中，晏婴总能顺水推舟，以牙还牙，这种借力打力的能力，逻辑性上评定为9分。

晏婴的机智在于对话中的不急不躁、后发制人，能够瞬间扭转对话的局面，策略性上评定为8分。

言语之间，晏婴对说话的内容和语气可谓把握得当，他不怯懦，不嚣张，表达力上评定为9分。

即使晏子能够预料到楚王会有意刁难自己，心里已有所准备，但毕竟他每一次遇到的问题都是不同的，可他总是能反败为胜，即兴度上评定为10分。

晏子使楚的故事之所以在历史上赫赫有名，正是晏子的超级口才使然，影响力上评定为9分。

因此，在满分为50分，每10分为一星的标准下，我们将晏婴使楚的故事评定为45分，四星半。

【沙盘推演】

在与人交流，特别是和怀有敌对立场的对象沟通的时候，如果可以将对方拉入自己的语言环境，利用对手没有把环境因素纳入讨论范畴的弱点，以此作为驳斥对手的策略，达到后发制人的效果，不失为一种极佳的手段。

中国地大物博，南北方的差异不胜枚举，酒文化就是其中之一。劝酒在有些地方是好客的表现，而在海派酒文化中，更多的是喝酒随意。我们来看看下面这段对话。

主人说："既然来了就得按照我们这儿的规矩喝，入乡随俗，客随主便。"

客人说："宾至如归，我早就把这儿当成了自己的家，咱就按咱家的规矩来，除非您想跟我分你家和我家。"

你瞧，主人和客人在博弈中都在做一件事，即把现实环境拟定成对自己有利的环境。

如果以后在国外，有人跟你说："我们这儿的月亮是不是比你那儿的圆？"

你可以这么回答："当然是咱家的更圆一些，不信，你就跟我回去瞅瞅再做定论。"说这句话的时候，你得自信，因为你正在使用拟定准环境的说话技法，而对手只在跟你谈论他的情怀，却被你说得云里雾里！

当你读到这里，不妨在今晚抬头看看天上的月亮，是不是觉得更圆了一点呢？

惠公点穴·话指弱光区

【钩玄提要】

每一个传播者都有自己区别于他人的主观能动性，这种能动性使得我们在交流、沟通中关注的焦点有所不同。相信你我都深有同感，一群人在一起聊天，你说了一段话，有人听明白了重点，有人听错了重点，有人还会误解你的表达。在人际交流中，找到传播对象表达中因各种原因而掩藏的重点，对于传播者而言尤为重要。

本节通过惠公的故事，将为你讲述的说话技法与口语传播时对盲区的关注密切相关。本节的史料取材于《战国策·魏策二》。

每件事情都有一个来龙去脉，事情的开始也都会有一个由头。今天这件事的由头在哪儿呢？先摆出一个问题：你想劝朋友不要去做一件事，因为后果很严重。可是，你又知道劝了他，他不会记你的好，反而会记恨你，甚至一旦劝说得不妥当，还会招来杀身之祸。这该如何是好？也许你会问至于那么严重吗？有时还真那么严重。不信，让我们一起来读一读下面这段史料。

【史料新说】

这段史料出自《战国策·魏策二》中的一则故事《魏惠王死》。我们先来认识一下魏惠王是谁。这个人在魏国历史上的名声不是很好，原因在于他跟谁打仗都打不赢。故事就这样拉开了序幕。

魏惠王过世后，安葬日期被确定了下来。不巧，葬礼当天天逢大雪，许多大臣规劝太子："雪已经下得这么大了，还要举行葬礼，老百姓出门送殡一定会叫苦连天。不仅如此，国库现有的积蓄恐怕也难以维系这笔巨大的开支啊。请太子三思而行，改期安葬。"

太子听后，答复大臣们："作为一国的太子和君王的儿子，因为百姓的困苦和国库资金的不足就不为先王按期举行葬礼，这不合乎礼法。你们不用再说了。"

一来一回，对话中的博弈就开始了。

首先，你觉得大臣们的劝慰有道理吗？可能你觉得还挺有道理的！但你千万别忘了朝堂之上往往真假难辨，劝可能是真劝，话未必是真话。这话听上去是不是很矛盾呢？我解释一下，你就明白了。大臣们可能只是打着百姓困苦和国库空虚的旗号，从而达到自己的目的。

其次，我们可以发现太子也不是个傻子，他直接用一个冠冕堂皇的理由就拒绝了大臣们的规劝，并且还留有言外之意：大臣们如果在这件事上再劝他，后果自负。你要知道，在朝堂上说错一句话跟在公司里说错一句话的后果截然不同。在公司里说错一句话，最多丢了工作；在朝堂上说错一句话，最坏的后果可能是掉脑袋，甚至被满门抄斩。事实上，公众场合的对话，很多时候都是在斗智斗勇，因为你在跟人打交道，而人是最大的不确定因素。

群臣听罢，都不敢多说什么，只能请惠公出马。惠公就是惠子，历史上合纵抗秦的主要人物，他主张魏国、齐国和楚国联合起来对抗秦国，并建议齐、魏两国互尊为王。如果你不了解这段历史，也没有关系，只要知道他是一个口才了得的辩论家，也是这段故事的关键人物就可以了。

惠公来到太子面前，问道："葬期已定好了吗？"

太子回答："是的。"

惠公不紧不慢地说："从前，周文王的父亲被安葬在楚山脚下，地下渗透出来的水腐蚀了他的墓穴，以至于棺木的前半部分露了出来。周文王得知此事后表示：'我猜想先父一定是想再见一见群臣和百姓。'于是，周文王把他父亲的棺木从泥土中抬了起来，为他设朝，让大臣们朝拜，也让百姓前来朝拜，足足等了三天，才将其安葬。"

写到这儿，我们来分析一下。惠公拿周文王来说事儿是很有讲究的，绝对不是什么即兴发挥。理由有两点：第一，被抬出来比较的那个人必须有一定的分量，如果这个人不如太子，那太子凭什么服他呢？周文王在历史上的楷模作用显然够格了。第二，从表面上看，惠公拿周文王说事儿是在压制太子，事实正好相反，他是在给太子一个台阶下：连文王都这么做了，你还担心什么礼法呢？当然这个语气的把握很重要。但只是这样显然还不够，如果我是太子，我还有最后一个绝招，叫作"时代不同了"，就这五个字便足以拒绝效仿周文王。

估计惠公看了看太子的反应，也觉得火候还没到，继续说道："如今雪下得这么大，葬礼很难举行。太子却因为要按照预定的日期下葬先王，不顾现实的困难，会不会显得有些急躁呢？先王一定是想再逗留片刻，匡扶社稷，所以才让老天下了如此大的雪。"

【技法正名】

这是全文亮剑的部分，惠公之所以老辣，就因为这"急躁"二字说到位了，他的意思是太子你到底在急什么，你自己心里很清楚。这个看破不说破的道理就是本节要分析的重点，其中深藏的说话技法，叫作话指弱光区。

什么叫弱光区呢？喜欢拍照的朋友都知道傻瓜照相机。这里的"傻瓜"不是说照相机傻，而是说不会拍照的人拿着它也能用，因为它会自动对焦。不过，傻瓜照相机也有缺陷，它最怕进入弱光区域，光线特别暗的地方很难对准焦距。说话也是一样的。我们自己的语言也有指向的焦点，一旦指向错误，表达的意思就完全不同了。举个最简单的例子，"今天，是母亲节"和"今天是，母亲节"，是不是指向的重点完全不同？一个强调"今天"，一个强调"母亲节"。但人就是这么有意思，我们最容易忽略的就是对方表达的弱光区域，因为说话的人最喜欢把秘密掩藏起来，以模糊你的视线。

再看惠公和太子，太子有什么不能在朝堂上公开说的呢？过去一位太子要在自己的父亲死后顺利登基，需要经历重重关卡，这种严峻程度是我们很难想象的，绝不是今天从电视剧上看到的那么简单。第一，诏书上要有他的名字，显然这一关太子已经过了。第二，得等到第二年开春，重新建立自己的元年封号。很多准大王就在这个时候被敌对势力谋害了。从故事发生的季节来看，大雪纷飞肯定是深冬，离开春也不远了，估计过第二关问题也不大。第三，需要获得朝中主要政治势力的鼎力支持。这个问题从文中不得而知。第四，必须等到先王入土为安后，才能正式即位。想想也是，丧事没办完，办什么喜事呢？

躺在棺木里的那位先王一日不下葬，太子就得多承担一日的风险，你说他急不急？换谁都急。夜长梦多是太子最担心的事，但这种急躁又不能表现得太过外露、太过分。惠公问他"会不会显得有些急躁呢"，这句话隔着衣服点中了太子的穴位。惠公的话就像一道烈日，照亮了太子心中的弱光区，让他看清了自己。而且，惠公的分寸拿捏得很好，没有继续刨根问底——这说话的艺术性命关天。

为了不说破，惠公话头一转，把所有的问题推到了先王身上，说是他想多逗留几日。既然这个理由都被抬出来了，太子还能说什么呢？在封建时代，人们没有那么开化，尚未下葬的先王还有一定的政治影响力。惠公是在变相地提醒太子，如果死去的旧君的确有在世间多逗留几日的愿望，这时将其强行安葬，后果将不堪设想。太子听了惠公的话，不想答应也只能答应了，说"那就择日再行安葬吧"。这就是故事的结局。

【五星评跋】

让我们从现今的视角给上述史料中的对白做一个综合评定。

惠公举例文王重新安葬先父在前，质问太子是否急躁在后，逻辑性上评定为9分。

既拿楷模文王对待礼仪的态度说理，又拿已故君王想要多逗留几日的想法说事，策略性上评定为10分。

面对即将登基的太子，阐述主旨不卑不亢，话里话外又点到即止，表达力上评定为9分。

虽然在本段对话前，惠公有一定的准备时间，但现场仍能见机行事，即兴度上评定为6分。

前后两段对白转变了太子强行安葬先王的想法，既保住了太子的整体形象，又避免了劳民伤财，影响力上评定为7分。

因此，在满分为50分，每10分为一星的标准下，我们将惠公劝解太子的故事，评定为41分，四星。

【沙盘推演】

故事讲完了，但我们的话题还没有结束。我们来看看话指弱光区这个技法在现实生活中的运用。

每逢开学季，一些自觉性较好的学生都会准时回到学校注册，但总有一些学生会找出各种各样的理由在家里多待上几天，比如买不到车票、身体不舒服等，当然那个时候也考验着学生的口才。

我的朋友圈中教育界的朋友居多。有位同行晒出了学生给他的留言，留言称自己家中有事，需要多待一周才能回学校，希望老师能够同意。于是，同行在朋友圈中一顿埋怨：拒绝，怕影响了师生关系，学生还会给老师考评打低分；同意，实在不甘心助长这种风气。

在同我聊了几句后，他反问我："要是你，会怎么做？"

我告诉他："这个学生话里话外藏着一个真相：他所请的这个假要么是假的，要么是学校不同意，不然他就直接向校方要假条了，也不会跟你来套近乎。你只需要柔和地指明这一点就行了，柔和是为了让他不反感，指明是为了让他明白，其实老师什么都知道，只是给他留脸面，不揭穿。要是我就说：'我很想帮你，但你认为教务处会像我一样同意吗？'"

在这种情况下，正常的学生绝不好意思开口让老师陪着他一起欺上瞒下，因为你照亮了他的弱光区。如果真有学生脸皮厚到不依不饶，那么老师也没必要顾及他的感受了。

话指弱光区，就是告诉我们，不要只关注别人说话中最敞亮的部分，有时重点往往藏在幽暗的角落，你看不到这个角落，话就永远说不到对方心里。

毛遂自荐·明确大前提

【钩玄提要】

在日常的人际沟通中，我们很容易忽略一件事——说话是需要热身的。这里的"热身"并非舒活筋骨，准确地讲，说话是需要提前热脑的。这个"热"字并不表现在时间上，而应表现在态度上。张嘴就来的话看似没有毛病，但缺少了在口语传播过程中从输入到输出环节的预热时间，这会因思考不够充分而忽视了双向互动中的诸多前提条件。一旦没有认清楚这些前提条件，紧接着的交流中便会出现一系列的错误。

本节通过毛遂的故事，将为你讲述的说话技法与口语传播时对大前提的把握密切相关，史料取材于《史记·平原君虞卿列传》。

本节要讲到的这个历史人物，并没有很多大人物那样轰轰烈烈的生平，在历史的长河里他只是闪烁了一瞬间，像一颗易逝的流星。然而，他的瞬间光芒却不输于很多大人物。故事虽然简单却流传至今。此人堪称最能把握机会的一位人才，他就是"毛遂自荐"典故中的主人公毛遂。

【史料新说】

毛遂，他的身份是最具有那个时代特色的人群——门客。

门客，又称食客，是盛行于春秋战国时期的一种职业。要明确的一点是，门客跟家奴不一样，他们拥有更多的自由度，也不用从事固定的杂役工作，更多的时候是等待其侍奉的主人下达任务。在春秋战国的历史中，门客可谓是历史进程中的弄潮儿，很多赫赫有名的大臣，比如李斯、苏秦、张仪等都是从门客阶级走上政治舞台的。毛遂，就是"战国四公子"之一的赵国平原君府上的一名普通门客。

毛遂，大约于公元前285年出生在赵国鸡泽。他自幼天资聪慧，文武双全。

26岁时，他从鸡泽到赵国都城邯郸，后经虞卿介绍，在平原君赵胜府上做了一名门客。平原君号称门下有三千门客，可以说是人才济济。这三千门客分工各不相同，有文武策士、守门人、屠夫、卖酒汉等。

虞卿为文策士，毛遂是武策士，有"南虞北毛"的美称。虞卿的知名度不小，毛遂与之并称在当时有点强行蹭热度的嫌疑。赵胜何许人也？那是赵国的半边天。作为武策士的毛遂在平原君府里基本上无用武之地，整整三年默默无闻，一度被众人遗忘。

毛遂心想，自己身怀一身高强武功却用不上，不如弃武从文。于是在被忽视的三年里，他默默读书学习，积累知识，耐心地等待着一个可以展现自己的机会。

其实，在毛遂入平原君府的那一年，也就是公元前260年，赵国刚经历了史上最大的一场败仗——长平之战。纸上谈兵的小儿赵括，被秦国的战神白起打得一败涂地，赵军几乎全军覆没。四十五万好男儿被坑杀，让赵国推行"胡服骑射"改革以来建立的强势地位和积累的丰厚家底丢失殆尽，还要整天担心秦军的滚滚铁骑。担心国事的平原君赵胜心急如焚，他现在急需解决的问题是出使楚国寻求援军，以抵抗已经快要包围邯郸城的秦军。

俗话说，养兵千日，用兵一时。平原君出使楚国，他的门客必然要出一分力。平原君本来打算从三千门客里选二十位聪明能干的精英，陪着自己一起出使楚国，谁知道三千门客吃起饭来一个不少，真正能承担起这份苦差事的倒没有几个。来来回回一折腾，赵胜只能挑出十九个人。这就让赵胜为难了：二十个人，每个都可能有大用处，随便选个人充数可能坑了自己，难道自己这三千门客里就没有其他的能人了吗？

话说毛遂本来不在三千门客的核心圈子里，在第一轮筛选时，他根本就没入赵胜的法眼。当毛遂听到出使名额还有一个空缺的时候，觉得机会终于来了，赶紧通报平原君，说自己愿意陪其出使楚国。平原君心想门客从来都是听我的吩咐，这个毛遂倒是自己推荐起自己来了，反正也缺人，就试试他吧，于是便召见了毛遂。这次碰面，留下了一段名垂青史的对话。

见到毛遂这个年轻人后，平原君发现自己对他完全没有印象。毛遂看上去倒是气度不凡，平原君便徐徐问道："毛遂，你到我门下多少年了？"

毛遂如实回答："有三年了。"

平原君一听，更无语了，有点不想理会这名碌碌无为的门客。不过总得给他一个交代，恰好看到桌上有一个囊袋，便说："毛遂啊，你在我门下三年了，什么大事都没干，什么名声都没有，就像这个囊袋，如果是一把锥子放在里头，早就扎破了袋子突出来了。"

毛遂当然听出了平原君看不起他的意思，但他不卑不亢地说："您说的有道理，可是我这把锥子直到今天才主动请求您把我放到囊袋里，以往我在其他地方。如果我在这个囊袋里，早就破袋而出了！"

平原君毕竟阅人无数，听到此话，立刻收起了轻视，心想：这毛遂用我的话反驳了我的观点，证明他的思维很清晰。能够在此刻自己推荐自己，证明他很有自信。这个人应该是个可用之才。

于是，平原君答应了毛遂，让他成了出使楚国的第二十位陪同人员。凑够了使团的人数后，一行人浩浩荡荡地出发了。

到了楚国以后，楚考烈王只答应召见平原君赵胜一人，二十名陪同的门客只能老实在外候着。赵胜一个人面对楚国满朝文武，肯定难以达成目的。二十名门客从早上一直等到正午。毛遂心想：这样下去事情基本上没着落了，看来我得下一剂猛药。

前文说过，毛遂是一个一身勇武没处使的武夫，再加上其他十九名门客在一旁怂恿，毛遂心一横，拔出宝剑，一步一步从宫前的台阶走进了楚国大殿。

毛遂看着平原君，大声说道："这次联合楚国的事情，只要能把其中的利害关系讲明白，三言两语就能解决，怎么您从大早上一直谈到中午，还没确定下来？"

平原君没有说话，他知道这番话看似是说给他听的，其实是毛遂在给楚王施压。楚王问平原君这人是谁，平原君表示是自己的门客。

楚王立刻嚷道："赶紧退下，我跟你主人商谈，你算什么身份？"

毛遂在这个过程中，已经慢慢地接近楚王，此时一个箭步靠近楚王，厉声说道："楚王您之所以能这么有底气，是因为楚国人马众多，占据优势。不过现在我已经在您十步以内，您的性命可以说在我的手上了，您愿意听我讲讲合纵的利弊吗？"

这个时候，楚王当然不敢不从，连连称是，给了毛遂一个阐述他的观点的机会。

毛遂将合纵之计娓娓道来，楚王一听，毛遂说的确实有理，便连声称好，当场就跟平原君歃血为盟，赵楚合纵的事情就这样谈妥了。

这次出使楚国的成功让平原君真正认识到了毛遂的能力。回到邯郸后，对着毛遂感叹："我自认是个识得天下之才的人，却没想到三年都没能识得您的大才。毛先生，您在楚国朝堂之上，唇枪舌剑，豪气冲天，不仅仅达成了联合的目标，更是没有丢失我们赵国的威严，让赵国气势大涨，您的三寸之舌简直胜于百万之师啊！"从此，平原君把毛遂奉为上宾，以礼待之。

毛遂此人在历史上再无其他记载，可就是这样一件事，给我们留下了"毛遂自荐""锥处囊中""脱颖而出""挺身而出""两言可决""歃血为盟""因人成事""碌碌无为""一言九鼎"等多个成语。

【技法正名】

毛遂在自我推荐中使用了一个说话技法——明确大前提。

为了理解一致，这里我稍加赘述。前提是指事物发展的先决条件，也就是在推理过程中得出某一个结论的必备条件。一旦这个条件不成立，那么原先推理的结论也自然不再成立。而此处的"大前提"不是严格意义上三段论的概念，它泛指主要的前提条件。

再看毛遂，平原君和毛遂的对话清晰地展现了这个技法的妙用。平原君数落毛遂的话建立在一种假设之上，他的意思是一把锥子放在袋子里面，结果一定会扎破袋子，这条逻辑关系中的前提条件是锥子放在袋子里。自认为推导没有任何问题的平原君恰恰犯了一个不曾明确前提条件的错误，毛遂正是发现了这一点，颠覆了平原君的大前提。在毛遂反驳的逻辑关系中，前提条件变成了锥子不在袋子里，如此推导出的结论便是无法扎破袋子了。这就是毛遂与平原君对话博弈中的高明之处。

【五星评跋】

让我们从现今的视角给上述史料中的对白做一个综合评定。

平原君用囊袋和锥子的关系数落毛遂，毛遂用同样的方法来反驳平原君，思路清晰缜密，逻辑性上评定为9分。

在平原君急需人才的关口，毛遂毫不拐弯抹角，敢于把握机会，这值得肯定。不过作为一名门客，平时没能展示自己的才华也是一种不足，策略性上评定为7分。

自荐时毛遂表达清晰，没有畏首畏尾，与楚王的交锋中更是取得完胜，表达力上评定为10分。

两场对白都突然杀了对方一个措手不及，应对合理，但不能说毫无准备，即兴度上评定为7分。

留下了那么多成语，哪怕只有一个流传至今，也已相当了得，影响力当之无愧地评定为10分。鉴于一段史料罕见地留下如此多的成语，破例加1分附加分，影响力为11分。

因此，在满分为50分，每10分为一星的标准下，我们将毛遂自荐的故事，评定为44分，四星。

【沙盘推演】

在现实生活中，明确大前提的技法有何妙用呢？

有一次，我开车时从广播中听见主持人正在评说模棱两可、相互排斥的一些俗语。比如，"男子汉大丈夫能屈能伸"和"男子汉大丈夫宁折不屈"；又比如，"亡羊补牢未为迟也"和"亡羊补牢为时已晚"。究竟哪种态度才算正确呢？

这些话的出处是否有据可循，暂且不论。比如，"亡羊补牢为时已晚"的说法本来就属于误传。实际上，有上述疑惑的人基本都犯了一个错误，就是忽略了大前提。

以上两对看似相反的俗语，各自的前提条件都不相同。大丈夫采取能屈能伸或宁折不屈的态度时，所面临的情况一定不一样；而亡羊补牢是否来得及也得视情况而定，说得粗俗点，羊没死光就来得及，羊死光了就来不及了。

记得还有一次，我从火车站打车回家，花了比平时几乎翻倍的打车费。第二天，我准备向出租车公司投诉这个情况，在打电话前，我模拟了几遍接通电话后陈述的内容。

我想说："我在交通并不拥堵的时段打车回家，花了比平时多出一倍的费用，毫无疑问可以断定司机故意绕远路了。"

在重复几次之后，我突然发现自己投诉的话语中忽略了一个大前提，就是我上车的地点究竟是在火车站的北门，还是南门。言下之意，假如我是从北门打车，结果的确会比南门离家更远，费用翻倍也是自然。好在我及时自我纠正，明确了大前提，不然就会造成一次不大不小的误会。

在说话的时候，我们一定要多加注意大前提是否已经明确，不要因为大前提的不明确而使得双方的沟通事倍功半！

烛之武退敌·把玩回忆杀

【钩玄提要】

　　每个人都有自己的回忆，除有些老年人特别爱讲述自己的辉煌历史之外，有些成年人也喜欢回忆自己值得炫耀的过去。常言道"好汉不提当年勇"，这句话的意思是过去的就让它过去，没有必要活在回忆里，而应该在现实生活中大踏步地前进。不过，回忆对于人生而言，终究是无比重要的东西，也是人们内心世界独有的事物，每每被人触碰，都会擦出意想不到的火花。

　　本节通过烛之武的故事，将为你讲述的说话技法与口语传播时回忆信息的使用密切相关。本节的史料取材于《左传·烛之武退秦师》。

　　《孙子兵法·谋攻篇》写道："是故百战百胜，非善之善者也；不战而屈人之兵，善之善者也。"意思是说：打一场胜一场，不是最厉害的；不打就让别人退兵，才是真正厉害的。想想也是，打赢对方还不是最高级的方式，不费一兵一卒就让对方认输才是。那它用的是什么本事呢？

　　本节我们要说的这个故事，正是体现"不战而屈人之兵"谋略的典型案例。

【史料新说】

　　故事的背景说来非常惊心动魄，但《春秋》中却写得很简单，以六字道明，"晋人、秦人围郑"。我们不妨发挥一下想象力，这是妥妥的一部大片的开头。

　　倘若采用视听语言的表现手法理应先出字幕，这段字幕要用一种老气横秋的嗓音来解说，中间还可以夹杂一些兵器相互碰撞的声音，再来点宏大场面常常用到的音效。

　　字幕是这么写的：公元前630年，在此之前，郑国有两件事情得罪了晋国。一是晋文公当年逃亡路过郑国时，郑国没有以礼相待；二是在公元前632年的晋、楚城濮之战中，郑国曾出兵帮助楚国，结果城濮之战以楚国的失败而告终。

一部国产古代战争大片就此拉开了序幕。当时，晋国和秦国大军决定联手攻打郑国，晋军驻扎在函陵，秦军驻扎在氾水之南。大军压境，郑国已是危在旦夕。

第一个悬念出现了，郑国被围攻，到底是会亡，还是不会亡？

此刻，英雄的登场已是众望所归，一个名叫佚之狐的人向郑文公推荐了一位臣子——烛之武。佚之狐表示郑国处于危险之中，如果能派烛之武去见秦穆公，一定能说服他们撤军。

郑文公听取了他的建议。那么，烛之武究竟是哪位高人呢？

本节的男主角烛之武，据冯梦龙、蔡元放编的《东周列国志》记载，此时他已经年过七十，头发全都白了。可我建议你不要把他想象成《魔戒》里甘道夫那般潇洒的模样，而是想象他弓着背，走路也不太稳当的样子。没想到，这个烛之武听郑文公说完后，竟然推脱起来："我年轻时，尚且不如别人；现在老了，更没有能力办事情了。"

大家有没有从烛之武的回答中听出一股怨气来，就是那种憋了很久，终于可以发泄一下的状态。因为这个烛之武，虽说是三朝元老，但一直得不到赏识，是典型的怀才不遇，在郑国一直担任相当于《西游记》里所说的"弼马温"的小官。他在任时一共换了三代君王，竟然没有一个君王赏识他。究竟是他自己的问题，还是三代君王都有问题，历史已很难考证。在当初那个时间点上，这个问题也不需要再去深究，因为救急比什么都重要。

第二个悬念出来了，这个任务烛之武是接，还是不接？

如果你是郑文公，你会怎么劝说烛之武呢？套路可以是多种多样的，比如，深情款款地劝说？又比如，许诺高官厚禄？

郑文公还是比较了解烛之武的性情的，也明白烛之武的气节，他先是郑重地道歉："我早先没有重用您，现在危急之中来求您，这是我的过错。"

郑文公接着又说："然而郑国灭亡了，对您也不利啊！"

这句话牢牢地抓住了烛之武的痛点，因为他不是七岁，而是七十岁，对自己国家的认同感自然不会少。

果然，郑文公的这一番话深深地打动了烛之武，或者说是烛之武本身的正义感促使了他接下来的行动。他的确满腹牢骚，嘴上发泄是一种表现，但心中其实还是深爱着自己的国家。为了国家的存亡，自己的那点抱怨又算得了什么。

我突然想起了曾经的英国首相丘吉尔的一段话。他对英国的贡献不可谓不大，然而，二战后他被英国政府无情地踢出了政局。有记者问丘吉尔如何看待国家对他的背信弃义。丘吉尔坚定地说："我的祖国是背弃了我，但哪一个伟大的国家对她的英雄是不背弃的呢？正是因为对英雄的背弃，国家才会更进步、更文明，这样的国家才更伟大，我的祖国是伟大的。"

虽然这种逻辑未必正确，但大家能够从丘吉尔的话里感受到他对自己国家的感情。

下面的故事就像电影《碟中谍》的剧情一样发展开来，大家不妨脑中回响一下汤姆·克鲁斯戴着眼镜出场时那段著名的背景音乐，再想象这样的一幅画面：夜半时分，一个黑衣人吊在一根绳子上，被慢慢地从城墙上放下去。

烛之武，一位古稀老人，竟然能完成如此高难度的"吊威亚"的动作，不得不令人惊叹。从天而降的烛之武去见了秦穆公。现在第三个悬念出现了，秦国是退，还是不退？

这也是整个故事的高潮，关于如何"不战而屈人之兵"，烛之武究竟说了什么呢？

烛之武对秦穆公说："秦、晋两国围攻郑国，郑国已经知道要灭亡了。如果灭掉郑国对您有好处，我怎么敢用这件事来劳烦您手下的人呢？越过晋国把远方的郑国作为秦国的东部边境，您知道是困难的，您何必要灭掉郑国而增加邻邦晋国的土地呢？邻邦的国力雄厚了，您的国力就相对削弱了。假如放弃灭郑的打算，而让郑国作为您秦国东方道路上招待过客的主人，秦国使者往来，郑国可以随时供给他们所缺的东西，对您秦国来说，也没有什么害处。况且，您曾经对晋惠公有恩惠，他也曾答应把焦、瑕二邑割让给您。然而，他早上渡河归晋，晚上就筑城拒秦，这是您都知道的。那么，晋国得到了什么呢？既然它已经把郑国当作东部的疆界，又想扩张西部的疆界，如果不侵犯秦国，晋国从哪里取得它所企求的土地？使秦国受损而使晋国受益的事情，您好好掂量掂量吧！"

烛之武的整段说辞并不长，也一点都不啰唆，可对大局的影响却很大。

秦穆公听完，非常高兴，就与郑国签订了盟约。并派杞子、逢孙、杨孙帮助守卫郑国，自己就率军回国了。秦国是答应退兵了，可是大家不要忘记，围攻郑国的除了秦国还有晋国，如今秦国退兵，晋国会做何反应呢？

子犯请求晋文公下令攻击秦军。

晋文公说："不行！假如没有对方的支持，我就不会有今天。借助了别人的力量而又去损害他，这是不仁义的；失掉自己的同盟国，这是不明智的；以军容整齐的军队攻打军型散乱的军队，这是不勇武的。我们还是回去吧！"

最终，晋军撤离了郑国，烛之武一言退秦的故事也因此流传下来。

【技法正名】

烛之武在深夜造访劝退秦军的过程中，使用了一个隐藏的技法，叫作把玩回忆杀。

"把玩"这个行为不是一般的玩。玩古董可以叫"把玩"，但大家都知道古董因为金贵，所以不可以随便瞎玩。因此，"把玩"的意思是把东西放在手掌心认认真真地边玩边欣赏，有点把手里的这个东西当宝贝的意思。

"回忆杀"是一个网络流行语，兴起于《火影忍者》这部动漫，是指有回忆的人必被杀的意思。用在普通人的生活中，是指回忆起以往尴尬的时刻，会让人非常懊恼。

"把玩""回忆杀"这两个词语放在一起，说明使用回忆杀的这个人使用回忆杀的技法非常认真，绝不是随口一说，而是像把玩古董一样将此技法非常认真地放在手掌心玩弄，显然是视之为精心之作。使用此技法的人通过认真地处理，达到用回忆刺激对方的目的。

再看烛之武，他连续使用了两次把玩回忆杀的技法。第一次，郑文公请他出马，他拿自己年轻时不被重用说事，逼得郑文公只能当面承认自己曾犯下的错误。第二次，劝谏秦穆公放弃攻打郑国时，他又拿晋惠公过去对秦过河拆桥的事情来做文章，让秦穆公想到过去，仿佛就看见了自己的将来。烛之武针对两个不同的对象，将把玩回忆杀的技法用得恰到好处。

【五星评跋】

让我们从现今的视角给上述史料中的对白做一个综合评定。

郑文公劝说烛之武出师，烛之武反将一军，使得君主不得不在关键时刻认错。秦穆公拥有稳操胜券的把握，烛之武却用回忆戳到了对方的痛处，逻辑性上评定为9分。

烛之武通过向秦穆公描绘晋国、秦国、郑国三国的地理面貌和彼此依傍的关系，完美地回答了秦国为什么应该放弃攻打郑国的问题，策略性上评定为9分。

烛之武多年来怀才不遇，而今终于可以凝心聚气，在国家大难临头之际，展现自己雄厚的辩才实力。他自信游说秦穆公必定成功，对话内容又言简意赅，表达力上评定为9分。

烛之武的发言是在国家生死存亡之际的献词，急中生智是必需的，但又不至于完全没有时间思考，即兴度上评定为7分。

烛之武靠着一段话就劝退了秦国，不伤一兵一卒，充分体现了那个时代拥有口才的重要性，同时还使得晋国也放弃了又一轮的进攻，影响力上评定为8分。

因此，在满分为50分，每10分为一星的标准下，我们将烛之武退秦的故事评定为42分，四星。

【沙盘推演】

在现实生活中，回忆杀的使用有玩好的，也有玩砸的。为了能够让大家鲜明地体会到好坏的对比，我列举了两对夫妻之间的对话来作为例子。

先举玩砸的例子，夫妻之间天天在同一屋檐下相处，时间久了难免会产生一些不愉快。我没法估摸出世界上是否有一辈子没有拌过嘴的夫妻，但我想，即使有，也不会很多。

夫妻之间吵架，你知道最怕说出什么话吗？除了那些大是大非的话不应该说，最害怕的是翻旧账。啥叫翻旧账？就是把玩回忆杀。

比如妻子对丈夫恶狠狠地说："结婚的时候，你爸妈连彩礼都没给我，当时我看中了你这个人，没有计较。现在看来你们真是一家人，那么抠门。"这种话基本上是激化矛盾的典型用语。

再来举一个把玩成功的例子。我和朋友一起吃饭时，他告诉了我一个小故事。他说自己结婚当天，问妻子，知道为什么自己会和她结婚吗？当妻子正在各种猜测时，他说道："二十年前，你在路边捡回了一个被弃的婴儿，那么多年过去了，你顶着大家的猜忌，把小孩抚养长大，这是需要极大勇气和爱心的。这样的女人，我相信对待婚姻再差也差不到哪儿去，因为你有强大的责任心。"

虽然这件真事有一点戏剧性，但它向我们展示了这样一个事实：把玩回忆杀用到妙处，瞬间就能变成把玩回忆情。

因为爱恨情仇，都在你我的言语之中。

扁鹊神医·治病遵医嘱

【钩玄提要】

无论我们身处哪行哪业，对专业人士一定要有敬畏之心。说得更确切一些，至少我们要对那些具有良好德行的专业人士表达自己的尊重。很多时候，我们会在不经意间用自己的兴趣爱好去挑战他人的专业素养。在这种情况下，一些人依然自我感觉良好，这只有两种可能：要么他人无暇与你争辩是非功过，要么你实在看不清或不愿看清什么才是事实或真相。

本节通过扁鹊的故事，将为你讲述的说话技法与口语传播时意见的接收密切相关。本节的史料取材于《史记·扁鹊仓公列传》。

【史料新说】

扁鹊，只是一个尊称，并非他的真名。他是姬姓，秦氏，名越人，本名应该叫作秦缓，是今天的河北沧州人。

在当时的晋国还没有分裂为韩、赵、魏之前，扁鹊给"晋国六卿"之一的赵简子赵鞅看病，深得赵鞅的认可，于是赵鞅把蓬山、鹊山附近的四万亩农田赏赐给了他。这位赵简子就是《赵氏孤儿》中那位孤儿赵武的孙子。因为封地中两座山上的山石奇巧如飞鸟喜鹊，所以得名扁鹊。

扁鹊为什么有这么神奇的医术？传说扁鹊年轻时在招待宾客的馆驿内做"大堂经理"，一天有一位叫作长桑君的宾客来到馆驿，扁鹊察觉出这是一位高人，对他处处恭敬。

长桑君也觉得扁鹊不是普通人，便处处观察他，两人这样相处了十几年。

有一天，他突然对扁鹊说："这里有本秘藏的医术典籍，我年纪大了，后继无人，打算将毕生所学传授给你，你可别泄露给别人！"

扁鹊答应了长桑君的要求，随后这位高人长桑君取出一帖药剂，对扁鹊说道："按照我写的时间和频率，用草木上凝结的露水冲服它，三十天后你会看到不一样的世界！"

长桑君交出大量秘方后，便消失不见了。扁鹊按照他的嘱咐，服药三十天，居然让自己的双眼获得了透视功能！《史记》上说，他能看到墙后面的人，在给别人看病的时候，还能看穿病人体内的五脏六腑，知晓病症的根源。为了不制造恐慌，他还保留着给病人把脉的这个步骤。当然这只是一个传说。

扁鹊四处行医，他和他的徒弟就等于一个行走的"三甲医院"，因为他们都是"全科医生"。走到邯郸之后，得知那里的妇女地位高，就加开妇科；走到洛阳，得知那里敬重老人，就加开耳鼻喉科、眼科与神经麻痹科；走到秦国，得知那里爱护孩子，就加开儿科。于是扁鹊的名气越来越大。

有一次，扁鹊经过虢国，听说虢国太子死了。于是，扁鹊就去宫殿门口，询问一位有医术基础的中庶子："太子怎么死的？这地方怎么频繁举办驱邪祭祀的活动？"

中庶子是一个官职，从周代就有了，主要负责诸侯、卿、大夫的孩子的教育，好比国家级机关幼儿园到大学的校长。

中庶子就回答说："太子的病是由于气血不能按时运行而导致的郁结无法宣散，突然发作于体外，就造成了内脏受损。自身的正气无法平复邪气，导致邪气积聚，阳脉微弱，阴脉急迫，突然昏厥而死。"

扁鹊赶紧问："什么时候死的？棺材板钉死了没？"

中庶子回答："早上的事，还没入殓，毕竟是突然死亡。"

扁鹊说："请你转告国王，就说我是渤海郡的秦越人，也就是扁鹊，家住在郑地，尚未瞻仰过国王的相貌……算了，不废话了，我能让太子复活！"

中庶子大惊之后，回答："你别胡扯了好吗？黄帝的医官叫俞跗，他从不使用什么汤药、药引、按摩之类，一解开衣服就知道病人哪里出了问题，然后按照穴位切开皮肤和肌肉，人工调整疏通、断筋重联、治疗脑髓、调理隔膜、清洗肠胃、翻修五脏等，就能让病人痊愈，简直神乎其技。除非你能有这样的技术，才能让病人起死回生，否则你的言论都骗不了刚学会笑的小孩子。"

过了好久，扁鹊终于张嘴说话了："我很难对你解释更多，你刚才说的按照穴位切开皮肤肌肉、人工整理疏通的方法，对我来说，就是从竹筒里看天空，夹缝里看花纹，能窥见点滴真相却无法整体掌握疾病的根源。至于你后面说的治疗脑髓、调理隔膜，我权当你是在说胡话吧。真正的高手，只需要听别人的表述，就能知道病因；知道病因就能推断出更多的外在身体表现，所以我可以直接诊断没有见过面的病人。我诊断病症的方法很多，不会单单从一个角度去看待病症。如果不相信，你就去检查一下太子，你会听到他耳中有细微声响，鼻翼有缓慢而细微的扇动，从两腿摸到阴部会感觉到两腿冰凉，但是阴部仍旧温热。"

中庶子听完，目光呆滞，舌头打结，缓了好一会儿才进去禀告国君。虢国国君赶紧出来与扁鹊会面，说道："我仰慕先生的品德已久，但不得拜见，如今您能经过这个偏远的地方，我真是幸运。有您在，我的儿子还有机会；您要是不在这里，那他就死定了！"说完就悲伤地哭了起来。

扁鹊回答说："您的儿子是因为阳气进入阴脉，阴阳缠绕冲击内脏，脉络阻塞经脉受损，乱行的真气冲入下焦、膀胱而引发阳脉下坠，阴气被迫上行……简单地说，您的儿子得了尸厥症，这种症状主要是受到的精神刺激和压力过大导致的。实际上，他没死，只是表现的症状像死了一样。厉害的医生可以治好他，拙劣的医生会判断他死亡。"

于是扁鹊吩咐学生子阳磨针，取出刮痧用的石片，利用针灸的办法，使太子苏醒；扁鹊吩咐学生子豹准备带药物的针灸器具，找出药汤煎煮，利用在两肋下交替使用热敷和针灸的方式，使太子能够坐起；随后进入调养阶段，仅靠服用汤药二十天，就让太子恢复了健康。天下人无不惊叹，称赞扁鹊能够让"死者复活"。

《史记·扁鹊仓公列传》中还有一个著名的故事，叫作《扁鹊见齐桓侯》，过去我们在语文课本上看到的却是《扁鹊见蔡桓公》，齐桓侯、蔡桓公指的都是田齐桓公，即田午。

扁鹊见到齐桓侯田午，受到了他的招待。扁鹊看了看田午，说道："您有些小毛病，问题比较浅，在皮肤和肌肉之间，不治疗的话，小心会加深！"

田午不客气地说："本王没病！"

在扁鹊离开后，田午还对手下大臣说道："医生啊，就是贼得很，忽悠没病的人治病，然后硬说成是靠自己的本事治好的！"

五天后，扁鹊再次来见田午，说道："上次说的疾病现在已经进入血脉了，不治疗的话仍旧会继续加深！"

田午再一次不客气地说："本王没病！"

在扁鹊离开后，田午显得很不高兴！

又过了五天，扁鹊又来见田午，说道："之前说的疾病，现在已经到了肠胃五脏，再不治疗的话就来不及了！"

田午连理都不肯理扁鹊。

仍旧是五天后，扁鹊来见田午，抬头看了看，掉头就跑。田午派人追上去问理由，扁鹊说："最早在皮肤、肌肉位置，热敷、针灸加吃药就行了；然后疾病进入血脉，也不算难，继续针灸、刮痧也能治疗；等疾病进入肠胃五脏，就得使用药酒来辅助治疗，会比较麻烦；现在疾病已经深入骨髓，就算掌管性命的神仙都救不了他了！等他叫我治病的时候，我治不好，那我岂不死定了？"

再过了五天，田午身体已经很差，赶紧求扁鹊前来治疗，但是扁鹊早就逃离了齐国，田午也就一命呜呼了。

人担心的大多是疾病太多，医生则担心的永远是治病的方法太少。即便是扁鹊，也表示有六种人无药可治，放在今天也很有警醒意义。

第一种是傲慢放纵不讲道理者，即对医生不尊重，不听医嘱，消极对抗医生的病人，无药可医。

第二种是轻视身体看重钱财者，即要钱不要命，亏待自己的健康却不停止赚钱的人，无药可医。

第三种是衣着饮食没有规律者，即生活饮食上满是恶习的人，无药可医。

第四种是阴阳错乱身体衰竭者，即错过最佳治疗时机的人，无药可医。

第五种是身体羸弱不能承受药物者，即身体有缺陷，无法承受药物的人，无药可医。

第六种是迷信巫术不信医生者，即稍有好转就会走旁门左道，而且还会指责医生的人，无药可医。

【技法正名】

在此，让我们重新感受扁鹊的提点，认真审视他带给我们的说话技法——治病遵医嘱。

这个说话技法与其说是技法，不如说是规范。当然，有人一定会问，治病遵医嘱和说话有什么关系？如果2020年以前你这么发问还情有可原，但此时此刻若还有这样的疑问，就不应该了。这个"医"字，不仅代表医生，还代表各行各业的专业人士。

第一，有没有病这一点必须听医生的，而不应该凭借你自己的感性经验来判断。至于判断这个病是否会对他人的健康造成影响，在对外口语传播的过程中更要以医生，尤其是权威的言论为准，绝不能迷信一个非专业人士的主观判断。

第二，有些疾病的传播很可能会引起一定范围内的恐慌，这时候一定要听从专业人士的建议。在互联网如此发达，传播渠道多元化的智媒时代，每一位传播者必须明白自身肩负的责任，努力做到传递真实、可靠的信息。

再看扁鹊，他有两次截然不同的治病救人的经历。第一次，虢国的国君面对扁鹊，认真地听从了他的建议，使得太子死里逃生。第二次，齐桓侯面对扁鹊，不遵医嘱，自作主张，导致自己错过了救命的良机。

【五星评跋】

让我们从现今的视角给上述史料中的对白做一个综合评定。

面对中庶子的质疑，扁鹊做出了掷地有声的回答，多点举证，逻辑性上评定为10分。

在救治太子的事情上，扁鹊先确认发病时间，再确认病人的症状。一切都确认完毕后，他使用了一个绝对能引起"本家"认可的话语，然后把自己对病理的认识和检查方式告诉对方，让对方无法置疑，策略性上评定为10分。

扁鹊被天下人认为具有起死回生的本事，他经历过这种惊世骇俗的事件的营销后，拥有了盛名却不被盛名所累，令人心生敬佩。面对他人的质疑，依然镇定自若，表达力上评定为10分。

面对齐国国君田午，可能是救人心切，扁鹊连续多次直接指出田午身上有疾病，这让田午感到不快，综合上一次出色的对白，即兴度上评定为5分。

扁鹊是"讳疾忌医"成语故事的参与者，医生行业的祖师爷，神医名号的传承者，影响力上评定为10分。

因此，在满分为50分，每10分为一星的标准下，我们将医祖扁鹊的故事，评定为45分，四星半。

【沙盘推演】

2019年12月，湖北武汉市出现多例不明原因肺炎病例。2020年2月11日世界卫生组织将这种由新型冠状病毒引起的疾病命名为COVID-19。

易中天先生在接受中新网独家专访时说道："面对自然，人类仍然有许多未知的领域需要去开拓。这次的病毒被冠以'新型'二字，则说明就连科学家也要有一个认识过程，非专业人士怎么可能有更加英明正确的决断？"

的确，在疫情面前，我们不仅要严格遵照医嘱，在面对解决各行各业的极端困难时，也同样要严格遵照专业人士的嘱咐。虽然专业人士的建议未必尽善尽美，但非专业人士的臆断可能会漏洞百出。

请允许我代表《历史教你说话》全体成员，向在抗击疫情中每一位默默奉献着的工作者说一声："辛苦了！"

第二章

语势驱动：

明明白白我的心，得用一份真性情

章首语

谈论语势驱动，首先要了解语势的范畴，语势一般包括气息运用的深浅度、饱满度、速度，声音传送的远近、高低、强弱、长短，以及因吐字归音形成的口腔状态的整体变化趋势。

虽然本章集中谈论语势驱动口语传播的说话技法，但必须说明的是，我们很难在说话过程中孤立地运用语势，而不涉及包括语流、语气、语顿在内的其他声音形式。人类思想情感的运动状态和语句表达的发展态势的呈现方式必然由多种声音形式共同完成，日常生活中的口语传播更要避免为用技巧而用技巧，导致人际交流变得机械化。

吴起练兵·并用同心句

【钩玄提要】

之前的章节中提到过要对专业人士怀有敬畏之心,本节故事又一次证明了专业与兴趣的区别。在日常口头用语中,传播者大多会认真审视自己传播的内容,而认真关注口语传播形式并积极学习、训练口语传播形式的人却很少。本节引用的故事的主人公的说话方式很好地诠释了口语的一个截面,若是将说话中的传播形式使用恰当,它的传播效果完全不逊色于对传播内容的重视。

本节通过吴起的故事,将为你讲述的说话技法与口语传播时句型的使用密切相关,史料取材于《史记·孙子吴起列传》。

提到中国历史上的"孙吴"二人,说的是春秋战国时代的两大军事家。"孙"指的是孙武,他的著作有《孙子兵法》;"吴"指的是吴起,他的著作有《吴子》。这两本书被合称为"孙吴",是中国古代军事典籍中的不朽名著。

【史料新说】

历史上的吴子,叫作吴起,是卫国人。青年时期的吴起在曾子门下求过学,之后在鲁国效力。恰逢齐国起兵攻打鲁国,吴起希望当上将军,但是因为自己的妻子是齐国人,很容易受到鲁国君臣怀疑。于是,吴起做了一件特别决绝的事,他杀了妻子以表忠诚,于是顺利地成为鲁国将领,击溃了来犯的齐国军队。写这一段的时候,我总是有些将信将疑,相信应该不止我一个人有这样的想法。

后来,鲁国有人诋毁吴起,说吴起小时候因为求官,花光了家产。同乡也有人嘲笑他,他因此杀了很多人,为此他逃出家乡卫国,来到鲁国拜曾子为师。求学期间,母亲病故他没有回去尽孝,这导致注重孝道的曾子开除了他的学籍。

　　这段诋毁之词在言语的组织上可谓费尽了心思。我们来分析一下，看看其中下手之狠毒。杀害妻子代表不仁，倾家荡产代表不义，叛国离乡代表不忠，丢弃老母代表不孝。这么一个不仁、不义、不忠、不孝之徒，放在哪个国家都是人人得而诛之。从技巧上看，这段传言无论真假，杀伤力都极强。

　　更何况鲁国战胜了齐国，一定会惹来周围诸侯的注意。

　　再说鲁国和卫国是兄弟国家，同为姬姓，重用这么一个卫国人，不等于变相抛弃了兄弟卫国吗？鲁国国君听了这番话，果然疏远了吴起。

　　不得志的吴起听说魏文侯贤明，便想去魏国做官。魏文侯就询问手下，吴起能耐如何？

　　有人回答说："领兵打仗的本事就连齐国的田穰苴都比不上他！"田穰苴是当时了不起的军事家。于是，魏文侯录用了吴起，让他担任大将之职。吴起率军攻打秦国，大获全胜。

　　吴起作为大将军，爱护士兵，和下级一起同甘共苦，不骑马，不坐车，没有给自己谋半点特权。他对自己还特别狠，甚至有士兵得了恶疮，还亲自用嘴吸脓为其治疗。他深受士兵爱戴，人人以命相报，他的军队战斗力因此极其强大。如此，魏文侯升他为封疆大吏，以抵御秦国和韩国的进攻。

　　魏文侯去世后，魏武侯继承了君主之位。在一次黄河泛舟的时候，魏武侯在船上对吴起说："你看这山川壮美，是我们的天然屏障，简直就是魏国的财富啊！"

　　吴起听完，却回答说："国家是否稳固和有没有天险没什么关系，而在于能否施行仁政。你看古代三苗氏，西有洞庭湖，东有彭蠡泽（今鄱阳湖），但是因为不守信誉，被夏禹灭了；而夏桀的领地，东有黄河、济水，西有华山，南有伊阙山，北有太行山的羊肠坂，但是因为不施仁政，被商汤灭了；商纣王的领地，东有孟门山，西有太行山，北有恒山，南有黄河，但是不施仁政，被周武王灭了。不给百姓施恩德，再怎么有天险也没用啊！如果您不施仁政的话，这条船上的人都会变成您的敌人。"

　　魏武侯听完，回答了一句："你说的对！"

　　我不得不佩服吴起的胆量，作为与魏武侯同在船上泛舟的一员，这番话等于是把魏王当小孩一样教育了一番。如果魏王有生性多疑的话，吴起所言可能会被他理解成："你若不好好治国，我就要谋反了！"

所幸魏武侯此时还是个听得进劝的人，没有直接吩咐左右"把他斩立决"。

【技法正名】

上述这段对话被收录在了《史记》中。今天，我们再来看这段对话，除了能感受到吴起勇气可嘉，还能发现一个非常有意思的说话技法——并用同心句。

所谓并用同心句，就是把类似、相同核心思想的论据反复地提及，以体现其不容辩驳的真实性和权威性。

"并用"是说话这个传播行为的一种运动方法，主要表现为在说话过程中并列、不分主次地使用相关内容，其中的每一句话就像大小不一的同心圆一样。

再看吴起，他教育魏武侯的三件事：三苗氏被夏禹所灭，夏桀被商汤所灭，商纣王被周武王所灭。这三件事旨在阐明同一个核心观点：如果君王不施仁政，就会有人推翻他。

【五星评跋】

让我们从现今的视角给上述史料中的对白做一个综合评定。

吴起在否定魏武侯依赖天险保国的想法上，把历史上的反例举了个遍，威慑力很强，逻辑上评定为9分。

言语间吴起把历代亡国的理由做了归纳，用来佐证自己的观点，策略性上评定为8分。

结尾交代了不施仁政的后果，讲明了哪怕最亲密的战友也会背叛的道理，表达力上评定为8分。

吴起的理论早就被他归纳在了自己的著作中，这段对话并非临时起意，即兴度上评定为5分。

魏武侯虽然肯定了吴起的说法，但是魏国却没有贯彻吴起的理念，影响力上评定为6分。

因此，在满分为50分，每10分为一个星的标准下，我们将吴起劝诫魏武侯的故事评定为36分，三星半。

【沙盘推演】

在现实生活中，使用并用同心句最多的场合，就是中国人说吉利话的时候。

不论是逢年过节，还是婚庆典礼等特殊的日子，人与人见面，我们都会说："祝您大吉大利、诸事如意、幸福美满、快乐安康……"

仔细想想，这都是用一种同义或者近义的方式给对方送去祝福，你罗列的吉祥话越多，听起来就会越丰富、越热闹，而且祝福的气势也越强。回过头来看看，这些祝福虽然短小精干、朗朗上口，一句道来仿佛说了很多内容，但它们本质上只有一个核心，就是祝对方一切都好。除此以外，其他的都是随便一说，你没过心，他也没入心。

值得注意的是，并用同心句并不见得只能由一个人一口气说出来，多人合作完成这项技法的情况也有不少。

比如，你在公司的立项会上提出了一个方案，会议室里的所有人看过后，纷纷表示：

"没问题。"

"我赞成。"

"挺好的。"

"特靠谱！"

这样的回答，是不是让你的自信度增加了不少呢？

反之，大家纷纷表示：

"什么嘛？"

"瞎胡闹。"

"再想想。"

"不同意。"

相信到了这个时候，这样的回答会让很多人怀疑是不是自己真出了问题。

至于《史记》记载的吴起在黄河泛舟时说的那段话，我还得补充几句。吴起之所以敢这么大义凛然地跟魏武侯说话：一来他是魏文侯时期的老臣，具有一定的权威性；二来魏武侯还得仰仗吴起建功立业。换言之，留着他，还有用。这两点，吴起心知肚明。要不然，对君王说话，语气必须拿捏准确。

同样，我要对那些特别善于并用同心句的朋友交代一下，你得考虑清楚听者的角色和地位，当一连串的道理一股脑地砸向对方时，多多少少表明你的表达正处于高位。如果你真的处于高位，那也顺理成章。如果对方具有一定的社会地位或影响力，你需要问问自己：他会不会很没面子？要知道，即便你是吴起，对方也不一定见得是魏武侯，千万别让他人对你心存芥蒂，如果破坏了彼此之间的信任感，那就得不偿失了。

不过吴起的结局并不好。魏武侯因为听信了别人的谗言而不再信任吴起，吴起只好逃去楚国做了国相。他在楚国推行改革，雷厉风行，损害了一些王族成员的利益。楚悼王去世后，反对改革的敌对势力合力谋反杀死了吴起。就连《史记》作者司马迁，对吴起的评价也是"明明知道不推行仁政没有好下场，但其在楚国推行改革的时候仍做事残暴，缺少仁爱，导致自己命丧楚国，真是可悲"。

历史上对吴起的评价以贬斥居多。在此借助古人的事例说明一点，本书内容不是断人是非、定人好坏，口才的优劣与人性的善恶也没有直接关系。笔者在选择材料时，首先观察的是对话的技术含量，客观地分析口语传播的内容，而不将对人物的主观评价带入技法的分析中。当然，笔者依然希望大家能将口才用在正道上，积极地发挥正能量。

在未来的沟通中，你会渐渐熟悉并用同心句的技法，但需要记住的是，这个技法多点正着说，少点反着驳，因为没有人喜欢别人对自己指指点点，评头论足。

弦高犒师·表态铭我心

【钩玄提要】

都说世界上没有两片相同的叶子,按照这个逻辑,世界上肯定不会有两个完全相同的人。在口语传播中,有些人向外输出的欲望较强,有些人在人际交往时却显得较为内向。让他毛遂自荐,他会觉得没有自信;让他表达内心情感,他也会感到有些羞涩。需要强调的是,个性没什么优劣之分,要看人的个性是否在对的时候用上了对的部分。如果一个人能够在说话时明确自己的内心想法,适时地向外界表达自己的愿景,那么他很可能会有美好的收获。

本节通过弦高的故事,将为你讲述的说话技法与口语传播时表明态度密切相关。本节的史料取材于《左传·僖公三十三年》。

【史料新说】

这个故事的背景发生在春秋时期。公元前628年,郑文公去世,公子兰继承君位,即郑穆公。

国家政权交替的时候,往往也是其他国家对你虎视眈眈的时候。一心想要东扩的秦穆公决定利用这个机会,消灭晋国的盟国——郑国。秦穆公更大的野心是想占据中原,取代晋国的霸主地位。因为这个时候晋文公也去世了,晋国都没工夫管好自己,更不可能顾得上别人。于是,秦穆公命令大将孟明视等人带领四百辆兵车偷袭郑国。

第二年二月(公元前627年),秦军主力来到了滑国境内(今河南省偃师市、巩义市一带)。为什么此处要讲到滑国?因为滑国是郑国的一个附属国。

秦军在此碰到了郑国的一个商人,这个商人也很有名,叫弦高。弦高赶了十二头牛,要到外面去卖。弦高碰见了远程奔袭的秦军,一下子就慌了——人再有名，跟军队还是没法硬碰硬。

按照本书的顺序从第一节看到此处的读者一定会发现，本书故事的主人公一般都是官员、谋士，他们都是政治圈的人物，对于各国的形势、军事相对比较熟悉。但弦高不同，他就是一名普通的商人。普通商人遇到来犯的士兵，那种心情大伙可以模拟一下。如果放在影视片中，挡道惹眼的龙套，一般都会直接被杀。有一个词是用来形容他们的，叫作"垫背"。

弦高除了担心自己被秦军所杀，更害怕国家灭亡。人的一生往往会有一些高光时刻，这些时刻决定了在短短几分钟内，他到底是被一刀杀死，还是永远被载入史册，受到后人歌颂。很多关键时刻做出的决定，很难用理性来解释，情感的分量显得格外重要。

弦高抓住了这个可以为国效力的机会，主动上前说："我们的国君听说你们要来了，除了加强防守，还派我带着这十二头牛来犒赏你们。"

大家也听出来了，这是弦高编出来的一套谎话。虽然说是撒谎，但故事编得逻辑通顺。防守是生怕秦军攻打他们，犒赏是因为想拉拢关系，看看是不是有机会通融一下。于是，弦高把十二头牛献给了秦军。秦军主帅一听，心想人家早有准备，还派人来送礼，这仗不能打了，郑国也不能去了。

不仅如此，弦高还偷偷派人告诉郑穆公秦军要来偷袭的消息。听闻此消息后，郑穆公一面传令军队进入战备状态，一面派人去往秦国派到郑国的使者那里打听情况。看到秦国使者和随从已经装束停当，手持武器，准备行动后，郑国的大臣皇武子就客气地说："听说各位要回国，我们没有时间为你们饯行，我们郑国的原野上到处都有麋鹿出没，请你们自己去猎取吧。"

秦军见此情景，知道郑国已经早有准备，被迫放弃了偷袭计划，只好在回国的路上，顺道消灭了滑国，也算不虚此行。

故事讲到这里，你是不是对弦高在国家利益面前的抉择肃然起敬？不过，你也可能会想，一个人身在春秋时期的诸侯国，爱国是理所应当的，毕竟利益相绑。作为对比，我再讲一个小故事。

卫国的卫懿公既不抽烟喝酒，又不打架杀人，唯独喜欢养仙鹤，听上去他像一个情操很高的主。可是，这个卫懿公喜欢仙鹤的方式很别致，他把那些鹤全部封了"大夫"。那时候，"大夫"这个称谓可不是闹着玩的，上了这个级别，马上就会有随从、田产和车马。

卫国的老百姓对这些鹤嫉妒得很，却又无可奈何。后来敌人来攻打卫国，卫懿公慌了，要在太庙授兵，命令老百姓去抵抗敌军。老百姓不干了，说应该让有职衔的鹤去打仗。结果卫懿公兵败被杀。

这是一个反面案例，因为自己饲养的宠物而毁掉了一个国家。

弦高为什么如此爱国？郑国虽然国土面积不大，但国家还挺富有。我们经常在史料里看到郑国的商人在各国之间奔走做生意。河南地势平坦、交通发达，郑国的商业也得益于此。

郑国是怎样爱护商人的呢？比如，在一个美丽的三月，天是那么蓝，花儿是那么美，晋国的上卿韩宣子到郑国拜访。韩宣子在晋国执政，而晋国又是春秋二百多年的霸主，他的身份自然尊贵非凡，所以郑国国君亲自会见了他。可有一件事郑国国君却没有满足韩宣子。原来韩宣子有一个玉环，这玉环早先应该是一对，韩宣子只有其中一个，另一个在郑国某富商的手里。这次他来郑国的目的之一就是把另外一个玉环弄到手。

韩宣子以为郑国肯定会老老实实地送上玉环。谁知郑国的执政子产却不肯买账，他解释说："您老人家要的那个玉环不是我们官府的东西，我们国君恐怕爱莫能助。"

韩宣子看在国君那里要不到玉环，只好亲自去找那个商人买，商人含蓄地表示不想卖给他，说这件事一定要让子产知道。

子产知道后解释说："当年先君桓公和一帮商人一起共同开辟了这个地方，而且订下了世世代代不能违背的盟誓。盟誓辞里说：'你不要背叛我，我也不强买你的货物，更不会强抢你的货物。你有什么财宝，我也不会染指。'就是靠着这样的盟誓，我们和商人们才能互保以至今天。现在您老人家来访问我们国家，却想叫我们政府强抢商人的东西，这严重地违背了政府和商人之间的盟誓，会遭天谴！而且如果我们开了这个恶例，商人们就不再觉得郑国是安全的了，很快他们就会跑得一干二净。如果郑国的商业衰落下去，税收的来源就没有了。今后你们再来要钱，我们恐怕也拿不出了。"

韩宣子一听，只好讪讪地表示自己不要那个玉环了。这个故事让我们明白了弦高爱国爱到骨子里的真正原因。

然而，弦高爱国的故事还没有结束，我得再往下说一段。

郑国因为弦高的机智爱国和见义勇为而得救，国君和百姓都很感激他。郑穆公以高官厚禄赏赐弦高，但弦高坚决不接受，婉言谢绝道："作为商人，忠于国家是理所当然的，如果您赏赐于我，岂不是把我当作外人了吗！"

【技法正名】

上述弦高简简单单的几句话,让我联想到了他说这些话时的场景,想到了他能够为国家、为国人做些事情时心中的那种激动和自豪。这些话中也有一个鲜明的技法,叫作表态铭我心。

"表态"是表达自己的态度,这里面有一些重点,就是表达对什么的态度,可以是对某一件事,也可以是对某一个人。为什么要表态呢?因为你不表态,别人就不明白,或者别人不太能够确定你的真实想法,抑或是别人以为你有别的想法。你不表态,别人可能会歪曲你的想法。

表态铭我心中的"铭"字,是铭记的"铭"。这个字的意思是,在某些东西上刻一些重要的文字,用来时刻提醒自己。

一方面,"铭我心"是为了通过表态的方式,让别人明白自己的内心想法。另一方面,很多人以为表态只能让别人明白自己的意思,其实表态的威力远远不止这些,它有更为深刻的作用。表态有时也是一种宣言,这种宣言既是说给别人听的,也是说给自己听的。所以,表态铭我心,除了让别人明白,还要让自己铭记,时刻用自己的宣言来提醒自己,一直照着这样去做。

再看弦高。他用自己的财产犒赏秦军,通过这种方式拯救了处于危难之中的郑国。这肯定是一件让后世称颂的事情,但仔细分析一下,这里面还有一些让人疑惑的事情,比如,弦高是主动送财产去犒赏秦军,还是被动的?这两者有质的区别。

好在当国家要赏赐弦高时,弦高明确表态:爱国之举,理所应当。这句话给他的行为大大加了分,甚至堵住了可能会出现的各种羡慕、忌妒、愤恨的声音。尤其是,弦高既然喊出了这句话,他也会用这句话时刻警示自己,这就是宣言的力量。

【五星评跋】

让我们从现今的视角给上述史料中的对白做一个综合评定。

弦高遇到敌军进犯时,形势虽然紧张,但他在慌乱之中编造的谎言倒是假而不破,说得通,道得明,即使经不起反复推敲,但也算是思路清晰,逻辑性上评定为 7 分。

一面稳住敌军的部队，一面设法通知自己的国家，让秦军误以为偷袭早有防备的郑国未必能成功，策略性上评定为 7 分。

虽然弦高在本节故事中没有太多的话语，但他的两次说话都给自己留下了青史垂名的可能，而且一次说得比一次慷慨激昂，表达力上评定为 8 分。

面对偶遇的秦军，面对生死，也面对国家的存亡，弦高的回答表现得十分完美，他必然是没有准备的，即兴度上评定为 10 分。

弦高犒师的故事被千古传诵，作为个体行为，他已尽善尽美，影响力上评定为 8 分。

因此，在满分为 50 分，每 10 分为一星的标准下，我们将弦高犒师的故事评定为 40 分，四星。

【沙盘推演】

表态铭我心的说话技法，它的美妙之处在于这个技法不仅可以通过说话这种口语传播的方式使用，更能通过各种艺术表达形式进行自我宣言，比如典型中的典型——朗诵和歌唱。

在每一年的青少年朗诵大赛中，使用频率最高的当属梁启超的《少年中国说》。最后几句这样写道：

> 天戴其苍，地履其黄。纵有千古，横有八荒。前途似海，来日方长。美哉我少年中国，与天不老！壮哉我中国少年，与国无疆！

这不正是最好的少年自我表态与宣言吗？

有一次，因为公事我去了一趟中国福利会少年宫，这是全国第一家少年宫，它是由宋庆龄亲自创办的。当我走进少年宫的时候，一群戴着红领巾的少先队员与我擦肩而过，顿时我的记忆被拉回到了儿时自己戴上红领巾的那一刻。当时的具体情景随着时光的流逝，我早已忘得一干二净，可我的耳边却久久回荡着宣誓时唱过的那首《中国少年先锋队队歌》：

> 我们是共产主义接班人，继承革命先辈的光荣传统，爱祖国，爱人民，

鲜艳的红领巾飘扬在前胸。不怕困难，不怕敌人，顽强学习，坚决斗争。向着胜利勇敢前进，向着胜利勇敢前进前进，向着胜利勇敢前进，我们是共产主义接班人……

公孙弘巧辩·火候需得当

【钩玄提要】

说话中的技法很多，取之不尽，用之不竭，每个人都能从自己的口语传播中总结出适合自己风格的表达方式。必须承认的是，有些技法学之即用，从老师那里学到手后，立刻便能运用于实践。但有些技法就像学骑车，原理听上去很简单，脚踩上去却依然不会。这种一时之间的不会不是你的能力出了问题，而是这类技法需要不断地练习，等积累了一定的经验后，才能运用自如。对言语中的分寸感的把握就属于这一类。

本节通过公孙弘的故事，将为你讲述的说话技法与口语传播时对尺度的把握密切相关。本节的史料取材于《史记·平津侯主父列传》。

在中国历史人物中，有不少年少成名的人，比如甘罗、曹冲，但也有一种类型的人，晚年才被重用，比如项羽的亚父范增。在大泽乡陈胜吴广起义的时候，范增已经七十岁了，所以他出山肯定在七十岁之后。比范增出道还迟的，就是姜尚了，他借钓鱼求见姬昌的时候已经七十二岁高龄。本节故事的主人公也是一个大器晚成的范例，不过没有上述两位那么老，他就是汉代丞相公孙弘。

【史料新说】

公孙弘出生在菑川国薛县，也就是现在的山东滕州。他年轻时并没有什么出息，在薛县的监狱当差，后来因为犯了罪被开除了。丢了差事以后，公孙弘只能在海边养猪。

直到四十岁后，公孙弘才开始学习《春秋》一书。为了读懂它，他看了很多解释《春秋》的工具书。公孙弘不但努力学习，还非常孝顺母亲。看到这里，读者们可能会想，对自己的母亲好也值得说吗？

可是，如果你知道她是公孙弘的继母的话，还会这么想吗？

汉武帝建元元年，也就是公元前140年，作为帝王的刘彻终于上台了，他立即招选贤良的名士来辅佐自己。那时公孙弘已经六十岁了，他被薛县的官员以贤良者的身份推举进京，做了博士。这个博士和学位没有丝毫关系。公孙弘作为使者出使匈奴，当他回朝汇报出使结果的时候，因为结果同汉武帝的预期相差太远而惹怒了汉武帝。汉武帝认为公孙弘十分无能，便让他病退了。六十多岁的人失业，该怎么活？一般人铁定不可能选择再就业了。

十年后，也就是公元前130年，皇帝再次要求各地选举贤才进京效命，薛县的地方官执着地再次推举了公孙弘。公孙弘向地方官说道："我在十年前已经去过京城了，皇帝不喜欢我，嫌弃我没能耐，我才退休了。如今我已经七十多岁了，你们就不能让我安享晚年吗？"

地方官干脆地回答："不能。"

于是，公孙弘再次被推荐到了京城。所有被推荐到京城的人都要写有关治国的方略和对策。考虑到公孙弘的年纪，他的文章实际上被排在了最后一篇，目的很明显，往后放不容易被选中，毕竟他已经七十多岁了。

没想到汉武帝看过文章后，直接把公孙弘的文章钦点为第一名——垫底的这个位置也有出头的可能。皇帝召见他的时候，汉武帝看到的还是当初那个老头，二话不说，立马让他官复原职，继续做了博士。

然而，事情并没什么大意外，汉朝开通通往西南的道路，要在西南巴蜀设置郡县，当地人民很不理解，皇帝便派遣公孙弘作为使臣去视察。公孙弘视察结束后，他向皇帝汇报说那里很偏僻，设置郡县没意义。皇帝仍旧不满意，没有采纳他的建议，不过考虑到他老家的地方官那么执着地举荐他，就没有再开除他。

公孙弘见闻广博，他经常表示做皇帝最大的错误是心胸狭窄，做臣子最大的错误是不节俭。公孙弘冬天睡觉不用锦被，只盖布被；独自吃饭的时候，不吃两个以上的荤菜；继母去世后，他也按照对待亲生母亲的礼仪，为继母守丧三年；每次上朝时，他谈论朝政只陈述事实，从不直接提出解决方案，而是引导皇帝自己做出决定，而且从不当面驳斥别人，也从不和别人脸红脖子粗地争论，他的这一行为和本书中的很多辩士的做法大不相同。

皇帝经过长时间的观察，认为公孙弘品行忠厚，善于言谈，熟悉法令，擅长官场事务，而且还能用儒学的观点加以佐证，这让皇帝转变了对他的态度，对这位已经到了"退休返聘"年龄的老人家逐渐青睐有加，他的地位也渐渐显贵起来。仅仅两年时间公孙弘就官至左内史，每当他向皇帝提出的建议不被采纳时，他从不在朝廷上进行辩白。

但公孙弘并非完美无缺，为了保护自己在皇帝心目中的地位，他不惜背叛同僚也是事实确凿。有一次，所有大臣都约好了，一起在朝堂上说服皇帝接受大臣们的意见。等到了皇帝面前，公孙弘却违背了约定，支持了皇帝的意见，这导致大家都很气愤，最憋不住火气的同僚汲黯直接训斥了公孙弘。

不明就里的皇帝很疑惑，就向公孙弘求证事情的真相，公孙弘只回答说："没办法，了解我的人都知道我足够忠诚，只有不了解我的人才认为我不忠诚。"

皇帝想了想，觉得有道理。于是，每当有大臣诋毁公孙弘时，皇帝就愈发厚待这位老人家。

四年后，公孙弘升职为御史大夫。他多次反对汉武帝开发边疆地区，尤其反对开发西南边疆，反对在东边设置沧海郡，反对在北边开发朔方郡。他认为，开发这些不毛之地是花费中原地区的财富做些没有意义的事情，只会把中央政府拖垮。

汉武帝说不过他，就把朱买臣叫来，让他说出设置朔方郡的意义，试图借此说服公孙弘。朱买臣连续提了十个问题，公孙弘完全答不上来。于是，他便道歉说："我是个山东粗鄙之人，认知上有巨大空白，不知道设置朔方郡有这么多好处。既然好处多，不如停止开发西南，停止建设沧海郡，专心经营朔方郡吧！"

最终，皇帝同意了公孙弘的看法。

这明明就是以退为进！本来皇帝打算开发西南边疆以及在东边设置沧海郡的，结果这些都被叫停了。

受到皇帝厚待的公孙弘让很多人开始不舒爽了，而汲黯是其中最不开心的那个。汲黯向皇帝举报公孙弘盖布被是在作秀。皇帝向公孙弘求证此事，公孙弘向皇帝谢罪说："九卿中和我关系最好的就是汲黯，今天他却在朝堂上吐槽我作秀，不过他确实说得很对，我这么高的薪水和地位，还这么装节约，真是沽名钓誉。"

但他随后话锋一转，继续说道："我听说管仲当初在齐国做国相时，有三套豪宅，非常奢侈，甚至连齐王都不见得能比他。虽然齐桓公依靠管仲才成为春秋一霸，但是这种奢侈，您不觉得是一种超越礼仪的行为吗？再来看看晏婴，他是齐景公时候的国相，他吃饭最多吃两个荤菜，不准妻妾穿用丝绸做的衣服。

当时的齐国很强盛，我觉得这是晏婴在向百姓看齐，与国民不分彼此。现在我做了高官，薪水也高，盖布被是想贴近基层官员，让他们体会不到贵贱差别而已。要是我接受了汲黯的说法，按照我的薪水级别吃香喝辣，奢侈无比，再加上我的赤胆忠心比不上汲黯……我觉得我在朝廷里，估计早就没有活路了。"

听完这段话，汉武帝更加觉得公孙弘谦让有礼，便提拔他做了丞相，封他为平津侯。想想看，每每被人投诉一次，就官升一级，这是什么套路？

话说正当朝廷追究淮南王、衡山王的党羽时，公孙弘得了重病，觉得自己可能过不了这一关了。考虑到自己没啥攻城略地的大功劳，却被封侯拜相，本应该帮助皇帝管理国家，让大家都按照臣子的礼节侍奉皇帝才对，现在却有人谋反，这一定是自己的工作做得不够到位。万一自己真的病死了，汲黯等人必下狠手，诋毁自己的名誉，自己的儿孙该如何是好？

想到这里，公孙弘打算给皇帝写一封信，信里说道："我听说天下的纲常道理有五种，分别是君臣、父子、兄弟、夫妻、长幼次序。用来践行这五个纲常道理的美德有三个，分别是智慧、仁爱、勇敢。孔子说，喜欢询问近乎智，努力实践近乎仁，懂得羞耻近乎勇。按照孔子说的做，就知道如何提升自我修养了，提升自我修养后就知道如何治理别人了，这是亘古不变的道理。

"如今皇帝您效仿古代明君，建立和周朝一样的盛世，兼备文王、武王的仁德，鼓励人才，发放俸禄，唯才是举。可惜您却让我这个没啥才能的老头位列三公，我的品德实在不足以得到这个官职。我身体很差，估计连您的宠物都会比我命长。我要是死了，既无法报答您的知遇之恩，又无法抵御别人的污蔑，我希望趁现在还活着辞官回家，给其他有才能的人让出丞相的位置来。"

皇帝回答："古代君王会奖励有功之人，表彰有德之人，守住江山要崇尚文德教化，遭遇祸患要崇尚武功，这是必需的。我以前幸运地继承皇位，害怕能力不足，一心想和诸位大臣一同治理天下，你应该能懂我的想法。君子都是善良的人，同时憎恨邪恶，你每次行事都很谨慎，留在我身边无可厚非。如今你生病了，就要我允许你告老还乡，你是打算显示我没有仁德吗？现在没什么大事发生，你安心养病，病好了赶紧回来做事。"

随后，汉武帝还下赐酒肉布帛给公孙弘。几个月后，没有心理负担的公孙弘病好了，又回朝做事了。公元前121年，也就是在公孙弘七十多岁第二次被举荐入朝的九年后，他死于丞相任上。

【技法正名】

　　这段故事篇幅不短，公孙弘在故事中给我们展示的说话技法叫作火候需得当。

　　什么叫火候？直白的解释就是烧菜时火力的大小和时长。经常下厨房的朋友都知道，烧菜到了高级阶段，除了其他的手艺，火候的掌控非常重要，它直接关系到菜肴最后的口感和品相。

　　在说话中同样如此：一句话火候过了，听起来言辞太冲；火候不到，听起来不明不白。在日常生活中，你会发现年轻人更容易因血气方刚而说话很冲，为何会这样呢？年轻人说话太冲，是因为缺乏历练，火候掌握不到位。人不轻狂枉少年，冲一点能换来自己的舒爽。但如果要考虑到传播效果的话，说话时必须要掌握好火候。无论你说对方城府颇深也好，说对方态度圆滑也罢，有一点你不得不承认，火候不是想学就能学好的，需要不断地历练。得当的火候，有时是一种良好的修养和自我情绪管理得当的表现。

　　再看公孙弘，他的对手汲黯就属于言辞过于激烈的一类。而公孙弘每次都能根据对话现场的自我感受来调整说话的语气、语势，甚至是内容。为了顺从皇帝，公孙弘不惜违反与他人的约定，其精髓就在于火候的把握。当然，我并非在赞美他的三观。

【五星评跋】

　　让我们从现今的视角给上述史料中的对白做一个综合评定。

　　公孙弘说话最大的原则就是顺从皇帝的心意，这条原则听起来不怎么高级，但是他一直遵守着这条原则，只用了九年就位居丞相，也是令人诧异，逻辑性上评定为7分。

　　在同时开发西南边疆、设置沧海郡、开发朔方郡的事情上，公孙弘发现已经无法改变皇帝的想法，便立刻改变计划，四两拨千斤地只留下了建设朔方郡的项目，策略性上评定为10分。

　　司马迁都说，公孙弘说话喜欢把前因后果讲清楚，喜欢用儒家思想佐证自己的观点。为了达到目的，甚至把恨得要死的汲黯都说成是自己的好朋友，表达力上评定为8分。

公孙弘几句话就保留了开发朔方郡的项目，毙掉了开发西南边疆、设置沧海郡的项目。面对汲黯的吐槽，公孙弘能立马即兴辩解，即兴度上评定为8分。

说实话，我并不推崇公孙弘的所作所为，但是他的说话方式确实能让听话的人心情愉悦。心情好了就事半功倍，不是吗？最起码让人知道了"沽名钓誉"这个成语，影响力上评定为7分。

因此，在满分为50分，每10分为一星的标准下，我们将公孙弘为官的故事评定为40分，四星。

【沙盘推演】

用本节的技法联系实际，我来讲一个案例。临近岁末时，很多企业都会办年会。有一次，一位朋友邀请我参加他们公司于那一年的12月28日和29日举办的年会，但我不知道自己上台的时间段。

于是，我就发了一条语音消息给对方，我问："你好，我想确认一下两天的年会中我的上场环节在什么时候，我好安排一下自己的时间表。"

对方回复我："林老师好，年会中28日下午您有任务，需要登台，其他时间欢迎参加。"

这就是口才。"其他时间欢迎参加"这句话，火候把握得极好，对方的意思是：如果你有时间，你可以来；如果你没有时间，也无须全程参加。这种表达用积极主动的方式为我做好了参加与不参加的各种铺垫，让我感受到了这位朋友对我的关心，这就是火候。毕竟，人与人的沟通也需要以彼此关心为基础。

孙武斩妃·简易口语杀

【钩玄提要】

有一个成语叫"言简意赅",意思是,说话时简明扼要,内容不要过于繁复和拖沓。这个层面的注解仅仅讲清楚了"言简意赅"的传播方式。既然是作为一个褒义词被我们使用,它必然会带来良好的传播效果。因此,想要做到言简意赅,除了说得简单,还不能因其内容的精练而损失了传播者本该表达的东西。言简意赅的优势就在于既能说得简单,也能说得清楚。不过,口语内容的密度没有硬性的规定,只要能达到传播的目的,长短皆宜。

本节通过孙武的故事,将为你讲述的说话技法与口语传播时言语的密度息息相关。本节的史料取材于《史记·孙子吴起列传》。

故事开始前,让我们先来猜一猜本节的主人公是谁。这一节要说的主人公是中国历史上最为知名的军事专家,他靠着一部著名的兵法宝典成为流传千古的兵家至圣。这个谜面估计是个中国人都已经猜出来了,他就是孙武。孙武写的这部军事著作,就是被后人誉为"古代第一兵书"的《孙子兵法》。

《孙子兵法》中有很多耳熟能详的成语,比如:攻其不备,出其不意;知己知彼,百战不殆等。《孙子兵法》不但深入人心,更在我国古代的军事研究和战争中起过极其重要的指导作用,它归纳出的战争原理原则、策略之运用、作战之部署、敌情之研判等,至今仍具有重大的现实意义。

那到底是什么故事在这位军事专家的一生中占据了相当重要的位置呢?它又跟说话技法有什么关系呢?

【史料新说】

孙武,出生于春秋时期齐国著名的将军世家。他的祖父孙书、父亲孙凭都是齐国非常有名的大将。

孙武从小耳濡目染，对用兵之道颇有心得，很渴望将来有一天能子承父业，沙场建功。

孙武年纪稍长时，南方的吴国发生了政变，公子光在伍子胥的帮助下夺取王位，当上了吴王，就是吴王阖闾。吴王阖闾和伍子胥的故事大家都非常熟悉了，一个想要让吴国飞黄腾达，一个想要让楚国灰飞烟灭。两人为了共同的目标，都求贤若渴，广发英雄帖，尤其亟待招聘军事方面的人才。

此时，孙武已经完成了著名的《孙子兵法》。吴王从伍子胥那里听说了孙武这个人，他出身军人世家，写过兵书，对兵法挺有见解，但他究竟是不是真能打仗，谁也不知道。故事就这样开场了。

二人见了面，吴王说："你的十三篇兵法，我已经都读过了，挺好的。不过阁下能不能摆个阵势出来，让我见识见识？"

孙武说："行，没有问题。"

吴王又问："那用姑娘来列阵，行吗？"

孙武说："行，没有问题。"

吴王再问："除了这五个字，你能不能回答点别的？"

孙武回答："行，没有问题。"

至于吴王为什么要让孙武用后宫美女来排兵布阵，《史记》里并没有写，我也不知道。可能是吴王故意为难他，想考考他的带兵能力；也可能单纯是因为宫中宫女、妃子众多，召集起来方便快速。总之，吴王叫来了宫中美女一百八十人，让孙武立刻练兵带出队形。

孙武快速将宫女们分为左右两队，并让吴王的两位宠妃担任队长，同时要求这些"新兵"们手上都拿好战戟。然后，向她们问道："你们知道心口、左手、右手以及背部的不同朝向吗？"

美人们感觉像是在做游戏，笑嘻嘻地答道："知道呀，知道呀！"

孙武说："好。等一会儿当我说'前'，你们就正视心口的方向；说'左'，就看向左手的方向；说'右'，就看向右手的方向；说'后'，就转身正视背后的方向。明白了吗？"

美人们七嘴八舌道："好呀，好呀！"

命令宣布完毕，孙武在一旁设好了斧钺执法台，并且三令五申把要求重复了好几遍。"三令五申"这个成语就是从这里来的。

随后，孙武开始击鼓下令："各就各位，向右看齐！"

没想到美人们只觉得好玩，她们听到指令后没有一个人好好遵从，只顾着相互打闹。

孙武说："好吧，可能是我刚才没说清楚，指令不明，都是我的错。"于是，孙武又把规则解释了几遍。说完之后，他再次击鼓下令："各就各位，向左看齐！"

然而，美人们还是跟刚才一样嬉笑玩闹，没有一个服从命令的。操练到了这个份上，可以说是完全失败了，孙武的脸上挂不住。毕竟操练的对象是一群娇滴滴的美人，更别说还是大王的后宫家眷了，这换了谁都没辙，也只能认栽了。

不过孙武却不以为惧，他面无表情地对着这群嬉笑的美人开口了："刚才我已经说了，指令不明，士兵无法执行，自然是我作为将军的过错。但既然已经向你们三令五申地解释清楚了，却仍不按照命令操作，那就是兵长的罪过了。"

他一边说，一边拉出左右两队的队长，准备将她们斩首以正军纪。

这一次，所有人都吓傻了。不但宫中美人们吓得瑟瑟发抖，就连台上的吴王也惊呆了，心想：怎么寡人的爱妃就要掉脑袋了呢？吴王赶紧派人向孙武传话："寡人已经知道将军能用兵了。寡人若没了这两位妃子，将食不甘、寝不寐，请网开一面，不要斩首！"

孙武只回了一句话："将在军中，君命有所不受。"说完，便把吴王最爱的这两名宠妃斩杀示众了。

接着，他又重新任命了两位新的队长，并再次开始击鼓操练。这下，不用孙武发出第二遍指令，向左、向右、向前、向后、跪坐、起立，所有的美人都立刻完成得整整齐齐、规规矩矩，队伍里也再没有一人敢发出任何声响。

于是，孙武派遣使者禀告吴王："士兵已操练齐整，大王可下台观阅。只要大王下令，哪怕赴汤蹈火，她们也不会有所迟疑。"

此时的吴王还没从失去爱妃的震惊和悲痛中回过神来，呆若木鸡地回答："行吧，请将军回去休息吧，寡人不想下去看了。"

相信有过面试经验的人都知道，听到这句话，可以说吴王对孙武的这次考验已经彻底结束了。赶紧起身走人吧，大王没要你一命还一命，已经算是便宜你了，更何况是两条性命。但孙武的反应是什么呢？

孙武对着吴王冷冰冰地回答道："王徒好其言，不能用其实。"

意思是：大王只喜欢听说得好听的，却用不了真的能打的。孙武的一句话，点醒了吴王。面前这位孙武确实是真正的大将之才，可堪重用。于是吴王正式任命孙武为大将，和伍子胥一内一外，共理大事。

后来，孙武果然率领吴军西破强楚，攻入楚国国都，并威慑到了齐国和晋国。

《史记》中孙武的故事差不多就说完了，虽然简单，但其中可圈可点的地方比比皆是。它们既反映了《孙子兵法》中强调的兵道内容——治军严明，军令如山，令行禁止；又清晰地展现了孙武的为人处世之道，以及在这场他和吴王的小小"战争"中的用兵之道。

在话术层面上，这个故事中用到的说话技法叫作简易口语杀。

【技法正名】

这节故事中连说话技法的名称都那么霸气。在孙武的口语传播中，我们可以总结的技法其实不止一项，比如"理由给充分"也是这节故事中所展现的一个很不错的说话技法，但为了能够更好地阐述孙武在本节故事中所表现出来的口语传播特点，所以选择了"简易口语杀"。如此忍痛割爱，足以说明这个技法的重要性。

第一，为什么要简易？

因为口头语言不是书面语言，它在阐述的过程中稍纵即逝，不可反复阅读。在口语传播中，如果阐述繁复、篇幅过长，听众必然无法靠记忆力全盘接收你所说的内容，记了后面，忘了前面，说了等于白说。

第二，如何做到简易？

做到简易的方法不少，归纳起来无非两种：要么把话说简单；要么突出口语表达的逻辑性，且向听众提供可视化文本，比如在法庭上律师会有代理词，他们可以通过逻辑梳理和提供文本让大家听明白。

再看孙武，在整节故事中，他的话并不多，但说得干净利落、简单易懂、杀气逼人。

【五星评跋】

让我们从现今的视角给上述史料中的对白做一个综合评定。

孙武操练时下令准确、传达清晰，而后斩妃时有理有据，逻辑性上评定为10分。

孙武斩杀宠妃并非一时冲动，而是遵循了事前就已定下的铁律，既展示了自己治军严明、言出必行的一面，也展现了自己准确的判断——吴王必将以国事为重，并非昏君，他才敢于如此行事，策略性上评定为10分。

孙武面对君王，不卑不亢，冷静果决，人狠话不多，表达力上评定为9分。

作为兵家至圣，自然从不打无准备的仗，知己知彼，百战不殆，即便见招拆招，想必孙武也对吴王有着深刻的了解，即兴度上评定为8分。

经此一役，孙武从一名军事理论家变成了吴国的大将，正式登上了历史舞台。此后他立下卓著战功，不但改变了吴国的走向，也让《孙子兵法》广为人知，使其成为兵家典范，影响力上评定为10分。

因此，在满分为50分，每10分为一星的标准下，我们将孙武斩妃的故事评定为47分，四星半。

【沙盘推演】

在日常生活中，口头语言传播的机会远远大于文字语言，但口头语言传播的严谨度稍稍逊色了一些。就拿普通话中最简单的一个字"一"来说，除非你刚参加过普通话测试，或者你是测试员，不然很少有人会去认真地学习这个字的口语传播规范。

大家都知道"一"这个字在不同的情况下有不同的发音，总共有四种。如果没有简易化的记忆方法，你很难区分，只能凭习惯念诵。笔者在这里给大家提供一首四句口诀，就能轻松掌握"一"这个字在各种情况下的发音了。当然你别以为我在教你说普通话，我只是在借此展示什么是简易口语杀的技法。这首口诀就是：

一字本调读一声，
阴阳上前念四声，
去声之前变二声，
夹在中间是轻声。

言下之意：

一字本身音调读一声：（yī）；

阴阳上声前念四声：一天（yì tiān）、一回（yì huí）、一点（yì diǎn）；

去声之前变二声：一次（yí cì）；

夹在中间是轻声：看一看（kàn yi kàn）、听一听（tīng yi tīng）。

记住了这首口诀，就记住了所有"一"字的读法。

谢安护国·云淡配风轻

【钩玄提要】

在口语传播的学习中，我们时常会听见一句督促式的话：说话要内紧外松。这句话想要表达的意思是，传播者需要保持内在状态的积极，甚至略带紧张感也不为过。这种紧张感不是一种能力上的缺陷，而是让自己的传播处于兴奋状态的前提条件，但传播者不应该将内心的紧张轻易地流露出来，更不能影响其他传播者和整个传播的氛围。他需要用紧张感驱动自身的传播状态，让自己变得更为积极，但是在外在状态上要保持松弛，在说话的语势上要保持稳定。

本节通过谢安的故事，将为你讲述的说话技法与口语传播时口吻的掌握密切相关。本节的史料取材于《晋书·谢安列传》。

很多人希望自己能过上高品质的生活，"高品质"不仅意味着物质生活的丰富，也表明了精神生活的高品位。在社交网络上，很多人希望自己能发高格调的朋友圈，"高格调"不仅意味着朋友圈里有好吃的、好玩的，而且还得展示自己既有远方又有诗。当然，还不能太过做作。本节故事的男主角就是一个具有高格调的人，名叫谢安。让我们一起来看看，古代的高格调是怎么养成的。

【史料新说】

谢安，出身名门，少年的时候才华横溢，衣食无忧。作为一名高格调的富二代，他自然喜欢做一些富二代喜欢做的事情。比如，吃喝玩乐，正好匹配有些人谈及的"大俗即大雅"。不过，高格调的人即使自己不说想要，很多时候别人也会找上门来。当时的宰相王导一直想让谢安去做官，但被他非常淡定地拒绝了，他寄情于山水，和王羲之等名流纵情于山水之间，游走于文艺圈。就这样，谢安潇洒地玩到了四十岁。古人的平均寿命并不长，四十岁相当于过了大半生。

此时的东晋王朝，早已腐朽不堪，摇摇欲坠，急需能人镇住场子。谢安突然想明白了，国破家亡、覆巢之下安有完卵？于是，他答应为官，这一当官就以其独特的淡定气质、高超的谋略给世人留下了难以磨灭的印象。

有一次，谢安和朋友乘船出海游玩，大伙喝着小酒，吟诗作对，玩得正高兴。突然，海上风起云涌，惊涛骇浪随之而来，眼看随时都有翻船的危险。这可把众人吓坏了，他们惊恐万分地满船乱跑，可谢安还在吟诗。

大伙问："你不怕吗？"

谢安淡淡一笑，说道："要是你们都这样惊慌的话，恐怕就真回不去喽！"

大家一听，觉得谢安是真潇洒、真淡定，于是便如同服了定心丸似的镇定了下来。船夫一直将船往前划，等到风浪越来越大时，谢安才缓缓地征求大家的意见："要不，咱们返航吧？"

大家立刻说："对对对！返航返航。"

船夫这才调头返航，最后平安地驶回岸边。面对大自然的险象环生，谢安无比淡定；面对政治的暗流汹涌，谢安又何尝不是如此？

人生多艰，男儿无畏。淡定一笑，方显气质！

此时的东晋，政治内部和外部早已矛盾重重。对内，谢安主张稳定政局，加强中央集权。当简文帝忧愤而崩，孝武帝年幼即位时，桓温"大陈兵卫"，欲诛杀王坦之、谢安，进驻晋室，还设下了鸿门宴。王坦之和谢安赴宴，王坦之吓得浑身都是冷汗，而谢安知道帐后都是埋伏的士兵时，淡定一笑，说："呵！都说诸侯应该镇守四方，怎么在幕后藏人呢？"

桓温一听哈哈大笑，为谢安不凡的气度和胆识所折服，立刻说自己不过是出于自卫的目的罢了。一场剑拔弩张的会面，一次历史上有可能拔刀相向的会面，就这样被谢安在谈笑间解除了警报。

对外谢安淡定指挥，化解外敌。让谢安彻底地站稳在历史舞台上的是著名的淝水之战。话说东晋的北面一直有个强劲的王国，史称前秦。前秦君王苻坚也是一个非常傲娇的人。当傲娇的人碰上高格调的人，会发生什么有趣的故事呢？

苻坚想要一统天下，于是命令前秦百万大军逼向东晋。京师震恐，谢安临危受命，被委任为大都督。他十分淡定，还颇有江湖情怀和闲情逸致，竟把亲朋好友们一并喊来，组团到此前在乡间盖的农家院落里摆了一个赌局。怎么赌？他们不玩骰子这种俗气的东西，而是对赌围棋，赢的一方可以拿走农家院落。

当晋军在淝水之战中大败前秦的捷报送到时，谢安正在家与客人下棋，面无喜色，下棋如故。所有人都急着询问战况如何。他淡淡地说道："没什么，孩子们已经打败敌人了。"直到下完了棋，等客人都告辞了，谢安才抑制不住心头的喜悦，跳起了只有他自己才懂的舞蹈，甚至把木屐底上的屐齿都弄断了。文人骚客们每每谈起此次战事，无不举冠惊叹。谢安在历史上的偶像地位从此确定。

但是我们仔细想想，淝水之战中晋军能取得大胜的原因何在？

谢安淡定的气质只是表象，他到底做了些什么？

第一，重建了北府军。当时，政府腐败不堪，东晋承受着空前的军事压力。北府军经历过北方战乱，有一定的战斗经验，又经过七年的训练，成了一支战斗力极强的军队。这才是淝水之战的战力来源。

第二，努力发展经济。原本的东晋世家贵族经常拖欠税金，在谢安推行改革后，改变了税收制度，规定按照人口纳税，服役者免税。这个举措一方面减轻了百姓的负担，另一方面逼迫皇亲国戚不得不交税，使得东晋的经济稳步发展起来。

第三，军事部署得当。在军事指挥上，谢安知道前秦有百万大军，东晋将领们的内心几乎是崩溃的。但东晋拥有长江天险，优势明显。在战斗过程中，谢安不急不躁，从容地派兵遣将。一方面，让桓冲率领的十万精兵牵制秦军，使其不能全力以赴；另一方面，又以谢玄为将，趁前秦主力尚未到达的时候，一举击溃了前秦的前锋部队，后来又在淝水河畔用计大败前秦大军。

从谢安的例子中我们可以发现，淡定还是要靠超强的实力来加持的。他的淡定虽在寄情于山水上，但他又有政治家的远见卓识；既有忧国忧民、心系天下的情怀，又有过硬的心理素质，善于运筹帷幄。历史上的最高格调，便是赢得世人的爱戴。

【技法正名】

与此同时，谢安也给我们留下了一个名如其人的说话技法，叫作：云淡配风轻。

云淡配风轻的技法听上去很写意，解释起来就需要形象化一些。什么是"云淡"？就是天上飘过一朵淡淡的云彩，这种单薄的程度很难形容，不能是多云的天气，也不能是万里无云的状态。

此时问题就出现了，如果"云淡"还不难理解，为何一定要"配风轻"

呢？就不能配风大或无风吗？答案显然是"不能"。这就叫"配套"。猛烈的大风会把天空的云吹散；一点风也没有，天空中的云会厚厚地堆积在那里，也达不到云淡的效果。因此，云淡必须要风轻。

那么，这个说话技法该如何运用呢？传播者要意识到，想要传播效果让人满意，就要配合相应的传播方式。在气氛非常紧张的情况下，想要通过自己的表达来缓解高压之下的沟通氛围，只有先让自己的说话方式轻松起来。即便你也深感压力，但切莫火上浇油。

再看谢安，当身边的伙伴都已经慌不择路时，他却不动声色地下棋，淡淡地说上几句话。等到四下无人时，他才尽情释放内心的压力，手舞足蹈起来。

【五星评跋】

让我们从现今的视角给上述史料中的对白做一个综合评定。

谢安本不愿意涉足政坛，却以东晋大局为重，识得大体，明白有大家才有小家的道理，逻辑性上评定为9分。

在淝水之战中，谢安以自己的淡定稳定了军心，下棋设下赌局只是幌子，分散大家的注意力才是重点，策略性上评定为9分。

谢安的表达是潇洒的、飘逸的、灵动的，简简单单几句话，效果却非常良好，表达力上评定为9分。

淡定之下的不紧不慢抹杀不了他临阵指挥的机智言行，在危难时还能保持清晰的头脑，即兴度上评定为8分。

谢安稳定了复杂的王朝战局，又留下了经典的战役史记，同时还让自己的淡定流传后世，影响力上评定为9分。

因此，在满分为50分，每10分为一星的标准下，我们将谢安"云淡配风轻"的故事评定为44分，四星。

【沙盘推演】

在现实生活中，我们一定要记得，云淡配风轻的说话技法不是鼓励你装腔作势，而是要你做好充分的准备。该努力的都努力了，剩下的就是保持一份好心情。

好比高考，你都已经发愤图强了三年，考试的前一天，还拼搏什么呢？一天也拼不出个什么了，还不如适当放松一下。

有一次，我的一位朋友邀请我去参加她的职场周年答谢会，并再三要求我提前一点到场，帮她看看会场的安排，毕竟我有一定的舞台演出经验。等我到了时，现场还比较混乱，她在后台化妆，前台各个部门都在四处找她，要她做各种决定。

我来到后台，她问我现场怎么样。

我说："还行，基本都弄得差不多了，就等本尊出场了。但我觉得你的这副耳环不行，你穿的是中式服装，耳环却偏于欧美风了，还是换旁边那副点翠的坠子吧。"

她的助手告诉我："林老师，因为之前了解了你的专业，所以我才没有吱声。不然，我会觉得你就是来混吃混喝的。"

的确如此。我心里非常清楚，还有半小时就登台了，该调整的都应调整完毕，现在完成不了的，也无须再去纠结了，应该做的就是释放那份登台前的焦虑和紧张。

最后，多说一句，能够做到云淡配风轻的人，一定是经历过暴风骤雨的人。

第三章

材料变通：

光天化日变戏法，套路一茬接一茬

章首语

　　这里所说的材料不是工程学意义上人类为了制造物品而使用的物质，而是指传播者所要传播的内容。传播内容虽然无法生产出某种物品，但对传播内容的不同处理方法能够生产出不同的信息和传播效果。

　　材料变通就是传播者根据各自的传播目的，将相同的传播内容经过自己的传播方式进行口语输出，让接收者在接收信息的过程中达到传播效果的最大化。变通是一种经验，更是一种技术手段，绝非随性而为的改变。当然，依据具体情况做出的改变不应该影响传播目的的实现。

李泌阻焚·举证最大化

【钩玄提要】

由于每个人的经历不同,记忆中储存的信息也就不尽相同。当我们为了佐证自己的观点时,选择的论据也必然有所区别。本节故事并非要求大家在选择论据时,必须每次都挑选杀伤力最强的,而是要给大家一个启示,在事关紧要的关键时刻,尤其是面对没有多少时间留给自己娓娓道来的时刻,出示论据证明自己的观点就显得尤为重要。而选择什么样的论据,非常考验传播者的智慧。

本节通过李泌的故事,将为你讲述的说话技法与口语传播时论据的佐证密切相关。本节的史料取材于《新唐书·李泌列传》和《旧唐书·李泌列传》。

衣白山人再造唐,
谋家议国虑深长。
功成拂袖还归去,
高节依稀汉子房。

这首定场诗出自宋朝文人徐钧之笔,大致意思是说:身穿白衣的隐士有着再造大唐一般的功劳,为帝王的家事、百姓的福祉殚精竭虑,精心谋划。等到功成名就之后,他却没有在朝堂之上身居高位,反而归隐了山林,这样的气节让人仿佛看到了大汉的开国元勋张良。此处我引用这首诗文不是为了讲张良,而是借用该诗赞扬一下本节故事的主人公,唐代中期的著名政治家、学者、谋士,李泌。

【史料新说】

李泌的"泌"字，很多人习惯读成"mì"。在喜马拉雅同名音频节目《历史教你说话》的评论区，不下两位数的听众给我留言，问我是不是念错了这个字。我得在此书中重申一回，"泌"字在人名中念"bì"，这也是《普通话异读词审音表》中明确规定的读音。

如果当年有名片的话，估计李泌名片上的头衔一定是密密麻麻一连串。更值得一提的是，李泌侍奉了唐玄宗、唐肃宗、唐代宗、唐德宗四任皇帝。正所谓伴君如伴虎，可见这个人的智商和情商之高。

李泌，字长源，京兆人，也就是今天的西安人。其他我就不展开讲述了，你有兴趣的话可以去搜索一下。这么说吧，如果往上追溯几代，李泌也能算是家世显赫的知识分子家庭出身。不仅如此，他从小天资聪慧，深得唐玄宗的赏识。

至于这位李先生到底多有名，我说了不算数，咱们来看看中国传统启蒙教材《三字经》里的一句话："莹八岁，能咏诗；泌七岁，能赋棋。彼颖悟，人称奇；尔幼学，当效之。"

前半句"莹八岁，能咏诗；泌七岁，能赋棋"便是说北魏有个叫祖莹的人，八岁就能诵读诗书；唐朝有个叫李泌的人，七岁时就能以下棋为题而作诗赋。这个李泌就是本节故事的主人公。如果叫他天才，我想也不为过。李泌不仅智商和情商俱高，还有难能可贵的语商（即说话的才能）。所以，当天才遇上口才，那便两全其美了。

天宝十四年十一月（公元755年12月），著名的"安史之乱"爆发，节度使安禄山联合周边游牧民族约十五万大军进攻大唐。

天宝十五年（公元756年）六月，叛军攻破长安。城破之前，唐玄宗仓皇出逃，前往蜀地成都。而太子李亨亡命至朔方，重整旗鼓，在灵武称帝，为唐肃宗。他从今天的宁夏银川打回长安，平定了叛乱，唐肃宗是唐朝第七位皇帝，也是第一个在京师以外登基的皇帝。

公元757年，李亨从成都接回了流亡的父亲唐玄宗，并尊他为太上皇。

平定了安史之乱之后，唐肃宗李亨打算挖出前朝宰相李林甫的尸骨，焚烧以泄愤。因为当初他还是太子的时候，李林甫没少在他爹面前说他的坏话，陷害年少的李亨。得知这个消息后，李泌很快站了出来，表明了自己的态度。这里必须穿插一句说明一下，能在这个时候开口说话的大臣，一定拥有超人的勇气，个中缘由不用我多说，你也能体会。

他说："臣李泌以为，您贵为天子却被过去的仇恨左右了自己的情绪，实在是太不明智了。如果当朝天子都不能将宽广的胸怀展示给天下人，那么那些曾经得罪过您的人一定会担惊受怕从而酿出祸端。我担心这会让您的敌人打消臣服于您的想法，顽抗到底！"

李泌作为唐玄宗时代就位列朝堂的老臣，而且在唐玄宗在位时曾多次维护过太子李亨，所有人都觉得既然他都站出来说话了，这事情也该不了了之了。

没想到，唐肃宗听了李泌的话，恶狠狠地说道："这贼人当初千方百计陷害朕，朕的命可以说是朝不保夕。我能活到今天称帝，是老天保佑！像他这样邪恶的官员，幸亏还没有得逞就死了。你怎么能对这样的人有所怜悯？"

仔细分析一下唐肃宗的话，可以发现其中透露了两部分信息：一部分是对李林甫的仇恨，一部分是对李泌的质疑。要知道这两种情绪的叠加会让事态变得非常严重。面对已经怒不可遏的皇帝，李泌本应识相地闭嘴，可他却没有这样做，而是说了一段极具智慧的话，放在今天估计也不会有多少人能够如此应对。

李泌说："我怎么可能不知道李林甫的行为。您的父亲统治天下五十年，一个失误就被迫亡命西南巴蜀，那里的天气与关中不同，如果他老人家知道您如此记恨前朝旧臣，而且还要掘墓焚骨，他该如何看待自己曾经所做下的决定呢？难道您希望看到他老人家悔恨交加，从而得病，然后让所有人都知道您坐拥天下，却不会照顾亲人的情绪吗？"

听完李泌的陈述，唐肃宗内心震动，走下台阶，抱住李泌，哭着说："朕真的没有想这么多，我是被仇恨冲昏了头脑，我不会这么做了。"

能把在气头上的皇帝都说哭了，这让我佩服李泌是个天才的同时，不得不好好地分析一下他话中的奥秘。

【技法正名】

强行正面劝谏失败后，面对即将暴怒的皇帝，话锋一转就让天子悬崖勒马，痛哭认错，关键就在于李泌使用的这一招说话技法——举证最大化。

什么叫作举证最大化？面对一个即将失去理智的人，纵使你有千万条道理，估计他也听不进去，留给你的就剩下几句话的时间。一旦对方情绪失控，不仅谁劝都没有用，而且还有可能陷入谁在风口说话，他就把谁当作敌人对待的境地。何况对方还是一个拥有生杀大权的皇帝，后果就更难以想象了。这时，素养和情怀是没有多大用处的，它反而会断送你的性命，能够依靠的只有技巧和勇气。

我们必须在对方仅有的倾听时间里，快速地选择出最有力的一条理由，作为证明自己观点的论据，掷地有声地阐述给对方听，让对方用所剩不多的理性判断出你的观点是正确的。

让我们一起来梳理一下李泌在各种论据中挑选的这一条威力最大的理由，它的逻辑是：

第一，这些行径我都知道，可人是你父亲任命的。

第二，你父亲年纪大了，并且身体也不怎么样。

第三，如果他知道你打算焚尸，还让不让他活了？

第四，天下人知道后会怎么看你，又岂能信任你？

再看李泌，正是这种涵盖了家事、国事、天下事的绝顶理由，把陷入私愤的唐肃宗从狂怒中拉了回来，让他重新审视了自己的情绪，从而恢复了理智。试问一旦李泌陈述的理由不具有这样的杀伤力，还能让皇帝悬崖勒马吗？掘墓焚尸这种在哪个年代都是极端恶劣的行为，必定会引起各方的非议，更何况还是当朝天子焚尸。假如唐朝就有互联网的话，这条新闻上热搜的速度一定是以秒来计算的，留给唐肃宗的就只剩下危机公关了。

【五星评跋】

让我们从现今的视角给上述史料中的对白做一个综合评定。

在劝说唐肃宗的时候，李泌把中华美德中的忠与孝逐一抛出，逻辑性上评定为9分。

建议受阻后，李泌将话题转移到了家庭关系上，让唐肃宗恢复了理智，但没有一击即中，策略性上评定为6分。

面对已经被私怨冲昏头脑的唐肃宗，李泌晓之以理、动之以情，让皇帝回心转意，表达力上评定为8分。

在差一点就让皇帝翻脸不认人后，李泌完成逆袭自救，简直就是急中生智的典范，即兴度上评定为10分。

李泌挽救了唐肃宗，没有让他成为"焚尸狂魔"，但对历史和朝野的影响不大，影响力上评定为5分。

因此，在满分为50分，每10分为一星的标准下，我们将李泌劝说唐肃宗的故事评定为38分，三星半。

【沙盘推演】

今时今日，我们几乎不会碰到因为说错话而被对方要了命的情况了。不过举证最大化这种说话技法，却被频繁地使用着。

比如，举证最大化是优秀律师的看家本领，往往到了结辩陈词时，他们会列举杀伤力最强的证据，他们会说出类似下面这样的话："我想提请法官和检察官注意，我的当事人从小生长在农村，凭借着夜以继日的刻苦学习，翻越了千山万水来到了这座城市，考上了自己梦想中的大学，他是全村孩子奋斗的榜样。如今当他为这个社会扶起一名倒在车下的老人时，这个社会却让他重重地摔在了残酷的现实面前，没有扶他一把。面对这样的事实，我可以失望，我的当事人可以失望，今天在场的所有人可以失望，而国家数以千万计的农村孩子不可以失望。"

你发现了吗？当把个人利益放大到社会利益时，谈话的重心就会出现巨大的偏转或者倾斜，气氛也会发生明显的变化。只要我们能够在对话的局面上控制话题的走向，疏导听众的情绪，相信想要掌控住对话的最终局势也不是一件难事。

刘邦平叛·把话说清楚

【钩玄提要】

本节故事中展现的说话技法印证了这样一句话——"看人挑担不吃力"。口语传播在内容输出时是否能够让传播对象听懂这一问题,向来不被传播者重视。传播者体内都有一颗骄傲的心,它习惯于告诉传播者,如果对方听不懂你的话,是他们的理解能力有问题,毕竟你已经讲得很清楚了。但事实并非如此,把话说清楚实在不是一件容易的事。

本节通过刘邦的故事,将为你讲述的说话技法与口语传播时信息输出的清晰度密切相关。本节的史料取材于《史记·韩信卢绾列传》。

有些字被我们使用的频率很高,但我们往往没有时间认真地去体会一下它的含义。如果我提问,历朝历代哪个朝代的称呼最为特殊?你的答案是什么?

在我的心中,答案无疑是汉朝。因为每当讲到中国的文化,总离不开这个"汉"字,它几乎是中国历史上享受最高待遇的王朝称号。但其开国皇帝刘邦,却是一个极具痞气的人。他曾经为了保住自己的命,把亲生儿子、女儿踢下马车以减轻重量,方便自己逃跑;也在别人支起大锅要煮死他亲爹的时候,大笑道"分我一碗肉尝尝"。不知道他是在演戏,还是心里真的这么想来着。我宁愿相信是前者。

然而刘邦能够一统天下,大汉王朝历经西汉和东汉,享国四百零七年,绝非偶然,因为刘邦有非常独特的政治魅力。本节我们所要说的故事就能体现出他的智慧。

【史料新说】

公元前200年,韩王韩信起兵叛汉,因不敌汉军被迫外逃匈奴,打算和匈奴一同合谋进攻汉朝。不过,我在这里说的不是著名"汉初三杰"中的韩信,而是历史上与他同名同姓的一个人。

这位韩信和匈奴联手攻汉的消息传来,刘邦决定御驾亲征。汉军节节胜利,于是便忘乎所以孤军深入,结果遭遇白登山之围,情况十分危急。于是,刘邦给匈奴冒顿单于的老婆送了很多礼物,让她吹枕边风说:"我们攻占了汉朝的一些土地,但是又住不下来,没啥用处,更何况两国交战不能互相围困对方的君主!"

这是什么礼法?笔者总觉得这句话在狠狠地打著名计策"擒贼先擒王"的脸。匈奴单于怎么会听信这种没有道理的话呢?绝无可能!

但是……他听了,理由可能是"因为爱情"。几天后,匈奴大军陆续撤走,刘邦这才解除了白登山之围,得以活命。临回都城之前,刘邦封手下大臣陈豨为列侯,命他统领监督赵国、代国的边防,抵御匈奴的进犯,自己则回家休息压惊去了。

北拒匈奴算得上中国历史上著名的"造星工厂"了,得以青史留名的一批人都是与匈奴打过战的将领。战事虽然凶险,但真能出人才。那么,陈豨到底有什么过人之处能让刘邦如此信任呢?

陈豨是宛朐人,也就是今天的山东菏泽人。我并没有找到历史记载中有什么证据佐证他是从何时开始跟随刘邦的,也不知道他是因为什么本事被刘邦录用的,反正他就这么突然出现了。抵御匈奴是个体力活,虽说辛苦,但也不能总是"加班加点"。终于轮到陈豨休带薪假了,他回到了过去赵国的都城邯郸。

赵地的相国是一个叫周昌的人,他发现了一些反常的情况:陈豨休假时,跟他一起回邯郸休假的宾客、随从阵仗极大,一共动用了一千多辆"豪车",而且把邯郸的宾馆都住满了。他还发现,陈豨和这些宾客交往,不是用的上下级的礼仪规范,而是和普通社会人员之间的交往方式相同。看起来陈豨这个做领导的人,还非常尊敬这些宾客、随从。

表面上看,这倒不是什么坏事,亲近下属也挺好的。然而,具有这种性质的团伙太惹眼了,周昌幻想起了自己"惩奸除恶"的光辉形象。陈豨离开邯郸前往代国之后,周昌立即出发前往京城觐见刘邦。

见到刘邦后,他说:"陈豨在邯郸时身边的宾客众多,而且他们的交往十分亲密。所谓礼遇有加皆死党,掌兵在外不受制,怕有二心恐生变。望陛下早做打算!"

这句话是什么意思呢?等于是在说陈豨在私下结党。刘邦听了有些担心,就安排人私下探查陈豨与宾客们的经济往来、公私账目。不查也就算了,一查果然发现了不少问题，而且几乎都指向了陈豨。世上没有不透风的墙，陈豨听说刘邦派人查他，非常惊慌，就暗中和匈奴方面互通信息，好准备自己的退路。

汉高祖十年（公元前197年）七月，刘邦的父亲去世，刘邦派人召陈豨进京，这是朝廷政要们必须出席的场合。陈豨非常担心其中有诈，就推脱说自己重病在身，不便动身。

同年九月，陈豨伙同相关人等起兵叛汉，自立为代国国君，并且洗劫了代、赵两地的国库。刘邦听闻，亲自来到邯郸，先赦免了被迫服从陈豨的要求进行劫掠的官吏，随后看起来很开心地说道：“陈豨这家伙南不占漳水，北不守邯郸，这种行为足以说明他不会有什么大出息。”

周昌向刘邦进言说：“常山地区一共有二十五座城堡，陈豨反叛后占据了其中的二十座，皇帝应该把疏于防备的郡守、郡尉都斩首，以惩罚他们丢失城堡的罪责。”

刘邦听后追问道：“这些郡守、郡尉都投靠陈豨了吗？”

周昌回答：“虽然没有投降叛军，但是丢弃阵地也是罪过。”

刘邦摇摇手，回答：“这是他们没有足够的实力与之对抗导致的，并非他们擅离职守。”

于是，刘邦下令赦免官吏，并且恢复了他们原来的职务。

事毕，刘邦向周昌再问道：“如今赵地这里还有能领军打仗的壮士、勇士吗？叫他们来见我。”

周昌传召来仅有的四位武官。他们见到刘邦，都跪下行礼。刘邦扫了一眼，破口大骂：“你们这些无能鼠辈，也能领军打仗？”

这四位汉朝的武官虽不一定明白刘邦究竟意在何为，也肯定能听出他是在骂自己，纷纷惭愧得不敢抬头。但是刘邦却出人意料地封赏了他们每人一千户的领地，并任命他们为将。

刘邦总是不按套路出牌，也挺让身边人担忧的。左右近臣劝阻刘邦说：“陛下，您手下的很多人追随了您多年，进蜀郡、入汉中、伐西楚，劳苦功高，都没有得到这样的封赏。如今这样的四个人，有什么能耐能拿到封赏？这要是传到老臣耳中，不会引发嫉妒和矛盾吗？”

刘邦说道：“你们懂什么？陈豨领军反叛，邯郸以北的地区现已落入他的控制，我来之前就发布了紧急文书征集军队。可是截至目前，皇帝都到了，军队还没有到，这说明现在能用的只有邯郸本地的部队而已。如果我舍不得这四千户领地，怎么来抚慰、激励邯郸的年轻人报效国家呢？"

劝阻的近臣们纷纷点头称是，不敢再多嘴了。

刘邦询问陈豨身边将领的情报，官员回答："主要是王黄、曼丘臣，以前都是商人出身。"刘邦随后发布了对他们的"千金首级悬赏令"。

汉高祖十一年（公元前196年）冬，汉军在曲逆城一战中获得了胜利，并斩杀了王黄和侯敞；在聊城击溃了守将张春，斩首一万多人；汉将周勃平定了太原城和代郡；同年十二月，刘邦亲征，率军攻打东垣，未能攻克，叛军得意地大骂刘邦。但是东垣没有抵抗太久，最终被迫投降，骂过刘邦的叛军全部被斩首，没有骂的统统施以黥刑。黥刑，就是用尖锐物在脸上刺出字或者记号，然后用墨汁染色，简单来说就是"文身"。东垣改名真定，王黄、曼丘臣的部下统统被悬赏捉拿，叛军被彻底击溃，陈豨逃亡在外。

刘邦回到洛阳后，考虑到代郡地方偏远，从赵地控制它不太方便。于是，刘邦设立代国，把自己的儿子刘恒封为代王。

汉高祖十二年（公元前195年）冬，刘邦派遣樊哙一路追杀陈豨到灵丘，最终将其斩首。

【技法正名】

《史记》中刘邦亲自平定陈豨叛乱的故事，到这里就结束了。在跌宕起伏的情节里，刘邦为我们展现了一个精彩的说话技法——把话说清楚。

把话说清楚，这个技法不仅听上去简单，更重要的是这个技法似乎应是所有说话技法的基础，甚至都不能说这是一个技法。

的确，把话说清楚是说话的根本。话都说不清楚，还说什么，还能有什么可说的。

但令人失望的是，并非所有人都能做到这一点，可能一半的人都未必做得到，这也是为什么人人都得学说话，包括我在内，还得不断地终身学习、反思、再学习。

人们说话说不清楚，通常有以下几种原因：

第一，商值原因引起的说不清楚话。什么是商值？就是智商、情商等。我们不得不承认在这些商值方面，人和人绝对是不平等的，生来就不平等。所以有些人学习相对较为省力，有些人即使方法对了，态度正确了，学起来还是累。

第二，能力原因引起的说不清楚话。这和第一个原因有什么区别？商值和先天关系很大，能力则和后天训练关系密切。也就是说有些人智商没问题，就是后天不学习，从而导致能力缺失。

第三，态度原因引起的说不清楚话。这就相对较复杂一些。比如有这样一种人，他们自认为地位较高，说话总是居高临下，有把话说清楚话的能力，却故意不说清楚，经常以发布命令的方式要求别人做某事。至于为什么这么做，他们从来不解释。

再看刘邦，在需要把话说清楚的时候，他绝不含糊，做得很好。作为皇帝，他完全有权力只命令不解释。可是，刘邦不仅下达了命令，还详细解释了自己为什么要这么做，因为他明白，只有这样才能让人口服心也服。

【五星评跋】

让我们从现今的视角给上述史料中的对白做一个综合评定。

为了抵抗陈豨叛乱，刘邦不惜赏赐赵地的年轻军官，以此来鼓舞士气、增加他们的信心，这为击败陈豨做好了动员工作，逻辑性上评定为8分。

刘邦借助匈奴王冒顿单于的老婆，使大军脱离白登山之围的计划获得了巨大成功，取得了远远超过常规外交战术的效果，策略性上评定为9分。

周昌建议斩杀常山地区二十座城的失职官员，但刘邦不仅没有将他们治罪，反而替他们开脱，将其全部赦免，官复原职，为之后笼络民心做好了铺垫，也为后续计划的实施提供了便利，表达力上评定为7分。

刘邦来到邯郸之后，从陈豨的军事部署上看穿了陈豨胸无大志的本质，根据这个判断制定了后续的处理方案和应对之策，即兴度上评定为7分。

这段时间里的刘邦，接连面对不同级别的下属的叛乱。这对新生的汉朝来说，简直是步步惊心，危如累卵，每走错一步都有可能满盘皆输。刘邦在这段时间的决策，体现了他高超的智慧。正是凭借着这样的智慧，他缔造了中国历史上的伟大王朝，影响力上评定为10分。

因此，在满分为50分，每10分为一星的标准下，我们将刘邦平定叛乱的故事评定为41分，四星。

【沙盘推演】

现实生活中，话只说一半，甚至一半都不说的人数不胜数。

这件事情不仅当事人自己有责任，听他说话的人也有责任。因为说话者以为自己说清楚了，而你却因为各种原因忍住不问，也不要求他说清楚。有时候，你的确应该维系现场交流的氛围，不用打破砂锅问到底，那样显得轴；但有时候，当自己并不明白而且无法操作下去时，该问还得问。

比如，我总会碰到一些家长来向我咨询孩子语言启蒙的事情。他们的问题通常是如何培养孩子的口才。

我总是说："负责任地讲，年龄太小的孩子只能培养广义上的口才，能把话说清楚已经很不错了。但别小看这一点，做家长的一定要鼓励孩子表达自己的内心想法，激发他们的表达欲望，让他们知道嘴是可以用来说话的。"

而我们的家长往往因为本能的反应，不假思索地在孩子哭闹的时候，火气一上来，冲着孩子吼："不要哭，我告诉你，马上给我停下来。"

这句话的意思是，你给我憋回去。于是，孩子真的憋回去了，可憋回去的不仅是眼泪，还有内心的语言。

成年人的世界呢？我们一起反思一个问题吧！上一次你和别人相处不愉快时，尤其是情感涌动时，你把话说清楚了吗？你真的给别人机会把话说清楚了吗？

陈轸就任·学会编故事

【钩玄提要】

　　陪伴一个人的童年生活的事物有很多，也许是动画片，也许是玩具，也许是游乐场，也许也少不了儿时听到或亲身经历的故事。当成年人在给孩子们讲故事时，他们可能一边翻阅着绘本，一边聚精会神地演绎着故事中的角色，他们也可能凭着自己的记忆创作着内容一半取材于自己的童年，一半属于即兴编创的故事。这是一个特别温馨的场面，而这个场面也同样会发生在成年人的交互式口语传播中。

　　本节通过陈轸的故事，将为你讲述的说话技法与口语传播时内容的编创密切相关。本节的史料取材于《史记·张仪列传》和《史记·陈杞世家》。

　　中国国家男子足球队在2022年世界杯亚洲区预选赛中，败给处于战火纷飞中的叙利亚国家队之后，主教练里皮宣布辞职，绰号为"银狐"的著名足坛教练黯然离开了中国。这位曾经率领意大利国家队夺得2006年世界杯冠军的教练，拥有丰富、辉煌的执教履历，但就国家队执教经历来看，中国国家队是这位七十一岁的意大利老人第一次执教的别的国家队。估计有了这一次的经验，以后他也未必再有勇气执教其他的国家队了。

　　里皮对自己的工作还算执着，本节故事的主人公陈轸就没有这样的坚持了。他这一生为齐、秦、楚三个大国都效力过，更换工作的频率不可谓不高。

【史料新说】

　　陈轸是战国时期的齐国人，最早在齐国为齐王效命。在这期间，齐王交给了他一个非常棘手的任务。楚国的大将昭阳率领楚国大军进攻魏国，杀死了魏国的将军，击溃了魏国的部队，并占领了魏国八座重要的城池，获得了巨大的战果。趁着兵锋锐利，昭阳又率领楚军调转方向，开始进攻齐国。齐王给陈轸的任务就是让他去说服楚国退兵。

你没看错，这就是陈轸将要执行的任务。然而，一只已经咬到肥肉的饿狼，岂会有松口的道理？这种几乎必败的谈判，陈轸独自去协商，连命都有可能丢掉！我无法揣测陈轸是带着什么样的心情接受这个任务的，但不管怎样，他作为齐王的使臣，还是到了楚军大将昭阳的军营。

见到昭阳后，陈轸立刻行两拜大礼祝贺楚国大军的辉煌胜利，然后向昭阳询问道："在楚国，击杀敌军将领，按照律令有什么好处？"

昭阳回答说："官位可以升到上柱国，爵位可以到上执。"

陈轸若有所思地点点头，继续问："比它尊贵的级别还有什么？"

昭阳继续回答："那就只有令尹了！"

在楚国，令尹基本等于宰相加上大将军的级别，总领军事、行政大权，可谓一人之下万人之上，而且只有少数非常尊贵的楚国贵族才能担任。

陈轸听完这个回答后，语重心长地对昭阳说："令尹确实是楚国最显贵的官位，可惜楚国不能同时存在两个令尹。我来给你讲个故事吧！楚国有个贵族祭拜完了祖先，就把一壶贡酒赏给了自己的门客。门客们都表示只有一壶酒，大家一起喝根本不够，一个人喝倒是绰绰有余，不如让大家来比赛画蛇吧。谁最先画完，谁独享此酒。

"有一位门客先画完了，这位觉得稳操胜券，便拿起酒壶，表示自己不但第一个画完，而且还有足够的时间给蛇添上几条腿。但是腿还没画完，另一个完成画蛇的门客一把夺过酒壶，大声说道：'蛇没有脚，你画得虽快，但那玩意不是蛇，所以我赢了。'于是，他就喝掉了那壶贡酒。

"昭阳将军，你辅佐楚王攻打魏国，杀将夺城，还能进攻齐国，令齐国人恐惧不已，已经足够威震天下了，可你却没法再升官了。虽说你战无不胜，但是不明白适可而止的道理，小心招来杀身之祸，别到最后本该是你享受的爵位都享受不到，那和这画蛇添足的门客有什么分别？"

昭阳恍然大悟，果真撤兵回国了，齐国于是转危为安。

这次，你依然没有看错。这么一个蛇变成娃娃鱼的故事，就解除了齐国可能亡国的危险。这个故事就是著名的成语"画蛇添足"的由来，而且因这个故事还引申出了另外两个成语："适可而止"和"过犹不及"。

可是，陈轸虽然立下大功，但他并没有获得齐王的器重。他在齐国实在无法安身，不得不去到秦国效力于秦惠文王。才华横溢的陈轸，按照他的才学，本应该干得不错。然而，事实并非我们想的那样。因为同在秦国为官的人当中，还有一位高手，叫作张仪。两人为了夺得秦惠文王的绝对信任，都使出了浑身解数，相互拆台，相互挤对。

有一次，张仪依惯例找机会诋毁陈轸，对秦惠文王说："陈轸这家伙，虽然在秦国做事，身为秦王的臣子，却经常打算投奔楚国。我可不愿意和他一起共事，希望您把他赶走。要是您担心他投靠楚国的话，不如杀掉他算了！"

秦惠文王听后大怒，说道："陈轸怎么敢私通楚国？"

于是，秦惠文王诏陈轸来问话。陈轸听完了秦惠文王的责问，没有反驳，而是回答："不仅张仪这么说我，而且满大街的老百姓都这么说我。"

然后，陈轸对秦惠文王说起了一个故事：

"一个楚国人有三个老婆，一妻两妾。有一个好色之徒，去勾引这个楚国人的两个妾中稍微年长一点的，结果被她大骂一顿，那个人只好逃走。但是他不死心，就去勾引两个妾中稍微年幼一点的，结果得手了。

"后来那个楚国人去世了，有人就问那个好色之徒，现在你可以娶这两个妾了，你会娶谁呢？结果好色之徒回答，自己要娶年长的那个女人。大家都很疑惑，年长的妾曾经拒绝了他，而年轻的妾喜欢他并接纳了他，为什么要娶骂自己的女人呢？

"这个男人表示，年长的女子不接受自己的勾引，说明她对丈夫忠诚，自己也希望未来的妻子对自己忠诚，能把有非分之想的男子大骂回去。

"秦王啊，您想想看，如果我作为秦国的臣子经常暗地里私通楚国，出卖机密，即使我去了楚国，楚王会重用我吗？会收留我吗？我看只会防备我吧？大家都希望得到伍子胥这样忠于吴国的臣子，每个人都希望自己的子女和曾子一样孝顺自己。如果楚国真想拉拢我，不正好说明我足够忠于秦国吗？不过，即使我这么忠于秦国，还是被秦王您怀疑啊……"

秦惠文王听完，立即说道："我明白了，是我错怪你了！"

于是，这件事情就这样不了了之。当时陈轸不着急辩解的这个做法，在后世也留下了一个成语——"将计就计"。

但最终陈轸还是在和张仪争夺秦惠文王的信任的斗争中败下阵来——秦惠文王拜了张仪为相。既然不受秦惠文王的器重，这么一来，陈轸在秦国的日子必然不会好过，他义无反顾地去了楚国。倒霉的是，似乎楚王也不怎么器重他，竟然派他作为使臣出访秦国。

陈轸再次见到秦惠文王后,秦惠文王话里有话地开启了嘲讽模式,说道:"你离开我去了楚国以后,有没有想念我呢?"

陈轸毫不迟疑,又一次开启了讲故事的模式:"大王,您听说过越国人庄舄的故事吗?他作为一个越国人,在楚国做了大官,楚王也很想知道庄舄会不会思念越国。有人就给楚王出谋划策,说这太简单了。听说庄舄生了重病,病人在神志不清的时候最容易泄露秘密,派人去听听他说的是楚国话,还是越国话,就知道他的真实想法了。楚王觉得非常有道理,就派人去测试,果然听到庄舄说的是越国话。今天秦王您也这么问我,您有没有发现我至今说的还是秦国话呢?"

秦惠文王听到这样的回答,心里十分舒坦,就原谅了陈轸去楚国的行为,还向陈轸提到了一个他最近遇到的大麻烦。秦国周边的魏国和韩国总在打仗,互斗了一年,秦惠文王想劝解一下,希望他们不要总是在自己家门口动刀动枪的。但是朝中大臣有的支持秦惠文王的想法,有的反对,这让秦惠文王拿不定主意。

陈轸很快又对秦惠文王讲了一个故事:"从前有个叫作卞庄子的人,他想杀死两只老虎。有人对他说:'我给你支个招吧,你用一头牛去做诱饵,勾引两只老虎去吃牛,因为肉不够分,这两只老虎一定会打起来,你瞧准了上去,能一次干掉两只老虎。'卞庄子开心地接受了这个建议。在他按照别人的方法进行的时候,果然不出所料,两只老虎大打出手,一只比较强大的老虎受了重伤,相对弱小的老虎被咬死了。卞庄子乘虚而入,不费吹灰之力就干掉了重伤的老虎。他不仅得到了两张虎皮,还得到了一次杀死两只老虎的名声。"

故事讲完后,陈轸对秦惠文王使了使眼色,秦惠文王立刻明白了弦外之音,趁韩魏之争、两败俱伤之际,秦国出兵捞个大便宜。这两个故事便是"庄舄越吟"和"卞庄刺虎"两个成语的出处。

【技法正名】

虽然陈轸总是不受器重,但是作为"故事大王",他给我们展示了一个重要的说话技法——学会编故事。

这个技法名称一出,一定会引起很多人的误会,觉得本书不是在教你说话,而是在教你坑蒙拐骗。为什么呢？因为大家对"编"这个字过于敏感。以往碰到别人吹牛、说谎时，你为了揭穿他，会说："你继续往下编。"

编，可能在你看来就是胡扯。如果"编"这个字那么不中用，你得想想，我为什么要把技法名称归纳为学会编故事，索性改成学会讲故事，不就完了嘛！

其实，"编"这个字本身很辩证，它的确有"捏造"的意思，比如"编谎话"，但它也有"创作"的意思，比如"编剧"。平时我们一直在强调讲故事的能力，可如果讲故事只是背诵或者复述别人讲过的故事，那要什么过人的智慧呢？讲故事的真正能力就在于编故事，在于讲故事的过程中的再创作。

为什么要再创作呢？因为别人讲过的故事不一定适合你的现实需求，你得因地制宜地进行改编，这就是能力的显现。一方面，我们要尊重故事中属于事实的部分，不是什么都能改编的；另一方面，想要真的做到讲好故事，肯定少不了编好故事的能力。

再看陈轸，从画蛇添足的故事，到大妾小妾的故事，再到庄舄梦话的故事，最后到两只老虎的故事，很有可能这些故事都是他原创的，即使不是原创，谁能保证这些都是当时发生过的事情？之所以陈轸每次讲的故事都让人觉得贴切，原因是他的编创能力十分强大。

【五星评跋】

让我们从现今的视角给上述史料中的对白做一个综合评定。

陈轸在应对三次危机时，他讲的四个故事中的每个故事不仅对应着一个应景的局面，而且故事的结局还暗指正确的处理方法，这种寓教于乐的谈话模式，逻辑性上评定为8分。

著名的故事集《天方夜谭》，也叫《一千零一夜》，其中聪明的、会讲故事的王后用好听的故事让国王舍不得杀掉自己，不但保住了性命，也慢慢地改变了国王偏执的性格。本节故事讲述的是同样的道理，相信你也已经明白了，策略性上评定为10分。

面对不同的局面，陈轸能使用不同的故事来化解，不仅效果很好，而且还不会让对方产生逆反心理。如果放到今天，陈轸一定是个优秀的段子手或脱口秀演员，表达力上评定为10分。

套路虽然千篇一律，但是敌不过肚里有料。能让单一的表达方式展现出千变万化的内容，更重要的因素在于即兴选编故事的能力。因此，即兴度上评定为8分。

陈轸不仅是一个能讲述海量故事的知识分子，而且他还为后世留下了好几个成语和典故，影响力上评定为8分。

因此，在满分为50分，每10分为一星的标准下，我们将陈轸的故事评定为44分，四星。

【沙盘推演】

在现实生活中，学会编故事的技法不仅离我们每个人并不遥远，而且也是大家需要不断学习的口语传播能力之一。

现在，轮到我非常高调地赞美一下本书的同名音频节目的编辑团队了。实际上，有了史料故事、我的技法分析以及编辑加工后的口播稿，本身凑合一下也能讲。可是，我的这些小伙伴们将他们的创作能力在文稿中展现得淋漓尽致。

这里我拿现成的材料卞庄子刺虎的故事，来给你做个示范。前面讲到卞庄子等到两只老虎一死一伤后，乘虚而入，坐收渔翁之利。我来改编一下，你看看能得出什么结论。

卞庄子想杀老虎，有人劝他，说两只老虎吃一头牛，必然会争起来。等到它们打得不可开交时，你再上去，必把两只老虎都拿下。于是，卞庄子就在一旁坐山观虎斗。没想到，两只老虎打着打着，发现了卞庄子的存在，它们瞬间就停了下来，可能觉得人比牛更好吃，至少又多了一餐食物。随后，两只老虎对视了一下，同时扑向了卞庄子，它们不仅喂饱了自己，还解除了为一头牛而互相争斗的困境。

司马光执意·有理伴有据

【钩玄提要】

从小到大,我们都被不少人教育过。最初,有我们的父母、长辈;后来,有我们的老师、领导。有些教育我们的说辞过耳就忘,甚至在当时还让人听来特别不服气;有些教育我们的说辞却让人记忆深刻,并且会在不同的阶段对我们的人生起到指导作用。这种刻骨铭心的言语必然具有鲜明的观点及其延伸的意义,若我们仔细分析,会发现这些表达中一定少不了道理和事实的结伴而行。

本节通过司马光的故事,将为你讲述的说话技法与口语传播时论据的配置密切相关。本节的史料取材于《宋史·司马光列传》。

有一个说法不知大家听过没,叫"千古两司马",一位是指太史公司马迁,另一位司马便是本节故事的主人公司马光。

提起司马光,大家肯定会想到"司马光砸缸"的故事。和曹冲、孔融一样,他也是一位年少成名的神童。虽是神童,司马光却一生以勤奋好学、刻苦努力而著称,他在史学和文学上的成就可以说是闪耀千古。但他在政治上的保守和顽固也让很多人非议,明清之际的大儒王夫之甚至称他为大宋王朝的"掘墓人"。

【史料新说】

司马光,字君实,出生于光州光山(今河南省信阳市光山县)。当时在光山担任县令的司马池,给儿子起了"光"这个名字。司马光的一生也无愧于这个名字。

司马光从小就深受父亲的影响,他聪敏好学,表现出了很好的文史天赋。据《宋史》记载,司马光七岁的时候,就展现出了一股成熟的气质,非常喜欢读《左传》,甚至到了爱不释手以至于忘记了饥渴炎寒的地步。

有一天，他跟一群孩子聚在一起玩耍，其中一个孩子失足掉进了水缸里。大多数孩子见状都吓得赶紧跑了，只有司马光没有惊慌失措。他灵机一动，找到一块大石头，对着水缸砸了下去，水缸里的水流了出来，孩子也得救了。

这事不知道怎么就传出去了，甚至还有画师特意画了一幅《小儿击瓮图》。司马光也算是一砸成名，在洛阳一带有了小小的名气。

司马池从小就注重全面培养司马光，不想他变成一个书呆子。十二岁时，司马光就跟着父亲，从东京出发，一路经洛阳、潼关、宝鸡，过秦岭，前往四川广元，可以说司马光早早就行了万里路。当然，读书的事他也没有忘记。从小他就是个爱书如命的人。

由于从小就打下了良好的基础，成年后的司马光自然博学多才。到了二十岁时，他就已经有"书无所不通，文词醇深"的评价，科举考试对他来说就是小菜一碟。

司马光的仕途生涯的起点得从他担任华州（今陕西省渭南市华州区）判官开始。那时他的父亲在附近的同州（今陕西省渭南市大荔县）担任知州，两地距离很近，司马光还能经常去父母家探探亲，日子也算舒服。又过了一年，他的父亲调任到杭州任职，他也借着父亲的光，调到了苏州去做判官。不过好景不长，本来一帆风顺的日子，却突然遭遇了父母亲的接连去世，这不仅让司马光的情绪跌入了谷底，更是严重影响了他的仕途。因为按照封建礼数，他要在此期间辞官服丧。

不过，事情都有两面性，虽然仕途停滞了，但司马光化悲痛为治学的力量，在这期间读了大量的书籍，写了许多有价值的文章，比如《十哲论》《四豪论》等。司马光服丧期满后重回官场，也算是中规中矩，做出了一些政绩，最重要的是他"抱上了一个人的大腿"。他父亲的好友庞籍当时权势正盛，多次举荐他入朝。司马光开始进入京城官场，并且在那里结识了王安石、吕公著、韩维等好友。尤其是王安石，这两位富有才华的青年人可以说是一见如故、相谈甚欢，可惜后来他们因为政见不同而渐行渐远。

嘉祐六年（公元1061年），宋仁宗想提拔司马光修起居注。修起居注，是指记录帝王的言行。这个职位接近皇帝的机会多，能够经常在皇帝面前刷存在感，是个热门的美差，不知道有多少人挤破了头想担任。但司马光连续拒绝了皇帝五次，他认为自己的能力不足以胜任。

当然，皇帝本人知道他是谦虚，始终没有放弃想要提拔他的念头。不久，仁宗下诏，迁司马光为起居舍人，司马光从此开始了他的谏官生涯。在多年的谏官生涯里，司马光不仅关注社会上层，同时也把注意力放在老百姓身上。他一直有关心人民疾苦、减轻人民负担的念头，而且这个想法几乎贯穿在他所有的奏章里，他多次建议朝廷切实采取一些利民措施。正是由于这样的想法，他才会激烈地反对曾经的好友王安石的变法思想。

　　后来，宋仁宗病逝，宋英宗赵曙、宋神宗赵顼先后继位。司马光也在欧阳修的推荐下，得到了宋神宗的重用。但宋神宗是个年轻气盛的君主，对思想比较传统的司马光若即若离，他更看重主张变法的王安石。王安石主张开源，司马光主张节流。他们关于底层社会的不同思想导致两人从好友逐渐变成了政敌。两人不顾旧情，常常在一些问题上进行激烈地争辩，有时即使在皇帝主持的议政会议上也毫不相让。王安石颁发青苗法后，司马光表现出了强烈的不满，因为他觉得这是在严重地剥削底层人民，不利于社会的稳定。

　　司马光在向皇帝讲读时，讲到了曹参代替萧何做宰相的事，皇帝说："汉朝常守萧何所定的法令不变，行得通吗？"

　　司马光回答："岂止汉朝，假使三代的君主常守禹、汤、文、武的法令至今，依然可以。汉武帝把高帝的规章加以更改，使半个天下都是盗贼；元帝更改孝宣帝的治政法令，汉朝从此衰落。从这些来看，祖宗的法令是不可以变的。"

　　大臣吕惠卿说："先王的法令，有一年一变的，比如正月天气刚暖和，在楼阙上公布法令就是这样；有五年一变的，巡守考察制度就是这样；有三十年一变的，刑罚一世轻一世重就是这样。司马光的话不对，他是借此讽刺朝廷而已。"

　　司马光回答："在楼阙上公布法令，是在公布旧法。诸侯变动了礼乐，王的巡守就会诛杀他。国家新建时对犯错的人会使用轻的刑罚，国家发生动乱时会使用重的刑罚，这是一世轻一世重，不是变更。更何况治理天下就好比住房子，破了就修理，没有重大破坏就不要重新建造。"

　　吕惠卿一时语塞，无法回答，就用别的话诋毁司马光。

　　谈到变法的核心青苗法时，司马光说："平民放债取利息，尚且以此蚕食贫困户，更何况官府催督讨债的威风，这是在侵害百姓！"

　　吕惠卿说："青苗法，愿意借就贷，不愿的不强迫。"

　　司马光对峙道："百姓只知道借债时的好处，不知道还债时的害处，不光是官府不强迫，就是富户也不强迫。从前太宗平定河东，设立籴法。当时米价一斗十钱，百姓乐意和官府交易。之后，物价贵而不取消籴法，就成了河东世代的灾难。臣恐怕将来的青苗法，也会像这样。"

皇帝就问："那建立粮仓买米如何？"

众人都起身回应，司马光说不可。

吕惠卿说："如果能从百姓手里买米一百万斛，就可省去东南的水道运粮，可以用这钱供给京城。"

司马光说："东南钱很缺而米很多，现在不去那里买进米粮，却用水路运钱来，放弃那里有的，取那里所没有的，农民和商人都会受到伤害。"

熙宁四年（公元1071年），司马光看到好友范镇因上书批判王安石而被罢官，愤然上疏为范镇鸣不平，并请求离开京城，退居洛阳，绝口不论政事。他开始专心于书局事业，继续编撰《资治通鉴》。这部史书"上起战国，下迄五代"，如此皇皇巨著，绝非凭他一己之力能够完成。除司马光外，三位鸿儒刘恕、刘攽、范祖禹带领着几十位文人，夜以继日地编书，费尽了心力，刘恕在书未完成时就因过度劳累而去世了。

春去秋来，这部涵盖十六朝、囊括上下一千三百多年的史书，终于在元丰七年（公元1084年），完成了修订编撰。司马光将所有文卷一起奏进给神宗皇帝。神宗皇帝十分重视，将这部书的每编首尾都盖上了皇帝的图章，赐书名《资治通鉴》，并亲自为之写序。司马光的暂时蛰伏换来了一部史学巨著，正如开篇所说，这一著作给司马光带来了其与司马迁齐名的盛誉——"千古两司马"。

所谓三十年河东，三十年河西，王安石的变法虽然有很多可取之处，但也得罪了不少人。元丰八年（公元1085年）宋神宗病逝后，王安石缺少了最有力的政治支持，再加上掌权的高太后一直反对变法，王安石的变法因此无法继续下去。司马光这时再次得到重用，被召回了京城。据说，司马光在回京的路上受到了百姓的夹道欢迎，毕竟他一直非常关心民生。

重新掌权以后，司马光压抑了十几年的心情也得到了彻底的释放，开始了他最为后人诟病的废除各项变法的举措。除全盘推翻王安石的变法举措以外，他还大规模地重用反对变法的官员，对变法派的官员进行了一系列的打压，这些行为也被看作是宋朝后来党派纷争不断的开端。

变法的举措被全面废除，王安石自然无法接受，不久后郁郁而终。面对"政坛之敌"的离去，司马光痛哭流涕、悲伤不已，并且帮忙厚葬了王安石。不仅如此，司马光也在短短不到半年后就追随老友而去，临终交代了不少他关心的天下之事。他的谥号文正，便是他一生最恰当的写照。

【技法正名】

围绕着法令制度的变与不变，司马光的说话技法与他的为人处世之道息息相关，叫作有理伴有据。

"理"和"据"往往同步出现才能起到良好的传播效果。"理"就是讲道理，"据"就是摆事实。只有做到既讲道理又摆事实，才能让人听得懂和听进去。可以设想一下，在说服别人的过程中，把道理和事实两者分开使用，会产生什么样的效果呢？

仅仅讲道理，会让道理显得空洞、枯燥、无趣。相反，仅仅摆事实，的确会让人觉得生动有趣、活灵活现。可在诸多事实面前，你到底想要表达什么，这就让人摸不着头脑了。所以，道理是对事实的总结和提炼，事实是对道理的说明和补充，两者相辅相成，缺一不可。

再看司马光，在他的口语传播中，无论是面对高高在上的皇帝，还是面对朝堂中的同僚，他都善于在讲清楚道理的同时，呈现出一定的事实。每一次的类比都做得相当到位，临危不乱、侃侃而谈是他口语传播的最大特点。

【五星评跋】

让我们从现今的视角给上述史料中的对白做一个综合评定。

想要做到有理有据，逻辑必须严谨，条理必须清晰，如果逻辑不通，就难以服众。司马光的思路从砸缸开始，就一路清晰到底，逻辑性上评定为8分。

在对话中，司马光习惯采用摆事实、讲道理的表达方式。这种方式虽然攻击性不强，但是能有力地说服和打动别人，策略性上评定为9分。

司马光从做人到说话都非常中正刚直，朝堂上的对话虽然是政见之争，但并没有到吵架的地步。司马光在争论中能够侃侃而谈，不失气度，表达力上评定为9分。

在朝堂上，变法派和保守派的争论当然是随机发生的，所用的话语应该是即兴的，但两派的争端由来已久，很多想法在司马光的脑海中也已存在多时，即兴度上评定为6分。

这次对话只是宋朝的变法派和保守派斗争的一个缩影，算不上影响重大，但两派相争的故事却影响了整个北宋，更别说《资治通鉴》这部巨著了，影响力上评定为9分。

因此，在满分为50分，每10分为一星的标准下，我们将司马光朝堂争论的故事评定为41分，四星。

【沙盘推演】

有理伴有据在各行各业的讲师队伍中被使用的频率最高，如今想要讲好一堂课，仅有其中一项是远远不够的。

有一次，我的一位研究生向我吐槽他的另一位老师，他说："我发现我们校内的老师，讲课远远没有校外请来的业内人士讲得出色。"

我回答他："先别下定论，你接着往下听，听到学期末再来和我讨论。"

结果还没到期末，他就来告诉我："一开始我觉得校内的老师讲课太平淡了，听了十几周还是觉得平淡，可是每周讲课的水准保持得倒很稳定。从业界请来的老师，一开始讲得特别好，但不知道为什么，最近我发现他越来越不会讲了。"

我想说，这就是道理和事实之间出现的失衡。业界的老师通常实战经验丰富，但缺乏理论的总结，一次性的讲座一般会讲得很出色，但未必适合长期站在讲台上。学界的老师理论总结非常精道，但相比业界，往往缺乏鲜活的事实案例做支撑，讲课过程平淡无奇，然而稳定性却很高。

人生正如烹饪，味重了咸，味寡了淡，口味就在于平衡之间。

冯唐易老·确保真信源

【钩玄提要】

你有没有遇到过这样的情境：一个人口中念叨着一条自以为"惊世骇俗"的消息，并兴致盎然地来告诉你，而他自己却不知道这条消息的来源。换言之，他根本无法确保这条消息是真还是假。在你看来，这种传播行为极其不负责任，甚至有些荒唐。可在他眼里，这些你所谓的荒唐完全抵挡不住他的津津乐道。在传播过程中，这种传播行为涉及传播内容的真实性和有效性。

本节通过冯唐的故事，将为你讲述的说话技法与口语传播时信息的源头密切相关。本节的史料取材于《史记·张释之冯唐列传》。

在中国人的为人处世中，我们可以感受到嘴上不讨喜的人大多没有什么好果子吃。阅读本书至此，熟悉相关内容的读者一定会有类似的看法。

在唐代大诗人王勃的名篇《滕王阁序》里，写有这么一句："时运不齐，命运多舛。冯唐易老，李广难封。"李广在本书中会专门花时间写上一节，本节这位不讨喜的主人公是另一位——冯唐。

【史料新说】

冯唐的祖父是战国时期的赵国人，他的父亲迁居去了代地。代地是赵武灵王时期建立的郡县，秦代三十六郡中也有它，治所在代县，也就是今天的河北省蔚县西南。汉朝初年，冯唐一家子迁徙去了安陵（今陕西省咸阳市）。

冯唐之所以为人所知，主要是因为他非常孝顺，也因为这个美德，他被推举做了中郎署长。秦汉时期，中郎就是宫廷护卫、侍从。朝廷分为三个中郎署，每个署的长官就是中郎署长，也是我们常说的"中郎将"。冯唐作为中郎将，侍奉的皇帝名叫汉文帝。

有一天，汉文帝坐着马车经过冯唐当差的地方。此时的冯唐年纪已经很大了。汉文帝看到了两鬓斑白的侍卫长很是惊奇，于是问道："您这年纪还能做侍卫长吗？您家是哪里的啊？"冯唐一五一十地回答了汉文帝的问题。

汉文帝听说冯唐一家曾经在代地居住过，随口说道："我在代郡的时候，有位官员经常和我提起，当初一位叫作李齐的将军很有能力，并且向我描述了他在巨鹿的英勇表现，现在我吃饭的时候还能经常想起李齐将军的作战情况，您知道这个人吗？"

冯唐直截了当地回答："他与廉颇、李牧完全无法相比。我爷爷就是赵国的武官，同李牧交情不错。我父亲在代国时期做过代国的相国，与这位李齐更是交情深厚，所以我知道他们这些人的为人秉性。"

汉文帝听后，兴致勃勃地说道："只可惜我得不到李牧、廉颇这样的将军的辅佐，要是我能有这样的将军，我还会怕匈奴吗？"

冯唐冷冷地回答："作为老臣，我觉得很惶恐，我认为陛下您即使得到廉颇、李牧，也不可能让他们做将军的，所以我俩谈这些根本没有意义。"

此时的气氛瞬间降到冰点，汉文帝强忍怒火，转身回宫去了。想来想去实在憋不住，汉文帝就把冯唐叫回来，数落他说："你这老头儿，居然敢这么直接反驳我！就算你说的对，就不能私下里和我说吗，非要驳我面子不成？"

冯唐鞠躬道歉，说道："我这种粗鄙的下人，哪儿懂得忌讳、回避呢？平时专门挑刺、一语致死是我的拿手好戏！"

不久，匈奴大军大举入侵朝那，也就是现在的宁夏固原市东南地区。匈奴大军在这次入侵中杀死了当地的都尉孙卬，汉文帝为此十分担忧。他的耳边再次响起了老侍卫的话，他再也坐不住了。于是，他再次召见冯唐，打算问个清楚。

面对这个挂着宫廷侍卫头衔的老人，汉文帝问道："我一直想不通，为什么你说我不会任用廉颇、李牧这样的人才？"

冯唐听完，立刻回答："要知道，古代君王派遣将军出征时，是要跪下来扶着战车的车轮对将军说，国门之内的事情，我来处理，国门之外的事情，由将军决断。所有军队中的决策将军您可以在外直接决定，回来汇报给朝廷即可。

"皇帝啊，这不是吹牛的话！我爷爷曾经和我说，李牧在赵国边境带兵打仗的时候，直接把征收来的税金用来犒赏三军，对这些钱财的使用真的是由领军的将军在外自行决定的，朝廷没有任何干预。君王交代将军的重任，只要求能完成就行，从不计较过程，李牧才得以能充分发挥自己的才智。他派遣精选战车一千三百辆，熟练弓手一万三千名，普通士兵十万人，就能驱逐匈奴，大破东胡，西据秦国，南救韩魏，这个时候的赵国几乎是霸主一般的存在。

"可惜赵王迁这个品行不端的家伙登基了。他母亲是歌女出身。这个赵王迁听信郭开的谗言，杀掉了李牧，赵国自此军溃兵败，自己也被秦人俘虏，赵随后被灭国。

"如今，我听说魏尚将军做云中郡太守，他抽调税金犒赏士兵，还拿出个人财产去购置食品，五六天杀一头牛，宴请宾客、下级军官，对左右副官十分亲近，部队战斗力很强，所以匈奴人都远远地避开云中郡。匈奴曾经尝试入侵过一次，但他们被魏尚率领的虎狼之师打得丢盔弃甲，死伤无数。云中郡这些善战的士兵都是普通人家的孩子，从乡下前来参军，哪里知道尺籍这种书写军令、军功的文本是什么，怎么知道伍符这种证明出身的文件是什么？

"这种一腔热血只知道拼死力战、保家卫国、杀敌俘虏就能得到赏赐的战士，要是说的话稍微有一点不合实际情况，就会被汉朝的法律制裁。该赏赐给他们的好处总是无法兑现，按照严格的条例追究他们的事情倒是做得一点也不含糊。

"我虽然愚笨，但是个人认为陛下的法令是不是太严厉了，奖赏太轻，惩罚过重？说起来云中郡守将魏尚不就是多报了六个杀敌数吗，陛下就将他移交法办，削除他的爵位，处罚他服劳役。如此看来，陛下您就算有了廉颇、李牧，也不会重用他们的。"

汉文帝听后，立刻决定让冯唐手持符节，前去赦免魏尚，并让他重新就任云中郡太守，任命冯唐为车骑都尉，掌管中尉和各个郡国的车战之士。

汉文帝死后，汉景帝即位，冯唐被派去做了楚国的丞相，但是不久后就被免职了。汉武帝时期，皇帝向天下发布招贤榜，很多人仍旧推举了冯唐，可是那时的冯唐已经九十多岁，无法再任职了，于是朝廷任命他的儿子做了郎官。

【技法正名】

冯唐这个说话特别直来直去的老头，在故事中展示的说话技法叫作确保真信源。

"信源"这个词来自传播学，意思是信息的源头，说得通俗易懂一些，就是信息的发布者。在日常生活的对话中，几乎很少有人愿意花时间去寻找信息发布的真正源头。传播的内容经过无数次的传播后，会发生极大的变化。发生变化的原因既有客观原因，也有主观原因。每个传播者对传播的内容都有不同的理解，这使得传播出去的内容很难完全再现上一个传播者口述信息的原貌。如果能够找到真正的信源，就能最大限度地确保信息传播的可靠性。

再看冯唐，他之所以敢于大胆地比较李齐和李牧，最主要的原因是他的祖父和李牧打过交道，他的父亲和李齐交往甚密，从祖辈和父辈那里得到的一手消息，让他敢于给出大胆的评价。当然，世事难料，正是因为冯唐经常说实话，而且是大白话，导致他到老也没有谋得什么好的职位。这就是"冯唐易老，李广难封"中前者的由来。

【五星评跋】

让我们从现今的视角给上述史料中的对白做一个综合评定。

冯唐通过亲身经历和家族经历来得出自己的判断，并且用第一手资料来衡量所见所闻，可谓实践出真知，逻辑性上评定为10分。

汉文帝屈尊和已年迈的冯唐聊天，本打算套套近乎，却被冯唐趁机指出了其用人不当的缺点，估计是冯唐看准了汉文帝还能听得进意见的缘故，不过这个手段确实太冒险，基本上是提着脑袋谈话，策略性上评定为5分。

不了解一个人就去看看他结交的朋友都是什么样的人，这种侧面的印证往往非常有效，而冯唐对于廉颇、李牧、李齐的认知，全部来自其家族成员与这些人亲身交往的经历，可信度极高，自然说起话来掷地有声，不容反驳，表达力上评定为9分。

关于汉文帝在任命将军一事上的弊病，以及汉初军队中的烦冗文书制度和法规制度上的问题，冯唐应该早就有了很多不满，借着汉文帝询问的机会一吐而快，最多说话的语序是现场组织而已，即兴度上评定为6分。

"冯唐易老，李广难封"八个字出自王勃，天下皆知。中国历史上只有在君主不偏私、臣子不结党的时代，王道才能平坦宽广，君王才能明辨是非，可惜冯唐一语致死的说话习性，导致他终老一生都没有获得太多出人头地的机会，毕竟并非人人都是汉文帝，影响力上评定为8分。

因此，在满分为50分，每10分为一星的标准下，我们将冯唐的故事评定为38分，三星半。

【沙盘推演】

在现实生活中，尤其是在互联网促使传播大大提速的今天，普通民众几乎很难找到或核实真正的信息发布者，也许大多数人也无暇顾及这一点。有时传播一些没有人发布过的消息更能让人感到新鲜和刺激，这种心理往往导致谣言四起。

我们都听过这样一句话："我告诉你一个秘密，你千万不要告诉别人。"

这是一句很有趣的话。是谁告诉你的？谁又是别人？很有可能告诉你的那个人就被告诉他的人这么叮嘱过，更有可能你就是那位传播者口中的别人。

这也是为什么秘密永远不是秘密的缘故。

确保真信源的说话技法对这本著作及其音频作品的影响也非常深远，想要从几千年前的史料中找到某一段话的真信源几乎是不可能的。所谓正史，也只不过是后人在遵守游戏规则的前提下确定下来的部分资料。

那该如何是好？作为作者和主讲人的我也没有一个万全之策，这也是为什么你经常从我笔下看到或口中听到一个关键词——据说。

第四章

辞藻修饰：

修辞不在书本里，总有一款适合你

章首语

　　顺其自然地吐露心声是人际交流中一种不错的传播形式，它能够较为顺畅地表达一个人的内心世界，也能够让传播者的传播过程变得舒坦自在。

　　值得一提的是，这种传播形式只是诸多口语传播形式中的一种，为了达到不同的传播目的，产生不同的传播效果，尤其是在传播内容无法肆意更改的前提下，传播者就必须在内容的呈现形式上下功夫。对固定的传播内容进行形式上具有针对性的编创和润泽能够更好地帮助我们有效地完成信息传递，这些传播手段也为口语传播创造了不少的说话技法。

江乙暗讽·引喻出真意

【钩玄提要】

　　一谈到修辞手法，很多人第一个想到的就是比喻。比喻的确是修辞中最常用的手法，但修辞远不止这些，比拟、夸张、对比、对偶、排比、反问、设问、反语、双关、借代、顶真等，都属于口语传播中的修辞手法。另外，修辞这种说话技法的使用没有性别上的要求和限制，只要将修辞用得恰到好处，完全能够借力打力，隔山打牛。

　　本节通过江乙的故事，将为你讲述的说话技法与口语传播时修辞的使用密切相关。本节的史料取材于《战国策·楚策一》。

　　"狐假虎威"的故事相信大家都耳熟能详，它就出自《战国策·楚策一》。说的是老虎捉到一只狐狸，想要吃了它，狐狸却说自己是天帝派来管理百兽的首领，让老虎跟在它身后，一起出去遛个弯儿。老虎在与狐狸同行途中，见到野兽们纷纷逃跑，于是老虎相信了狐狸的话，放过了它。"狐假虎威"这个成语通常用来比喻倚仗他人的权势来欺压、恐吓别人。

　　不过在这个成语背后，却有着一个鲜为人知的故事。这是一个利用精妙的暗讽打压政敌的故事，也是忠良贤臣惨遭诋毁的故事，更是一个话术在职场上被运用得炉火纯青的反面案例。读者们且听我慢慢道来。

【史料新说】

　　本节故事里的主人公有三位：一位是楚宣王，一位是在楚国当官的魏国人江乙，还有一位就是成语"狐假虎威"中狐狸的原型——楚国令尹昭奚恤。

　　这里我稍微解释一下，令尹是我国历史上常见的一个官职，但在不同时期，它所代表的职位截然不同。明清时的令尹就是县长、县令；但是在战国时期，令尹是楚国的最高官职，也就是我们常说的丞相、相国。

话说昭奚恤和江乙一直都不太对付。他们恩怨的由来已经不太可考，只是在史料里江乙曾提过一嘴，他说楚国在攻打魏国都城大梁时，昭奚恤拿了魏国不少宝贝，被自己看到了，江乙就此开始了在楚宣王面前对昭奚恤无休止地暗中嘲讽。

一开始，楚宣王准备任命昭奚恤为令尹，江乙知道后便背地里向楚王进言劝阻。他没有直接说昭奚恤的坏话，而是讲了个看似风马牛不相及的故事。

江乙跟楚王讲道："有个特别爱狗的人，对自家的狗好得不得了。一天，这狗向水井里撒尿，污染了大家的水源，邻居看见了，就准备去向狗主人告状。可没想到，这狗却把邻居挡在了门口，还咬伤了邻居。邻居怕了它，既进不去，也告不了状。"

楚王不是傻子，知道江乙是在暗讽昭奚恤像狗一样拦着宫门专权独大。需要说明的是，昭奚恤是楚国三大贵族昭、屈、景之中昭氏的优秀代表。他出身贵族，口碑也不坏，楚宣王自然没有听信江乙的话，但是心里难免对昭奚恤有了芥蒂。

后来，昭奚恤当上了令尹，掌握着楚国的军政大权，位高权重，又敢于直言，在诸侯间颇有声望。江乙在明里无法与之抗衡，于是又想出了一个黑他的办法。一次，江乙向楚王请求为山阳君封一块地。这个山阳君是谁呢？历史上压根没这个人的记载，估计就是一个普通到不能再普通的小封君。江乙主动出头做个好人，给他求点福利。

昭奚恤听说此事后，忍不住上书谏言，他的意思是山阳君对楚国没有什么贡献，怎么能给他封地？于是，这事就被搁置了。这下昭奚恤可得罪人了，立马"收获"政敌一名。而江乙空手套白狼，动动嘴皮子就得到了一位与他同仇敌忾且可以一起说昭奚恤坏话的同党。可想而知，日积月累，楚王对昭奚恤的看法渐渐发生了微妙的变化。

这时候发生了一件大事。根据西汉刘向的《新序·杂事》中记载，此时秦欲伐楚。秦王想了个攻打楚国的由头，便是派使者去楚国要求看他们的国宝。如果给看，说明楚国怂了，可打；如果不给看，那秦国正好有了借口，也一样开打。

楚宣王这回可愁死了，问大臣们："我的那些宝贝，像和氏璧啊，宝珠啊，到底给不给秦国使者看呢？"

大臣们哪敢随意出主意，关键是也没辙，于是纷纷说道："这个真不好说，您别问我们，我们也没法决定。"

楚宣王又去问昭奚恤，昭奚恤一口答应："给看，我来安排。"

于是，昭奚恤安排了一个大阵仗，带着秦国使者来到一座高台，四周全是楚国高官。昭奚恤给使者一一介绍：这是谁，得了什么功绩；那是谁，如何守卫边疆。昭奚恤一口气介绍了一堆人。

使者晕头转向："你不说给我看国宝吗，国宝呢？"

昭奚恤坦然地说道："客人想看楚国的国宝，楚国的贤臣就是国宝。我们楚国之所以能安居乐业，享有太平盛世，全靠这些官员尽心尽力，他们当然是国宝。"

秦国使者无言以对，只好回去跟秦王汇报："楚国有许多贤臣，不可以打它的主意。"

昭奚恤四两拨千斤，靠他的机智和忠勇化解了一场危机。这胆识又有几个人能轻易做到？出人意料的是，他换来的却是江乙的再次落井下石，以及楚宣王对他更深的误会。

后来，楚宣王天天听着不知从哪里来的传闻，忍不住问群臣："听说北边那些诸侯都很忌惮昭奚恤，有没有这回事啊？"

群臣面面相觑，不知如何回答。江乙跳了出来，继续用他那套话术，讲了一个看似不相关的小寓言。没错，就是此节开头提及的"狐假虎威"的故事。现在你知道我为什么要在开始把这个故事再讲一遍了吧！

江乙最后补充道："虎不知兽畏己而走也，以为畏狐也。今王之地，方五千里，带甲百万，而专属之昭奚恤。故北方之畏昭奚恤也，其实畏王之甲兵也，犹百兽之畏虎也。"

意思是说，老虎不知道百兽怕的是它自己，还以为是怕狐狸。如今，大王拥有五千里的国土，百万披甲士兵，还不是被昭奚恤拿去显摆。北方诸侯看似是怕昭奚恤，实则是像百兽怕老虎一样怕您。

昭奚恤的结局，历史上没有记载。但可以想象的是，江乙这几次潜移默化的暗讽给他带来了多大的政治危机，以至于让人口口相传、流传千年的不是他本人，而是以他为原型的成语典故"狐假虎威"。不夸张地说，昭奚恤真是当了一回史上最冤的狐狸。

【技法正名】

为什么江乙的小故事有这么大的杀伤力，甚至得以广泛传播让人记忆深刻呢？这是由于江乙在他的话术中添加了一个说话技法，叫作引喻出真意。

"引喻"是指通过对某一事物的修辞表达，来说明另一件事。这里我们必须知道为什么会有"引喻"这种表达方式，原因在于如果不借用这种修辞手法，可能我们不能简单地阐述清楚另一件事的本质。从数学视角观察"引喻"的手法，这不难让人想起等量代换的概念——使用一种量值来替代等式另一边的量值。

"出真意"指代通过引喻的修辞手法，把想要表达的真实意思讲述清楚。"引喻"是传播手段，"出真意"是传播目的。

再看江乙，无论是用恶狗把守大门来比喻昭奚恤独揽大权，还是用狐狸耀武扬威来比喻昭奚恤假借楚王威名来提升自己的声望，都是简简单单地用常见的动物来完成对敌对势力的嘲讽和诋毁。

【五星评跋】

让我们从现今的视角给上述史料中的对白做一个综合评定。

江乙在借故事暗讽昭奚恤时，既做到了情节上的关联，又使得批判意味十足，逻辑性上评定为7分。

他不直接指名道姓，而是借用故事传播来打压政敌，起到了想要的效果，策略性上评定为9分。

江乙所说的故事既有生动的情节，能引人入胜，又有丰富的内涵，乃至于成为流传千古的成语，表达力上评定为10分。

作为昭奚恤的对手，每个故事、每次嘲讽，他都早有准备，即兴度上评定为5分。

江乙讽刺昭奚恤，从史书记载来看，并未造成特别深远的影响，只是流传下来的成语给他的影响力加了几分，影响力上评定为7分。

因此，在满分为50分，每10分为一星的标准下，我们将江乙暗讽政敌的故事评定为38分，三星半。

【沙盘推演】

口才话术其实只是一种工具，本身没有对错，关键要看它被谁使用。我们可以不认同江乙暗地里说人坏话的做法，却不能说他的说话技法是无效的。恰恰相反，运用故事引喻来形象化地揭示事物的内在道理，特别容易被人接受。

比如，语文课本中经常会有寓言故事，在故事的结尾都会补充说明该故事的寓意是什么。为什么课本不直接上来就讲道理，而要多此一举呢？因为人们都不喜欢听说教，更何况纯粹的理性分析未必能够征服人类这种情绪化的动物。于是，讲故事就变得格外重要了。

对于孩子而言，没有寓言故事，道理是不容易听懂的；对于成人而言，没有故事，只有说教，他们是不想听的。当然，引喻出真意的说话技法在使用时需要一个前提，即说话的人有足够的时间让你等量代换。如果你的阐述时间原本就很短暂，引喻还没完成可能就失去了继续表达的机会。比如，辩论比赛、法庭答辩，这些极其理性并且时间如金的场合，就不适合使用引喻出真意的技法了。

很多时候，我相信团队管理者一定遇到过以下情况：团队内的成员产生了隔阂，纷纷向你告状。事实上，也没多大事，就是人与人之间的处世方式和性格差异造成的不合拍。

在此，笔者不妨和大家分享下面的例子，需要时，你可以这样告诉大家：

我们都是健全的人，所以五官谁都有。

眼睛觉得自己能替主人看见方向，最了不起。

鼻子觉得自己能让主人自由呼吸，最了不起。

耳朵觉得自己能为主人辨听是非，最了不起。

嘴巴觉得自己能叫主人顺畅表达，最了不起。

眉毛认为自己能使主人貌美如花，最了不起。

事实上，少了哪一个，人都会落下残疾。

这就是典型的引喻出真意，有时这种说话技法能够让你通过简单的引喻方式，将一件难以说清楚的事情轻松地直抵人心，还能顾及对方的颜面，让他全身而退。让我们一起来好好品味其中的余香。

智瑶水逆·说话积口德

【钩玄提要】

　　无论是在职场，还是在学校，如今的社会比以往更加强调人的个性化表达，这显然是一件好事。但我们要正确地理解何为个性化表达，它不是由着你的个性想说什么就说什么，那是口无遮拦。人际交流的概念已经表明这个过程必然涉及传播双方，交流与沟通中一切言语的表达除满足自己的个性需求外，还需要关注对方的感受，所以要把握好自己的传播姿态。

　　本节通过智瑶的故事，将为你讲述的说话技法与口语传播时态度的把握密切相关。本节的史料取材于《资治通鉴·周纪一》。

　　讲了这么多主人公展示自己好口才的故事，部分读者一定会对我有疑问："你每次都能伶牙俐齿吗？"当然不是，我也是人，人无完人，这句话基本上是真理。只是在口语传播的技术层面，我一直在往一个目标努力而已。假如偶尔哪里做得不妥当，事后会引以为戒，好好反省。本节故事要说的就是历史上著名的一个不好好说话的反面案例。让我们一起来看看这个不顾及说话技巧，迅速遭遇众叛亲离乃至国破家亡的案例。

【史料新说】

　　在春秋中后期，各诸侯国的国主犹如周天子一样被架空，权力慢慢下移到了贵族大夫集团。这一时期，诸侯国之间的战争开始减少，但各国国内士大夫之间的斗争却愈演愈烈，其中尤以中原第一大国晋国为代表。把控晋国的四个家族分别是赵、韩、魏、智，其中智氏执掌正卿之位，是"晋国四卿"中势力最大的家族。智氏的家主智瑶，也就名正言顺地成为了晋国最有权势的执政大臣。

根据《资治通鉴》的记载，智瑶这个人，高大帅气，有一头飘逸的长发。他除了仪表堂堂，还才艺双全，能言善辩，精通骑射，坚毅果敢，很有理想抱负。听上去，这个智瑶简直堪称春秋时期的偶像实力派，唯一美中不足的是这个人不够厚道。一个能言善辩又不够厚道的人往往就会惹出大祸。

智瑶究竟怎么不厚道呢？举一个小例子。智瑶刚刚上任的时候，约了另外几位国卿韩康子、魏桓子一起喝酒，喝着喝着就开始戏弄起韩家的家臣段规，说了些难听的话羞辱对方。当时，对方憋着什么也没说，反而是智瑶自己的下属看不下去了，劝他谨言慎行，不然将来说不定什么时候会招来灾祸。

智瑶不屑一顾地说："开什么玩笑，从来只有我给别人发难，我不让别人倒霉就不错了，谁还敢跟我搞事。"

无论下属怎么劝智瑶不要广泛结怨，他都挥挥手置之不理。智瑶就是这么张扬跋扈。

智瑶上台后，开始有了自己的打算，准备重振超级大国晋国的霸业。那个时候，晋国的土地早已被四家卿族瓜分得差不多了，怎么才能让大家重新把土地交还给晋国呢？对于别人而言，这是一个相当棘手的难题，可智瑶做了一个简单粗暴的决定——削藩。如何削夺藩王的封地呢？智瑶打算把其他卿族的土地硬讨过来。

他先向韩康子要地，韩康子不想给他。那位曾被智瑶在宴席上羞辱过的家臣段规出来劝韩康子，说道："智瑶这个人既贪心又刚愎自用，咱们如果不把地给他，他一定会讨伐我们。不如先给了，他拿到地后会更狂妄，必然会向其他人要地；他人若不给，则必定会向其动武。那么我们就可以免于祸患而待事之变相机而动了。"

韩康子同意了，送了上万户的领地给智瑶。智瑶一看，竟如此顺利，他都惊呆了。随后，智瑶又向魏桓子要地，桓子也一样不想给。他的家臣也一样劝他："这姓智的无故讨要土地，诸大夫肯定都怕他。要是我们给了土地，智瑶肯定忘乎所以，骄傲则轻敌，而我们这些惧怕他的各家就可以相互亲善。以联合军队对付轻敌的人，智氏的命一定长不了。"

桓子一听，连连说好，然后也送给了智瑶上万户的领地。智瑶一再尝到甜头，便向赵家要他最好的土地，没想到这回碰到钉子了。赵襄子铁了心不给，智瑶顿时大怒，叫上韩氏和魏氏一起围攻赵氏。赵襄子带着家臣和士兵一路逃到了晋阳，也就是今天的山西省太原市晋源区一带。智瑶则带着三家的士兵将晋阳团团围住。

说到打仗，智瑶的确是个心狠手辣之人，他不顾全城百姓的安危，引入汾河之水漫灌晋阳。读到这里，你在电视剧《新白娘子传奇》中一定见过相似的场面。大水一直漫到和城头差不多高，遍地都能蹦出青蛙来。即便如此，全晋阳的百姓都依然忠于赵氏，坚决不投降。

智瑶得意扬扬地带着韩康子、魏桓子去巡视晋阳的水势，他派魏桓子驾车，让韩康子在一旁护卫。

看着满城的水势，智瑶还眉开眼笑地说："今天我才知道，原来水也可以灭亡一个国家啊。"

听到这话，魏桓子用胳膊肘轻轻地碰了碰韩康子，韩康子也默默地踩了一下魏桓子的脚。两人心里想的都是同一件事：汾河之水可以灭了晋阳，也一样可以漫灌魏氏、韩氏的城邑。

智氏的谋臣看在眼里，忧心忡忡，私下跟智瑶说："韩、魏必反。"

智瑶不以为然地问道："你怎么知道？"

他的谋臣说："以人之常情而知。我们挟韩、魏之兵攻赵，赵亡。他们会想，下次灾难就轮到韩、魏了。主公之前跟他们约定好了要一起瓜分赵家的城邑，现在晋阳马上就要玩完了，赵氏人马都快人吃人了，破城指日可待。可韩、魏两位并无高兴的神色，反而面有忧色，这不是要反叛，是什么呢？"

这番在情在理的劝告，如果能被智瑶听进去，那么历史将被改写。可万万没想到的是，智瑶居然将谋臣的话原封不动地拿去质问韩、魏二人。这就好比你母亲跟你抱怨了一顿你媳妇的不是，结果你居然跑去质问你的媳妇一样。

韩、魏二人估计都快吓得大小便失禁了，连忙澄清此事，表示："这一定是小人的离间计，想为赵家游说，让主公您怀疑我们而放松对赵家的进攻。不然，我们两家岂不是放着早晚都能分到手的赵家田地不要，而要去干既危险又必不可成的事？"

韩、魏二人一番表忠心后，智瑶觉得言之有理，便坦然接受了。等韩、魏两位出去后，谋臣立刻进来，问智瑶："主上怎么把我的话告诉他们二人了啊？"

智瑶还十分惊讶，问道："你怎么知道？人才啊！"

谋臣很是无奈，说："他俩出来的时候，朝我仔细凝视了一番，然后快步走了，肯定是知道我看穿了他们的心思。"

智瑶哈哈一笑，根本不把谋臣的话放在心上。于是，忠心耿耿的谋臣知道此地没法待了，便离开了晋国。

而韩、魏那边，正如谋臣所担心的一样，他们跟赵襄子取得了联系。赵襄子的使臣秘密会见了二人，传话说："大家都知道唇亡齿寒的道理，今天智瑶带着韩、魏攻赵，等赵亡了，就轮到你们了。"

想到智瑶上任后一连串的行为，韩、魏立刻与赵氏一拍即合，秘密策划起了反攻。到了约定的时间，赵襄子派人杀了智氏守堤的士兵，反过来放水漫灌智瑶大军。智氏因救水而大乱，韩、魏的士兵早已埋伏在两翼，趁机向智氏发起了突然袭击。三家联手大败智瑶，为了免除后患，他们不仅屠杀了智瑶家族两百余人，还瓜分了智氏的封邑。

晋阳之战是一个具有划时代意义的历史事件。春秋时期最大的霸主晋国被赵、韩、魏三家悉数瓜分，这意味着经历了两百多年的春秋时期的落幕，秦、齐、楚、燕、赵、魏、韩战国七雄的时代，就此拉开了帷幕。

【技法正名】

霸道的智瑶究竟是如何生生将一手好牌打烂的？从说话的角度仔细分析一下，可以发现，智瑶就是没有做到以下这个正确的说话技法——说话积口德。

说到积德，很多人会以为这是一个宗教词语，其实太史公司马迁在《史记》里也用过。现在对"积德"一词的解释，是一种为了换来一个好结果而多做一些好事的行为。说话积口德的意思就是从这里来的，它是指为了在不可预测的未来能够有一个让人可以接受的结果，要多说一些善意的话。

在解构这个技法时，我们反其道而行之，说说这个技法的反面，就是说话不积口德的做法。为什么会有人说话不积口德呢？如果我们心里有这样的疑问，说明我们对自己的表达太过自信，或者我们反思得还不够彻底。

在过去的日子，你说过事后让你后悔的狠话吗？如果有，你问问自己当时为什么会说，就行了。人终究是情绪化的动物，我们不可能因为学习了理性，就把自己的情绪弄丢了。你放心，即使你再理性，也只不过是压抑着自己的情绪。如果这样的说法你难以接受，我换一种说法，叫作你在用你的理性管理着你的情绪。

可是情绪管理总有失控的时候，有些人失控的次数比较少，有些人却喜欢放飞自我，管不住自己的嘴。尤其在你春风得意的时候，更容易口无遮拦。

再看智瑶，无论是公开羞辱他人，还是看到敌人受难时的冷嘲热讽，这种只有我损别人，哪有别人在我面前撒泼的跋扈态度，会让他得罪身边的很多人。

对智瑶而言，不积口德至少给他带来了以下三个不良后果：

第一，让人看到了他的虚荣心和野心。韩、魏两家看到智瑶不可一世的霸道样子，就知道他日后对人还会变本加厉，丝毫不讲情面。

第二，如果他分享的胜利经验是利用了某些事或人的弱点，那么有相同情况的人听了，会从此疏远他、防备他。晋阳可以用水攻，那韩、魏两家的城池也可以用水灌。此时，韩、魏两家的弱点和赵氏一模一样，见智瑶这么说，他们才对他起了防备之心。

第三，在荷尔蒙的刺激下，人容易将自己珍藏的经验无偿地、毫无保留地告诉别人，这样会失去竞争优势。智瑶在晋阳城头的那番话让韩、魏两家也长了知识：你可以淹我，我也做好随时淹你的准备。

不积口德的人不管多聪明，一旦膨胀起来，说话就会得意忘形，失去理智，该说的、不该说的都会说出去。此刻，说话的人是心里痛快了，收获掌声了，虚荣心也得到了满足，却不知道从此别人对他会有什么不同的看法。如果智瑶说话积口德，不在自己得势的时候胡说八道，很有可能晋国的历史就会被改写。

【五星评跋】

让我们从现今的视角给上述史料中的对白做一个综合评定。

智瑶在毫无必要的情况下，在公开场合侮辱他人，说话经常自以为是、不带善意，最终自作自受，逻辑性上评定为0分。

作为用兵高手，智瑶水淹晋阳，在战术上确实值得高分，然而在面对韩、魏两家"盟友"时，又言多必失，最后导致自食其果，策略性上评定为0分。

智瑶说话只图自己一时爽，不管不顾他人的感受，从得罪合伙人与下属的效果上来说倒是非常出色，气得别人要死，对正面效果的表达力而言，评定为1分。

嘴上不把门，虽放飞了自我，却害人害己，这种随性在即兴度上没有贡献，评定为1分。

智瑶说话不积口德导致其功败垂成，乃至影响了历史的走向，也给后世留下了一个经典的反面教材，影响力上评定为10分。

因此，在满分为50分，每10分为一星的标准下，我们将智瑶失败的故事评定为12分，一星。

【沙盘推演】

说话积口德的技法在现实生活中的运用能够很好地告诉我们一个道理：说话这件事不仅能够展现你的表达能力，同时也能展现你的综合素养。

此处，我告诉你一件非常有趣的事，对我也很有启示作用。我有一个学生，文武双全，学习好，从小还学了很多年的武术。他跟我讲述了他同学的一次经历。

有一次，他们在武术课前热身，有些同学到了，有些还没有来，秩序有些混乱。他的同班同学跟一个新来的同学擦身而过时，对方可能不小心踩了他同学一脚，甚至有可能是对方在正常行走，而他同学占了走道，结果他同学自以为学了几天功夫、一身能耐，张口就说："你走路不长眼睛啊！这也就是在自己的道场，你要是去别人的武馆，不等着挨揍啊！"

这霸气的样子跟智瑶差不多。对方不停地道歉："对不起，对不起，实在不好意思！"

等大家换好了上课的训练服，上场一集合，才发现刚才那个低头道歉的同学站在了第一排，原来他是新来的指导员。后来发生了什么，大家可以自己去想象。当然，也可能什么都没有发生。

可是，你能够想到刚才说话不积口德的那位同学，看着站在第一排的高手，内心该是多么复杂吗？说话积口德就是一种修行。

樊哙救主·千古传金句

【钩玄提要】

过去的叫典故，活在当下的是金句。如今的金句越来越多地出自互联网，倒不是线下语言的魅力尽失，而是其传播速度和广度实在赶不上网络语言的威力。与此同时，网络科技的发展也给了普通大众参与传播经典甚至创造经典的机会。当然，作为一名传播者，我们也得看到互联网给我们生活带来的利弊，它既能迅速地替我们传播优秀的内容，也能在不经意间传播负面信息。

本节通过樊哙的故事，将为你讲述的说话技法与口语传播时经典内容的留存密切相关。本节的史料取材于《史记·樊郦滕灌列传》。

如今，有许多人会养小猫小狗，有的人甚至把它们当作家庭成员一样对待，我也是一个挺喜欢小动物的人。考虑到这一点，本节故事的主人公估计会让一些人喜欢不起来，因为他被奉为屠宰业的祖师爷，而且是杀狗、卖狗肉的商人出身，他就是樊哙。为了不那么血腥，所以本节的题目和内容我故意不再描述这一点。

【史料新说】

大多扮演樊哙的演员都是络腮胡子、粗犷汉子的形象，这和张飞的艺术造型有异曲同工之处。樊哙的战绩确实了得，也配得上武力值爆表的形象。让我们来看看《史记》中樊哙跟随汉高祖刘邦作战数十年的战绩记录：斩首一百七十六人，俘虏二百八十八人；独自领军作战的情况下，击败过七支军队，攻占五座城邑，平定六个郡，五十二个县；俘虏过丞相一名，将军十二名，将官十一名。说樊哙是汉朝从开创阶段到稳定时期非常重要的将领，一点都不为过。

不过你要是以为樊哙只有匹夫之勇就大错特错了！汉高祖元年（公元前

206年）十月，刘邦的军队在各路诸侯中最先到达霸上。秦王子婴驾着白车白马，用丝绳缠住脖子表示臣服，封好了皇帝的御玺和符节，在轵道旁向刘邦投降。

此处需要说明一下，轵道不是某条街道，它是一个地名，位于现在的西安市东北方向，行政级别是"亭"。秦时十里为一亭，十亭为一乡。亭里只有两个人，一个负责开门打扫，一个负责抓贼。刘邦自己就是泗上亭长出身。秦王子婴在此投降后，轵道的意思就被引申为了"亡国投降"的地方。

面对投降的秦王子婴，刘邦手下的将领们纷纷表示要宰了他。刘邦却说："楚怀王派我进攻关中，不就是以为我能够宽厚容人吗？滥杀投降之人，太不吉利了！"

于是，刘邦安排秦王子婴做了当地的官吏，自己随后领军向西进入咸阳。

进到秦王宫后，大家都被眼前的宫殿、装饰、宠物、骏马、宝物、美女迷得找不到北了，刘邦搓搓手，跟自己说："请坐！请上座！"刘邦打算住进秦王宫。

此时樊哙立即劝阻刘邦，坚决不让他住在秦王宫。刘邦正打算发脾气，张良赶紧补充道："秦朝因暴虐无道，主公才能来到这秦朝的宫殿之中。既然您是来替天下铲除暴政的，更应该清廉为本。您才进咸阳，就打算享用美女、宝物，这是在助桀为虐。虽然忠言不好听，但是对约束行为有好处；虽然良药味道苦，但是对治病有好处。您还是听听樊哙的意见吧！"

刘邦这才封了秦王宫的大门，并留下卫兵看守，然后率军回到了驻地霸上。史料才进行到这里，就出现了两个著名的典故："忠言逆耳利于行，良药苦口利于病""助桀为虐"。"助桀为虐"与"助纣为虐"是同一个意思。

刘邦还军霸上前，召集起四里八乡有才能、有名望的人，对他们宣传说："大家都被秦朝的法律欺负得太久了，吐槽政策要被灭族，聚会聊天要被判死刑，太可怕了！当初诸侯们约定，先入咸阳者为王。既然是我先到了，我现在就和大家约定，我的法律只有三条：杀人者死刑，伤人者治罪，抢劫者治罪。其他秦朝法律全部废除。你们大家不管是官吏，还是平民，都放心生活，安居乐业！"

这就是典故"约法三章"的由来。本节故事了不得，一上来便让我们开启了猛轰乱炸般的学习模式，讲述了很多典故。

随后，刘邦继续说："我来到这里，就是打算为民除害，不会对你们有什么侵犯，你们不用害怕。我退回霸上驻军，是要等其他诸侯都到了再一起商议治理的规范！"

然后，刘邦还派人把这些话同秦朝官吏一起带到各地去宣传，大家听了都很高兴，纷纷杀猪、宰羊来犒劳军队。刘邦统统拒绝了，理由是："仓库里还有粮食，并非缺粮，不用大家破费！"这下关中的百姓都很爱戴刘邦，生怕刘邦不在关中做王。

项羽的大军来到函谷关，发现有刘邦的士兵在守卫，他们无法通过，心里非常生气。

接着，项羽的大军驻扎在新丰鸿门，刘邦身边的大臣曹无伤神秘兮兮地派人通知项羽："刘邦打算在关中称王，还打算把秦王子婴封为宰相，把珍宝都归了自己！"

项羽这回怒了，宣称今日犒军，明日出兵攻打刘邦。此时项羽有士兵四十万，而刘邦只有十万。项羽手下的大臣项伯因为和张良有交情，于是赶紧偷偷去会见了张良，希望张良跟他一起逃走，不要陪着刘邦送死。

张良拒绝了项伯，还立即引荐项伯与刘邦见面，刘邦像对待老师一样对待项伯，说道："我进驻函谷关之后，连任何细小诸如秋毫那样的东西都不敢擅自乱动，只是登记了官民的人数，查封了仓库，只等项羽将军到来，我怎么敢反叛呢？"

这段话中又出现了一个成语典故"秋毫无犯"。项伯叮嘱刘邦第二天一定要记得来鸿门向项羽道歉，说完便独自回到项羽的军营帮刘邦说好话去了。

第二天清早，刘邦带了一百多名随从来到了鸿门，向项羽赔罪，说："我和将军一起攻秦，您在黄河以北，我在黄河以南，我先进入咸阳是个意外。如今我在这里见您，想必是有小人说了什么坏话吧？"

项羽回答："是你的手下曹无伤派人告诉我的，不然我怎么会生气？"

于是，项羽安排了酒宴招待刘邦，目的是按照范增的计划，在席间刺杀刘邦。酒席间，范增多次用递眼色、摸玉佩的方式暗示项羽下手，但项羽并无反应。范增直接起身来到门外，叫来项庄。

项庄按照范增的命令，进入席间要求舞剑助兴，而这个意图很快被项伯识破。于是他也起身持剑与项庄对舞，好掩护刘邦。看到局面如此凶险，张良来到军营门口，叫来了故事中的男主角樊哙，对他说："情况危急，项庄在舞剑，就是想找刘邦的麻烦！"

这就是典故"项庄舞剑，意在沛公"的由来。

樊哙是何许人也！他毫不犹豫地回答："让我进去，我要与主公同生共死！"

樊哙说罢，闯入大帐，直面项羽，怒目圆睁，头发倒竖，眼角看上去都要裂开了。项羽见到这么一个莽汉闯进来也是一惊，按住宝剑站起来问道："这位来宾，有何贵干？"

张良回答："这是刘邦的贴身护卫樊哙。"

项羽打量了一下，赞叹说："真是一位壮士，赐酒！"

樊哙接过侍从递上来的一大杯酒，拜谢之后，站着一饮而尽。项王紧接着说道："再赐一只猪腿。"原文中写作"彘肩"，"彘"就是猪的意思。同时，这也是成语"彘肩斗酒"的由来。

再说回樊哙。他把猪肘子放在盾牌上，用佩剑边切边吃，非常豪迈。项羽再次赞叹说："壮士，还能再喝酒吗？"

樊哙回答："我连死都不怕，怎么会推辞一杯酒？当初秦王内心如虎狼一般，杀人如麻，就好像人杀都杀不完一样；给人施加刑罚，就好像刑罚手段用都用不完一样。这导致天下人都叛离了他。楚怀王曾说，先入咸阳者为王，这次可是我家主公刘邦先打进咸阳城的，但他连毫毛一样细小的东西都不敢动，而是封闭王宫，撤军霸上，等待您到达咸阳。出兵把守函谷关，是害怕别有用心的盗贼蜂拥而至，搞出什么动静。我家主公劳苦功高，没有封侯赏赐也就算了，您却因为小人的谗言要加害于他，这不是秦朝的做派吗？我觉得大王您最好不要这么做。"

项羽听后，无言以对。

刘邦坐了一会儿，便借上厕所的机会，叫出樊哙商量对策。刘邦着急地表示："我借上厕所之故才出了大厅，这个时候偷溜没有告别，是不是不太好？"

樊哙爽快地回答："干大事的人不要被小的礼节所束缚，做大义之事不用回避小的苛责，人家现在是砧板和菜刀，我们如同鱼肉一般，这种情况还去告别？"

没错，这就是典故"谋大事者不拘小节""人为刀俎，我为鱼肉"的由来！刘邦听了樊哙的意见，便打算在随身的侍卫的保护下离开鸿门，让张良留下来收拾局面。

张良询问刘邦带了什么礼物，刘邦回答说："我带了一对玉璧，想送给项羽；带了一对玉斗，想送给范增。"而后，刘邦便单人骑马飞奔回了霸上，樊哙、夏侯婴、靳强、纪信四人拿着剑和盾徒步跟随其后，抄小道狂奔回了驻地。

张良估摸着刘邦已经回到了霸上，才返回到酒局现场送上玉璧和玉斗。

项羽连忙问："刘邦现在何处？"

张良不紧不慢地说道:"听说大王有意责备他,他便独自脱身离开了,估计这会儿快到军营了吧!"

项羽接过玉璧,放在了桌子上。范增接到玉斗后直接扔在了地上,用剑斩碎,骂道:"根本不足以与你们这群浑小子谋天下大事,夺取项羽你天下的一定是刘邦了,咱们都等着被抓吧!"这便是典故"竖子不足与谋"的出处。

刘邦回到驻地后,立即杀了曹无伤。几天后,项羽率军进驻咸阳,一路烧杀,还把已经投降的秦王子婴给砍了,烧毁了秦王宫,大火三月不灭。项羽打开刘邦封闭的府库,将之洗劫一空。当然,他也没有忘记把宫殿里的美女们统统带走。

有人劝项羽说:"关中地区有山河作为屏障,四周有要塞,并且土地肥沃,足以建立霸业!"

项羽看了看被烧成灰烬的残垣断壁,感叹着:"富贵了不回故乡,就等于穿着锦绣衣裳在深夜里走山路,谁能看得见啊!"

那人摇头叹息:"都说楚国人就是猕猴戴了帽子装人样,如今一看果然如此。"

项羽一怒之下就把这个人给杀了。这便是成语"沐猴而冠"的由来。

【技法正名】

故事讲到这便告一段落了,现在你知道为什么鸿门宴那么有名了吧?它是经典中的经典。介绍完了史料,让我们来了解一下本节故事要特别说明的技法——千古传金句。

对于这个说话技法,我们可以看到三个关键词:千古、传、金句。

"千古",在这里是个虚指,它没有明确告诉我们究竟多少年。但至少说明这个句子不是说了一两天,而是被人传来传去讲了很久。"很久",说明这是一个经过时代洗礼、经得起推敲的句子。

"传",这个动词说明了句子是你说的,可它不断地被传播开去就是别人的事了,这从另一个侧面表达了传播者对这个句子的认可。

"金句",可以是名言,但不仅限于名言。它可以是任何人的言论,只要有一定的传播价值就行。

更值得一提的是,因为时代不同,金句传播的时限也会发生变化。由于古代的生活节奏很慢和传播效率不高,有些话可以一传几千年,当然前提是它们本身得非常优秀。而在现今的互联网时代，传播速度之不可思议，我们不能仅仅用时限来判断这句话是不是金句。换言之，只要这句话传播范围够广，被人知晓程度够深，哪怕没有绵延千年，也能算作金句。千古传金句在今天，甚至可以变成千里传金句。

再看樊哙，他这个人在刘邦身边众多有影响力的人物中，说轻不轻，说重不重。也许，他在鸿门宴中只算得上男三、男四号的角色，但他短短的一段表达就呈现了两句千古传颂的金句："谋大事者不拘小节""人为刀俎，我为鱼肉"。

很多人口中说着这两句话，却不知道是樊哙讲的。别瞧他吃相难看，但一口气连说两句金句，即便是张良也未必能做到。

【五星评跋】

让我们从现今的视角给上述史料中的对白做一个综合评定。

一个五大三粗的屠夫，劝阻刘邦、驳斥项羽的所有对话内容，完全符合道理，且全部都是非常适宜的见解，逻辑性上评定为9分。

在建议刘邦做大事不拘小节，以及人为刀俎，我为鱼肉之时，樊哙能做到言简意赅，用一个屠夫、厨子的属性给出的经典比喻，直接打消了刘邦磨蹭下去的念头，这符合实用主义精神，策略性上评定为10分。

樊哙在驳斥项羽的过程中，借助神态、表情、发型以及吃肉的架势，再加上那段精彩的论据，直接骂爽了项羽。当时天下敢于直面楚霸王，指着鼻子骂项羽的，也只有樊哙了吧！表达力上评定为10分。

不论是建议刘邦封金撤出咸阳，还是直面项羽，抑或是劝说刘邦尽快撤退，都具备突发性质，樊哙这个屠夫可谓有勇有谋，即兴度上评定为8分。

没有樊哙，刘邦有可能就死在鸿门宴上了，那么也就没有了大汉天子，没有光武中兴，没有西汉、东汉，没有三国，没有……这没有的东西太多了，影响力上必须评定为10分。

因此，在满分为50分，每10分为一星的标准下，我们将鸿门宴的故事评定为47分，四星半。

【沙盘推演】

在现实生活中，我们对金句的判断没有对名人名言的判断那样有如此多的条条框框，只要这句话能够深深地影响一个人，那就是一句不错的金句。我就来讲讲对我影响很深的金句。

记得大学一年级刚入校时，我们系主任请来了一位刚毕业的大师姐来给我们讲开学第一课。之所以请她来，是因为她是我们这位老师的得意门生，也是当时电视台的当红主持人。

在近一堂课的讲座中，这位师姐讲得很诚恳，但离现在已经太久，我几乎忘记了她讲的内容，唯独只记住了她最后说的一段话。

她说："我们这个专业比大多数专业面临的诱惑要多，随随便便一次活动的报酬比其他专业打工一年挣的实习费都还丰厚。但请大家记住我送给你们的一句忠告：大学四年一定要耐得住寂寞。"

我不知道她有没有按照"耐得住寂寞"这五个字去做，但这五个字深深地影响了我，影响了我大学四年。直到今天，我也每每都会把这五个字送给我的学生，希望它也能够影响他们的四年。

王翦求赏·一语埋乾坤

【钩玄提要】

在相声表演艺术中，逗哏与捧哏合作的默契度非常重要，两人合作时间久了便不太能轻易更换。因为在人与人的信息交互中存在表达与倾听这么一组对应关系，而一个人对于另一个人言语信息的解读是需要磨合的。你需要熟悉对方的表达方式，这样才能更为准确地听懂别人的言内之意和言外之意，把握好传播信息的多层含义。

本节通过王翦的故事，将为你讲述的说话技法与口语传播时言语的两面性密切相关。本节的史料取材于《史记·白起王翦列传》。

中国历史上的战国时期有四大名将：赵国两位，分别是廉颇和李牧；秦国两位，分别是白起和王翦。本节故事的主人公，便是王翦。提到王翦，我特别想提一下"王"这个姓氏。王姓在中国几乎可以算是第一大姓了，每次我上课点名，都会有一批姓王的学生。王姓中一个主要的源流便是著名的古代姓氏——姬。黄帝，姓公孙，叫轩辕，出生在寿丘，成长在姬水，所以改姓了姬。东周第十一代君王叫姬泄心，也就是周灵王。周灵王有一个儿子，名字叫作晋。因对自己父亲的治水方针提出了异议而受到了责罚，他被废除了太子的身份而成了平民。因为他出身王族，所以改姓为"王"。

【史料新说】

王翦就是这一支王姓源流的第十八代子孙。王翦的儿子王贲、孙子王离都是秦国的大将，孙子王离在和项羽的交战中死去。他的两个儿子在战乱中形成了中国最大的两个王姓分支：太原王氏和琅琊王氏。

在太原王氏中，大家比较熟悉的是《三国演义》里献貂蝉的司徒王允。而在琅琊王氏中，名人更多，比如，二十四孝中"卧冰求鲤"典故的主人公王祥、二十四悌中"王览争鸠"典故的主人公王览、"竹林七贤"之一的王戎、写下《兰亭集序》的著名书法家王羲之等。

刘禹锡的名诗《乌衣巷》里的名句"旧时王谢堂前燕，飞入寻常百姓家"中提到的王谢，就是指两晋南北朝时期的顶级名门琅琊王氏和陈郡谢氏。

这么一描绘，你对今天的主人公王翦的故事，是不是更充满了期待？

王翦，频阳东乡人，也就是今天的陕西省渭南市富平县人。少年时期他喜好军事，后在秦国侍奉秦始皇。他打仗非常厉害，在秦灭六国一统天下的战争中，除了韩国，其他五国都是由王翦父子亲手攻灭的！

公元前229年，王翦领兵攻赵。经过一年多的征战，赵王投降，赵国灭亡。公元前227年，燕太子丹派遣刺客荆轲刺杀秦始皇，失败。秦军攻燕，燕王逃往辽东。秦始皇随即派遣王翦和他的儿子王贲，进攻楚国。打了胜仗后，他们又攻击魏国，魏王投降，魏国灭亡。

此时，秦国有一位年轻的将军李信。他年轻气盛，作战英勇，曾经带领几千士兵进攻派遣刺客的燕太子丹，穷追猛打，最后俘虏了他。连秦始皇都觉得这位小将军确实能打。

一天，秦始皇找来李信，问他："我打算进攻楚国，彻底歼灭他们，你觉得要用多少兵力？"

李信自信地回答："最多二十万即可！"

秦始皇转身再问王翦："王将军觉得多少合适？"

王翦冷冷地回答："非要六十万不可。"

秦始皇哈哈大笑，讽刺王翦说："王将军啊，你年纪大了，胆子却变小了，真是怕死啊！李信才是果断勇敢，我觉得他说得很有道理！"

于是，秦始皇派遣李信、蒙恬领军二十万南下攻楚。王翦觉得自己的建议既然不被采纳，就推脱身体有病，回频阳老家疗养去了。李信与蒙恬兵分两路进攻楚国，李信攻占了平与，蒙恬攻下了寝丘。得意的李信希望和蒙恬在城父这个地方会师，便加紧了进攻的步伐。实际上，楚军的主力部队已经盯上了李信，他们急行军三天三夜，终于彻底击溃了李信的部队，杀死了李信身边的七个都尉，秦军大败。

轻敌的秦始皇被惨败惊醒，非常愤怒。他亲自前往频阳找王翦，向他道歉："我没有听取你的建议，李信果真导致秦军遭受大败，真是耻辱之极。我听说楚国大军正在逼近秦国，将军虽然染病，你难道真打算抛弃我和秦国了吗？"

王翦仍旧推辞，表示自己身体病弱、昏聩无能、胆小怕死，让秦始皇另行派遣其他人抵抗楚军。

秦始皇知道王翦在耍傲娇的性子，再次道歉："好啦，好啦，不要生气啦！你就别推辞了，我什么都听你的！"

王翦这才回答："如果大王觉得还是我行，那我还是要求六十万大军！"

秦始皇满口答应："都依你！都依你！六十万大军全都听你的安排！"

这段对话并非我杜撰的，只是听上去有点腻味，像极了一个爱情故事。

于是王翦领军六十万出发了，秦始皇亲自到霸上送行。

王翦出发前，向秦始皇说道："我出去打仗可以，不过我要您送我良田千顷、豪宅百栋，还要给我一套湖边园林景观房。"

秦始皇有些不舒服，回答说："王将军外出打仗，这个时候着急要这些东西有啥用？专心打仗去吧！难道你觉得我还会亏待你的家人不成？"

王翦答道："我替您领军打仗，等打赢了以后，您又不见得一定会给我封侯赐爵，我必须要趁着您器重我的时候，赶紧把该拿的都拿到，为子孙后代攒点家产。"

秦始皇哈哈大笑，居然点头答应了。

王翦领兵到达函谷关，又多达五次派遣使者，回咸阳向朝廷讨要更多的田地家产。他的手下终于有人忍不住了，吐槽说："将军为国出力，要点报酬无可厚非，但是您不觉得这个吃相有点太难看了吗？"

王翦听到这段吐槽，没有生气，而是解释道："你这么说，只能表示你根本不了解秦王。秦王性情粗暴，对人也多疑，如今我领军六十万攻楚，这可是秦国全部的家底。你觉得按照秦王的德性，他会一点都不怀疑我有谋反之心吗？所以，我不停地索要好处，就是表达出我不仅有必胜的把握，而且愿意让自己的子孙在秦国享福，这是在表明我没有谋反的打算。如果不这么做，等来的只能是秦始皇的怀疑。"

这才是高手，一段表白让局面瞬间翻盘，把好好的"爱情故事"变成了"宫斗戏"。

最终王翦来到前线替换了李信，执掌了军权，亲自负责与楚国交战的事务。楚王听说秦国大将王翦领军增援，不敢怠慢，也派出全国所有的兵力应战。王翦却在前线构筑了严密的防御工事，采取坚固到不能再坚固的守势。而且，王翦下令秦军坚决不和楚国大军交战，不论对方怎么挑衅，绝不出兵。

据守期间，秦军大营改善伙食，吃香喝辣；王翦经常与下属、底层士兵饮宴；还隔三岔五安排大家洗澡泡汤、休闲足浴。

有一天，王翦向副官问道："军中士兵平常都聚在一起玩什么游戏？"

副官表示士兵们聚集在一起，常常玩一种丢石头比距离的游戏。此时，王翦终于宣布："现在可以打仗了！"

再看楚军一方，他们多次挑衅秦军都没有结果，秦军死活不肯出战。于是，楚军决定向东转移，离开前线。正在这个时候王翦，趁着楚军拔营东去，命令全军出击，并派遣健硕强壮的士兵作为敢死队进行强有力的突击，一举将楚军击溃。秦军追击到了蕲县城南，杀死了项燕，如摧枯拉朽一般占领了楚国的领土，并俘虏了楚王，楚国随即灭亡。王翦又顺手把百越也攻灭了，王翦的儿子王贲和李信攻陷了燕国和齐国的其余领地。

公元前221年，秦始皇终于兼并了所有的诸侯国，一统天下。

【技法正名】

王翦让人捉摸不透的说话方式，展现了一个非常经典的说话技法——一语埋乾坤。

一语埋乾坤这个短语，本身就很有乾坤。在《易经》六十四卦象中，乾卦代表天，坤卦代表地，一语埋乾坤首先说明了一件事：这个说话技法隐藏着天地两层含义。

看到这里，很多读者会问，一个简简单单的技法，你有必要搞得那么玄乎吗？不就是一语双关、一箭双雕、一举两得嘛！听上去好像是这么回事，就是说一句话，完成了两层意思的传播，达到了两个目的。

但一语埋乾坤的说话技法，比起上面这些成语要深奥得多，执行起来的难度也要大得多。为什么这么说？因为乾坤为天地，天地在古代人们的意识中是相互对立的两大方位。也就是说，一语埋乾坤不仅是一语双关，而且其中的两层意思还要呈现出相互对立的效果，这正是使用此技法最难的地方，要说出对立的效果非常不容易。

再看王翦，表面上他是在为自己及子孙后代向秦始皇讨要良田、美宅、园林、池苑等，表现出自己十分贪图物质利益。这看上去是一种很低级的行为，但实际上，王翦讨要赏赐的行为背后有着更深层次的目的——表示自己出征的坚定意志，打消秦始皇交出兵权后的猜忌心。这可是一种自保的招数，是很高级的思维方式。

【五星评跋】

让我们从现今的视角给上述史料中的对白做一个综合评定。

王翦是一个极其聪明的人，善于体察人心，知道自己的建议不被采纳，便立即申请病退以保全自己，逻辑性上评定为10分。

王翦不断地讨要赏赐，只是为了保证在"将在外"的时间里，秦始皇不会因为朝堂上可能出现的负面言论影响自己的军事安排，策略性上评定为10分。

面对秦始皇屈尊要求自己复出带兵，王翦死缠烂打地逼迫秦始皇不断在态度上退让，以获取六十万大军的绝对指挥权。刁蛮傲娇的演技简直让你分不清他究竟是谁，表达力上评定为10分。

从王翦最初突然被提问，得出需要六十万大军的判断，到战场上临敌时候的决策，再到灭楚之后顺手牵羊灭亡百越的行动，都显示出了其临机应变的能力。虽然他不是瞬间做抉择，而是有思考的时间，但处处体现了即兴之作的特点，即兴度上评定为9分。瞬间剧情翻转，又给故事多了一份惊喜，即兴度上再加1分附加分，评定为10分。

秦灭六国，其中五国的灭亡与王翦家族有关，他们为历史上的第一个大一统王朝的建立做出了巨大贡献，王氏家族的身份和地位绵延了千年，影响力上评定为10分。

因此，在满分为50分，每10分为一星的标准下，我们将王翦求赏的故事评定为50分，五星！

相信很多人都没有想明白，为什么王翦消极应战的心态和休闲式的治军方式能一瞬间击溃楚国？

事实上，王翦不得不这么做：

第一，楚军临时征集大军，作为自卫的一方居然连番求战，这说明楚军的补给、楚国的内政都不乐观，他们没有持久作战的可能性。

第二，王翦领军的六十万也是秦国从各地抽调来的，士兵没有集合演练过，相互之间不够熟悉，他们仓促上战场只会各自为战，一旦出现问题，大军必然瓦解。

基于上述判断，王翦只能在前线驻守。一方面，这样可以加强秦军各级人员的熟悉度和亲密度；另一方面，这样做可以避开楚国的锐气，拖垮敌人的士气。当听说士兵们会在一起玩投石游戏的时候，王翦知道士兵们已经打成一片，相互熟络，互相形成了依靠关系。在与楚军长久的对峙中，他们不再对战争感到惧怕，已经适应了当时的情形。

《史记》的作者司马迁评价秦国的两位名将白起、王翦时，用到了著名的成语"尺有所短、寸有所长"。秦将白起算计敌人的时候，随机应变，计策千变万化，名震天下，却无法应对来自朝野的猜忌。秦将王翦父子攻灭五国，平定疆土，战功卓著，连秦始皇都尊王翦为师。王翦工于心计，苟且逢迎，取悦他人，虽得善终却没有帮助秦朝建立德政。最终，项羽俘虏了王翦的孙子并将其杀害。

【沙盘推演】

一语埋乾坤的说话技法在场面上可大可小，有的时候还很有戏剧性。比如，编剧就很喜欢在编排生离死别的剧情的时候，使用这种说话技法。回想一下韩剧中经常出现的场面：男女主人公在热恋阶段，突然一方被查出患上了不治之症，为了让另一方能够拥有更好的人生，就编造谎言说自己爱上了别人，不再爱对方了。他们用这种话，活生生地把对方气走。实际上，话语的背后却藏着自己对恋人深深的爱，以及希望对方能够幸福一生的愿望。

当然，一语埋乾坤的说话技法也可以用在身边的小事上。网络上流行着一套班主任经常说的"谎言"。

比如："同学们，今天体育老师生病了。"

体育老师明明自己是教体育的，却活生生地变成了全校身体素质最差的那一个，三天两头生病。

又比如："你们是我带过的最差的一届。"

这句话有点意思。表面上看，班主任是在恶狠狠地批评学生，甚至是羞辱他们。但背地里呢？班主任使出了一招乾坤大挪移，他想通过这种不留一点情面的方式，用激将法唤起学生的自尊心，激发出他们学习的动力。

正所谓，人心向背，乾坤已定。这也是人类与人工智能在表达方式上的区别。

申包胥哭嚎·善用副语言

【钩玄提要】

中国人向来比较含蓄、内敛，这种整体上的人物共性有其魅力，也有其局限。比如，我们从小沉浸在一种不太讲究副语言的口语传播环境中，在说话的时候，大家只关注自己的嘴，而且这种关注更集中在口语传播的内容上。对于传播内容之外的种种传播方式，我们并不怎么关心。实际上，我们太亏待自己的这张嘴了，让它承担了太多的压力。同时，我们的表达也主动放弃了很多东西。

本节通过申包胥的故事，将为你讲述的说话技法与口语传播时副语言的使用密切相关。本节的史料取材于《左传·定公四年》。

本节我们要说的故事，也让人有种想要掉眼泪的冲动。有首歌唱得好：男人哭吧哭吧哭吧不是罪。可是俗话却说：男儿有泪不轻弹。男人通常很少当众流眼泪，就算遇到什么伤心事，也只会躲到角落里偷偷哭一场。当然，也有男人特别爱哭，逢人就哭，甚至哭着哭着，就哭来了一个天下，这里说的就是《三国演义》里的刘备。但真实的刘备是不是很爱哭，我们就不得而知了。我只知道在春秋时期，有一位男子跟人聊不出什么结果，却靠着惊天动地的大哭被载入史册。

据说，这场哭延续了七天七夜，比"996"还拼，从0点到24点，一周七天，用现在的说法就是"007"的工作制。不过，靠着这场大哭，楚国逃过了被灭掉的命运。这到底是怎么一回事？且听我细细说来。

【史料新说】

故事还要从伍子胥鞭尸复仇这事说起。伍子胥，大家都很熟悉了，他的父亲伍奢是楚国的太子太傅，也是未来的帝师。他有一个同事，一样是教太子读书的,名叫费无忌。费无忌干了一件特别缺德的事——秦楚联姻。楚国的太子要娶秦国的公主,楚王派费无忌去迎亲。没想到费无忌为了讨好楚王,竟然大肆渲染秦国公主的美貌,并且怂恿楚王把太子的未婚妻收进自己的后宫。

你说这是什么人哪,更重要的是这样的人还不止一个。楚王也人品堪忧,居然娶了自己的儿媳,还重用费无忌这位佞臣,什么都听他的。

费无忌生怕将来太子上位后报复自己,索性一不做二不休,决定除掉他和他的下属。于是,费无忌就把伍子胥的父亲抓了起来,他还打算斩草除根,设计骗伍子胥和他哥哥,说只要他俩来认个罪,就饶了他们的爹。

伍子胥立刻明白这是一个陷阱,劝哥哥和自己一起逃亡。但哥哥放心不下父亲,便选择了赴会,最后父子都死在了费无忌的手下。伍子胥背负着血海深仇,冒死逃出了楚国,还留下了"伍子胥过昭关,一夜愁白了头"的传说。

也就在这个时候,本节故事的主人公申包胥第一次出场了。申包胥是楚国的大夫,也是伍子胥的好朋友。伍子胥在逃亡的路上,刚好碰见申包胥,便把父兄之仇跟朋友哭诉了一番,并发誓自己将来一定要把楚国给灭了。

申包胥原本就出身楚国王室,素来忠君爱国,可这事明显是楚王不占理,伍子胥一家也太冤枉了。申包胥左右为难,一半是对老友的同情,一半是对楚国的维护之心。

于是,他拍了拍伍子胥,然后说:"勉之!子能覆之,我必能兴之。"意思是:伍子胥,你加油吧,不过就算你灭了楚国,我也一定会让它再度复兴。申包胥一边要鼓励、安抚朋友,一边还要不失爱国之心,这确实太难了。

伍子胥逃到了吴国,当上了吴王阖闾的重臣,辅佐吴王治理国家,吴国很快强大了起来。吴王也投桃报李,听从伍子胥的战略部署,正式向楚国开战。伍子胥怀着满腔仇恨,亲自率领吴军把楚国打得落花流水,攻破了楚国的都城。

然而,此时害死他父兄的楚平王和费无忌都已去世,继任的楚昭王也吓得逃到别国避难去了。心有不甘的伍子胥觉得还不泄愤,又亲手把楚平王的墓给掘了,拿着鞭子愤怒地抽打在他的尸体上,足足抽了三百下才停下来,算是大仇得报。有人会问,为什么抽三百下呢?我估计是抽不动了。这也是最著名的鞭尸典故。

楚国亡了,那个曾经许诺要挽救楚国的申包胥,自然该出场了。当时,他正跟随楚昭王出国避难,听闻了昔日老友伍子胥的所作所为,内心的痛楚简直无法言喻。他认为伍子胥灭国也就罢了,好歹也当过臣子,掘墓鞭尸是不是太过分了？

申包胥托人痛骂了伍子胥一番，伍子胥也很傲气，回话说："反正我也时日不多了，就是要这么倒行逆施。""倒行逆施"的成语典故，出处就在这里。

申包胥也没啥好说的，伍子胥实现了他的诺言，灭了楚国，现在该轮到自己去实现复国的诺言了。但此时楚王手下要兵没兵，要钱没钱，该怎么办呢？申包胥做了一个重大的决定：向之前联姻的秦国求援。

他赶到秦国，见到秦哀公，向他苦苦哀求。他说了些什么呢？估计读过本书的朋友闭着眼睛都能猜出那番游说的套话：先是一大堆吴国威胁论，指责他们贪得无厌，暴虐凶残；再提醒几句，伍子胥灭了我们楚国，很快便会轮到你们秦国，帮我们就是帮你们自己；最后，再放下姿态，求求情——帮个忙，我们一定世代感恩……

这套话不仅我们熟悉，秦哀公估计也没少听。他婉转地对申包胥说："好的好的，我晓得了，我们会好好分析分析，研究研究的。阁下请回去休息，等有了结果，我会通知你的。"

这样的答复显然是推脱之词，申包胥自己也知道游说失败了，可自己家的君王还在野外等着他的消息呢，连安身之地都不知在哪儿，吃喝拉撒全在外头！他越想越急，越想越忧愤，忍不住靠在墙角……"哇！"地大哭了起来。

而且这一哭，就再也停不下来了，一天一夜，两天两夜……一直哭了七天七夜，饭也不吃，水也不喝，日夜不绝声。一个大男人，哭到这种程度，也是绝无仅有，秦哀公终于被感动了，他感慨万千地说："你们楚王虽然昏庸无道，但有你这样的臣子，也还值得活下去。"

有这样一种说法，秦哀公特地为此赋诗了一首。这首诗非常著名，就是《诗经》中的《秦风·无衣》，全诗充满了慷慨激昂、同仇敌忾的精神。节选如下：

> 岂曰无衣？
> 与子同袍。
> 王于兴师，
> 修我戈矛，
> 与子同仇！

意思是，谁说没有战衣？与君同穿战袍。君王征师作战，修整我们的戈与矛，与君同仇敌忾。可见，秦哀公从来没有发现男人也能哭得那么感人。就这样，秦国出动军队打败了吴国，帮助楚国复国。

【技法正名】

一个男人，不是用话语，而是用哭这种方式求来了复国。这难道也是一种话术吗？没错，虽然不是靠语言，但这同样也是一种非常有用的口语传播技法，叫作善用副语言。

对于大多数读者而言，善用副语言这个技法的难点在于"副语言"三个字，"善用"顾名思义就是善于运用。下面，我来专门解释一下"副语言"的概念，虽然这是一个语言学的专有名词，但在日常生活中，我们说话时一直在使用它。

"副语言"在狭义层面上，可以解释为有声语言之外的其他有声现象。什么是有声语言之外的其他有声现象呢？比如，最普遍的笑声和哭声。这样说，大家是否容易理解了？

"副语言"在广义层面上，可以解释为有声语言之外的无声有形现象。这也非常多，比如，表情语、体态语、手势语、对话时双方的距离等。

伴随着广义和狭义层面的"副语言"，我顺便再解释一下口语传播。口语传播绝不是指简单的口头语言传播，它是包含了有声语言、有声语言之外的有声现象和各种无声有形现象的统一传播。也就是说，口语传播是一种全方位、无死角的立体式传播，展现的是传播者的综合素养。

再看申包胥，这种"副语言"的技能，正好在申包胥的言行上体现得淋漓尽致。他通过口头语言，甚至是下跪乞求的方式，都没有得到秦哀公的认同。结果却通过声音无比凄惨的放声大哭，凭借近乎疯癫的七天七夜的哭声，换来了秦哀公的出手相助。

【五星评跋】

让我们从现今的视角给上述史料中的对白做一个综合评定。

申包胥向秦王求救不成，最后靠哭换来了援兵，堪称情之所至，歪打正着，逻辑性上评定为6分。

求情虽然失败，但哭得感人肺腑，同样也达到了目的，策略性上评定为7分。

申包胥号啕大哭，即便一开始让人侧目，但能哭足七天七夜，不吃不喝，足以令人动容，表达力上评定为10分。

若非万不得已，无计可施，估计申包胥不至于大哭至此，应该也不会一开始就喝足了水，准备来那么一场，没准还在边哭边动着脑子思考接下来的行动，即兴度上评定为10分。

正是申包胥成功说动秦国救楚，才带来了后续一系列重大的影响。吴乱、楚兴，楚国经此一役，痛定思痛，在之后的日子里奋发图强，重新跻身一流强国之列，一度成为"战国七雄"之首，影响力上评定为10分。

因此，在满分为50分，每10分为一星的标准下，我们将申包胥哭秦的故事评定为43分，四星。

【沙盘推演】

在现实生活中，善用副语言对于包括中国人在内的东方人来说，更是需要认真地学习，精心地练习。据研究，相比西方人，东方人的表情、手势、体态等各种副语言显得不够丰富，较为单一，这一点相信大家都有同样的感受。

我在给硕士研究生上"谈话节目创作与实践"课程时，就非常认真地提到了这个问题。我说："因为大家非常清晰地认识到自己已经是研究生了，所以会把更多的注意力聚焦在文本创作的深度上，然后通过谈话的过程把文本通过口语传播出来。可是，你太欺负这张嘴了，你有没有想过，当你放弃大部分的副语言时，等于把压力全部放在了嘴上，并且还不那么吸引人。我们一定要学会用恰如其分的副语言来帮助自己的嘴，传播自己的意图。"

记得有一次，我的一个朋友跟我谈起他太太在人际交流时的特点，亲口对我说："我太太这个人嘴笨，无论她说什么，基本上都说不动我，也许我天生对说话有免疫力。但她也有绝招，只要她抽泣一两下，我的防线就崩塌了。"

我跟他开玩笑说："那你还算一个好男人，懂得怜香惜玉。"

但是，我还藏着一句潜台词没有说，我本想告诉他："你太太的嘴一点都不笨，她比你想象的聪明得多，因为抽泣也是语言的一部分。你还是输在了她的那张嘴上。"

第五章

能量转化：

常理只给常人用，出其不意方成功

章首语

在物理学中，我们都知道有一个定律叫作能量守恒。它认为在一个给定参考框架中的孤立系统，其总能量应该保持不变。能量既不能被创造出来，更不能被肆意地毁灭。能量有自己的归宿，这种归宿就是从一种形式转换成另外一种形式。

在口语传播中，人们往往运用着不同的传播手段进行着相应的传播，其目的就是更好地达成既定的传播效果。一切传播手段的择取必然通过不同的传播形式进行交互，如何有效地使用传播形式之间积极的能量转换，避免出现劳无所获的无效传播，一直以来都是传播者所探索的问题。

乐毅疾书·语音转文字

【钩玄提要】

作为传播中最经典的两种形式，文字和口语长久以来都和谐共存，两者利用各自的优势，相辅相成地为人类的语言传播做出了巨大的贡献。一方面，口头语言在人类历史上的出现远远早于书面语言；另一方面，书面语言的出现也解决了口头语言难以保存、稍纵即逝的传播问题。当然，随着科技的迅猛发展，口头语言的留存也不再是一件难事。

本节通过乐毅的故事，将为你讲述的说话技法与口语传播时形式的变化密切相关。本节的史料取材于《史记·乐毅列传》。

《三国志·诸葛亮传》中有这么一段话："玄卒，亮躬耕陇亩，好为《梁父吟》。身高八尺，每自比于管仲、乐毅，时人莫之许也。惟博陵崔州平、颍川徐庶元直与亮友善，谓为信然。"

翻译过来的意思就是诸葛亮的叔叔诸葛玄去世后，诸葛亮亲自种田，喜欢吟诵《梁父吟》这首诗。他身高八尺，经常自比管仲、乐毅，当时没有人承认他。只有博陵的崔州平和颍川的徐庶和他交情不错，非常认可他的才能。

《梁父吟》相传是诸葛亮所作的诗词；而管仲是宰相中的著名人物，乐毅是将军中的著名人物，诸葛亮自比管仲、乐毅之才，就是代表他自己有"出为将，入则相"的能力，可谓文武兼备！

本节故事的主人公，说的就是唐代便入选"武庙"的"十哲"之一，诸葛亮自比的将中帅才，燕国昌国君乐毅。

【史料新说】

乐毅，中山灵寿人，也就是今天的河北省石家庄市灵寿县人。在古代，这里曾是中山国，被魏国灭掉后，顽强复国，但是又被赵国灭了。所以我推测乐毅的出身应该是赵国人。

他从小喜欢军事，长大后有人推荐他去赵国做官，但是赵武灵王在沙丘之乱中被围困饿死，于是他就去了魏国。北边的燕国因为内乱被南边的齐国攻打得很惨，燕昭王很受伤，一直想报复齐国，无奈燕国地处偏远，贫穷弱小。于是，燕昭王屈尊纳贤，招募天下的名士辅佐自己。

乐毅正好作为魏昭王的使臣来到燕国，经不住燕昭王的死磨硬缠，便答应了燕昭王的招募，成为了燕国的"亚卿"，努力建设燕国，准备去攻打齐国。

可是当时的齐国很强大，不仅打败了楚国，还在西边战场上打败了魏国和赵国，之后又拖上韩国、赵国、魏国一起进攻秦国，国土扩张了一千多里。这让齐国的国君齐湣王很是得意，他越来越嚣张，连齐国的百姓都受不了他的暴政。

燕昭王听说了之后，就像一个馋鬼听见黑芝麻糊的叫卖声一般，再也坐不住了，急忙叫来乐毅商量攻打齐国的办法。

乐毅认为单凭燕国一己之力攻打齐国还是很吃力的，建议联合被齐国攻打过的楚国、韩国、赵国、魏国一起去报复齐国才有胜算。于是，燕昭王立刻与这四个国家结盟，动员了全国兵力，并拜乐毅为上将军。没过多久，乐毅指挥五国联军发兵攻齐。

在济水一战中，联军居然把齐国军队彻底打败了。此时联军中别国的士兵已各回各家，只有乐毅率领燕国的军队，穷追猛打齐军，毫不留情，很快攻破了齐国的都城临淄，缴获了齐王宫里的各种金银财宝。燕昭王亲自来到前线慰问将士，封乐毅为昌国君。

随后燕昭王带着金银财宝，对乐毅说了句"给我往死里打！"就回家了。乐毅严格遵守燕昭王的命令，率领大军征战五年，攻破七十多座齐国城池，把齐国大片国土都划进了燕国的版图，齐国被打得只剩莒城（今山东省莒县）、即墨（今山东省青岛市即墨区）没有被攻陷。

但是，燕昭王没有等到报仇雪恨的那天就死了，他的儿子燕惠王即位。这位燕惠王其实看乐毅非常不顺眼。齐国的田单趁这个机会，挑拨燕国的君臣关系，对燕惠王进谗言，说乐毅率领大军攻无不克，为什么就留下莒城和即墨不打？目的是打算留在这里自立为新的齐王。燕惠王果然中计，用将军骑劫替换乐毅为上将军，要求乐毅回都城述职。

乐毅可不是傻瓜，知道这次回去估计要出大事，便立刻逃去了自己的老家赵国。赵王开心地接纳了乐毅,并把观津地区册封给乐毅作为领地,封其为望诸君。赵王处处都很尊重乐毅,希望借此来威慑燕国和齐国。

燕国将军骑劫完全不是齐国大将田单的对手,在即墨城之战中,他被田单打得大败。这回剧情要大反转了!齐国开始追着燕国的军队穷追猛打,完全收复了失地。这段故事让我们深深地懂得了一个道理:在任何时代,什么最珍贵?人才!

这个时候的燕惠王非常后悔用骑劫替换了乐毅,导致丢了大片疆土不说,还损兵折将。但是相比起来,他更恨乐毅居然二话不说就投降了赵国,要是乐毅趁燕国空虚无力,带赵军攻打燕国,咋整?

如此,他便派了使臣去赵国,带了封信向乐毅道歉。说是道歉,其实是责备:"我的父亲把全国军队交给了你乐毅,将军英明神武揍得齐国没有脾气,将军的功劳我没有一天敢忘记。年幼无知的我,因为听信谗言,才派出骑劫去替换你,我是心疼将军多年征战,过于辛苦,想要召回将军休息休息。你怎么听信谣言,直接就投降赵国了呢?你如果觉得自己没问题,怎么不想想当初我父亲是多么器重你?"

乐毅收到这封信后,看了看送信的使臣,只是回了一封书信给燕惠王,里面这样写道:"我当初没本事,所以不能遵照你的命令,去顺从你身边的人,我怕我回了燕国以后遭遇不测,这样既损害了你父亲的英明,又显得你不道义,我这才逃到了赵国。你现在写信责怪我,我很担心你父亲当年的臣子们无法知道当初你父亲收留我、信任我的原因和道理,更不明白我忠诚于你父亲的原因,所以冒昧地只用一封回信来阐述一下。

"我听说圣明的君主,不会把高官厚禄赏赐给亲近的人,而是功劳大的才得赏赐,能力够的就能任用。知道要在考察能力后才授予官职的君主,才能够成就功业;知道衡量品德后才相互交往的贤士,才能够树立声望。我暗中观察过你父亲的胸怀,看到他有超出一般君王的气度,我当初以魏国使臣的身份来到燕国接受你父亲的考察。他非常认可我,把我列为宾客,不和亲戚近臣商讨,就把我列为亚卿,让我的地位在万人之上。那时候我年轻不懂事,以为听你父亲的话,好好做事就不会被人说三道四,所以完全没有推辞。

"他老人家深恨齐国,不顾燕国的弱小也要与齐国交战,我只能告诉他,想打齐国需要带上赵国、韩国、魏国、楚国做帮手才有可能成大事。你父亲同意了我的主张,立即给了我燕国的符印派我出使赵国。我也不辱使命,借助上天的指引,率领五国联军打败齐国。我带领精锐部队乘胜追击,攻下齐国都城,齐王只身逃跑，而你父亲获得了大笔的战利品并将其运回燕国。

"你看，齐国的祭祀器具就摆在燕国的宁台，大吕钟就摆在燕国的元英殿，被齐国抢走的燕国祭祀器具也都回了家，燕国蓟丘的土地上还种着齐国汶水地区出产的竹子。从春秋五霸以来，论功业，没有赶得上你父亲的！因为你父亲认为目标已经达成，所以才赏了我一块领地，让我做了小诸侯。

"贤能圣明的君王，建功立业以后不会膨胀，所以才能被写进史书；远见卓识的贤士，获得名气以后爱惜羽毛，所以才能被人称颂膜拜；你父亲一雪前耻，击败了军事实力强大的齐国，缴获了齐国八百年来积累的财富。等到他辞世的时候，还留下政令训示，要求臣子修正法令，慎重对待后辈兄弟，把德政推行到百姓身上，这些都能用来教育后人！

"打江山易，守江山难，开局顺不见得结局也顺。伍子胥的主张被吴王阖闾采纳，所以吴国能一直攻到楚国都城；吴王夫差不采纳伍子胥的建议，逼伍子胥自杀，尸骨被装入口袋随江漂流；吴王夫差不知道伍子胥的建议能让他建功立业，所以让他自杀而毫不后悔；伍子胥不知道吴王夫差的气量狭小、抱负不同，所以被迫自杀，死不瞑目；我保住自己的性命，建立功业，发扬传播你父亲的事迹，是我的追求；我自己被侮辱诽谤，死于非命，毁坏你父亲的名声，是我的失败；面临莫须有的罪名，苟延残喘地活下去，赚取个人的名望、财富，不是我这种有抱负的人会做的事情！

"君子绝交的时候，不会说别人的坏话；忠臣逃离故土，不喊自己冤屈；我虽然没啥本事，但是毕竟听过圣贤的说法，我怕你父亲过去的臣子听信亲近者的谗言，不在意疏远者的意见，所以写这封信把我的心意告诉你，希望你多多留意！"

燕惠王看到乐毅的回信，深有感触，于是册封乐毅的儿子乐间为昌国君。乐毅虽然身在赵国，但是常奔走于赵国和燕国之间，让两国重新交好，共同进退。

燕国、赵国也都任用乐毅为客卿，对他尊崇有加，乐毅鞠躬尽瘁，努力工作，直到最后在赵国离世。

【技法正名】

那么问题来了，乐毅说了这么长长的一大段，他用了什么技法吗？而且是写信，要想分析出说话技法，似乎有点难为人了！当然，凡事都有两面性，写信也有写信的妙处，这封书信恰好体现了一种精到的表达方式，叫作语音转文字。

黄歇阔论・形式造内容

【钩玄提要】

对待人际交流的态度往往决定了传播的效果，有些人对待人际交流就像应付差事，有些人对待人际交流又无比殷勤、谄媚。想要找到一种尺度适宜的人际交流方式，着实不是一件易事。更何况，在交流过程中你所能使用的口语传播手段还未必能如愿以偿。我们不得不接受很多时候被动使用某种表达方式，这就要求我们最大程度地发挥该形式的传播优势。

本节通过黄歇的故事，将为你讲述的说话技法与口语传播时形式对内容的影响密切相关。本节的史料取材于《史记・春申君列传》。

如果有人问你，能够代表中国经济发展的老牌窗口的是哪个城市？我想大多数人的回答是：上海！的确，上海作为中国历史上对外贸易、经济开放的重要城市，一直发挥着举足轻重的作用。不仅在过去，到今天仍然如此。

中国有一条母亲河，经上海流入大海，它的名字叫长江。

长江不同的流域都有各自的名字。从源头开始算起，前374公里叫作沱沱河；之后的815公里，到青海玉树叫作通天河；之后的2308公里，到四川宜宾叫作金沙江；之后的1030公里，到湖北宜昌叫作川江；之后的340公里，到湖南城陵矶叫作荆江；之后从江苏开始，直到东海叫作扬子江；而入海口的城市，就是上海。长江入海口处有一个大岛叫作崇明岛，崇明岛以南是长江最末端的一条支流，叫作黄浦江，也是上海的母亲河。

黄浦，就是用来纪念中国战国时期著名的"战国四公子"之一的春申君黄歇的，所以黄浦江还有另一个名字——春申江。当初春申君的封地在吴，也就是今天上海和江苏的大部分地区，而春申君受封吴地之后，治理了长江最后末端的一条支流，造福一方百姓，于是民众把这条支流叫作黄浦江或者春申江。现在你知道为什么上海的别称是"申"了吧。

【史料新说】

　　黄歇，年轻时曾四处游学，拜访名师，知识非常渊博。后来他效命于楚顷襄王。楚顷襄王认为黄歇十分有口才，于是派遣他出使秦国。

　　当时的秦国国君秦昭王派遣大将白起击败了韩国、魏国的联军，迫使韩、魏臣服秦国，秦昭王准备让韩国、魏国当炮灰打头阵，来进攻楚国。秦昭王还没有发兵，黄歇就作为楚国的使臣来到了秦国。

　　黄歇刚到秦国，就得知了秦国的这个计划。说来也真够悲剧的，这个时间点被派遣来的使者，说不定会被宰了祭旗啊！这个时候的秦国已经通过战争夺取了楚国的大片领地。当初楚怀王被秦国花言巧语骗去"外交访问"，结果被软禁在了秦国，到死都没有回到故乡。这个楚怀王就是楚顷襄王的亲爹。实际上，秦国根本就没有把当时的楚国当作一个合格的对手。秦昭王对黄歇更是避而不见。

　　黄歇横下一条心，见不到秦王的面就写信上书，准备以一己之力，说服秦王罢兵！

　　黄歇在信中写道："秦王，你好。请问，这天下的诸侯国当中，有比秦国、楚国还要强大的吗？我听说秦王你要进攻楚国，这真是两虎相斗的精彩大戏啊！两虎相斗必有一伤，这还不是最惨的，最惨的是老虎打架，旁边的野狗捞好处、占便宜！与其让别的野狗们获益，不如秦国、楚国这两只老虎不打架，不是更好吗？

　　"我听说有个著名的成语叫作物极必反，即事物发展到了顶点，就开始进入衰朽的状态。如同冬季和夏季的关系一样，一旦积累到顶点，会发生反转。如同你把棋子堆叠起来，堆得越高就越容易倒掉。

　　"秦国现在拥有的土地，西边、北边的大片领土都归了大王你，这是从我华夏文明诞生以来，天子都不曾拥有过的巨大领土。从你祖父开始，三代人都在努力让秦国的边境与齐国接壤，一直到大王你这代，派遣自己的将领去韩国驻军，不费一兵一卒就扩张了上百里领地。发兵揍得魏国连都城都被围住了，如同大风吹散白云一样，魏国部队四散溃逃，这功劳超出你爹和你爷爷足够多了。

　　"秦王你发扬劳逸结合的精神，歇了两年再次发兵，终于逼迫魏国求和。这操作还切断了我们楚国和赵国的联系，天下其他的六国诸侯根本无法相互救援，秦王你的威名已足够流传千古啦！

"既然已经到了这个阶段，大王你总要有点与之相对应的战略格局吧？保持好你的威名和功绩，全盘掌控局面，收起征伐之心，赶紧广施仁德，杜绝以后横生祸端的可能，你的事业堪比三皇五霸，可流芳百世！

"不过，你要是固执地打算倚仗士兵多、军备强，趁着收服魏国的势头，继续穷兵黩武，用武力征伐天下，我就要担心一下你接下来的麻烦了。

"《诗经》上说，很多人办事的开头不错，但是很少有人会有好的结局；《易经》上说，狐狸过河，虽然很小心，但是最后还是弄湿了尾巴。这都是在说明晚节不保是个很大的问题——万事开头容易，完美收官很难。

"我来给你说几件真人真事：春秋晋国的智瑶看到攻伐赵襄子的好处，但是没想到在榆次遭到背叛而身死；吴王夫差看到攻打齐国的好处，但是没有想到被越王勾践击败的结果。如果你还打算听，我能说到明天也说不完，这样的两个国家都建立过巨大的功绩，可惜就是君王的格局太小，他们只能看到眼前的一点点蝇头小利，这些小利换来的却是身死国灭的结局。

"吴王夫差相信了越国的恭维、怂恿，决心去攻打齐国，打赢了齐国却在回家的路上被越王勾践擒获；智瑶相信身边的韩、魏两家，于是联合韩、魏两家去进攻赵家的晋阳城，在即将胜利的最后关头，韩、魏两家临阵倒戈，杀死了智瑶。

"秦王，我实在是有点担心，你心心念念盼着打败我们楚国，而忘记了如果楚国败了，韩国、魏国就会失去楚国的制衡，逐渐强大起来。那时候倒霉的可是秦王你啊，我私下认为，灭楚是傻子才会去干的事情。

"《诗经》中有句话是这么说的：大军不会远离自己的大本营，长途跋涉去打仗。用简单的四个字来说明，叫作'远交近攻'。这么来看，秦国的上策应该是结交楚国做帮手，然后猛揍旁边的韩国、魏国才对吧？

"如今秦王你打算伙同韩国、魏国来打楚国，是打算成为下一个智瑶吗？

"如今秦王你打算听信韩国、魏国的恭维话，是打算成为下一个夫差吗？

"我只知道对敌人不能宽容，有机会不能放过。我认为韩国、魏国如今臣服秦国，低声下气，根本就是欺骗秦国的缓兵之计。你和韩国、魏国有三代以上的交情吗？我看只有三代以上的仇怨吧？韩国、魏国的父子、兄弟死在你秦国手上的，都快有十代人了！他们的土地被侵占，国家变衰弱，宗庙被焚毁；将士腹部被切开，肠子被砍断，首级被切落，面容被损毁，尸体被弃置；荒野中、沼泽中随处可见头颅残骸，尸横遍野；人民被绳索捆绑，老弱沦为奴隶、俘虏，成群结队地被买卖；百姓无法耕种生存，背井离乡，骨肉分离，流亡沦落。你将怀着这种血海深仇的韩国、魏国留着身边，是打算借助他们攻打另一只老虎吗？大王，高处不胜寒，你是不是有点缺氧呢？

"我倒是想问问：大王你打算怎么出兵进攻楚国？别告诉我你打算从韩国、魏国的领土上借道。这么干，我觉得军队出发之日，就是大王你该担心他们能不能回来之时。这是把大军送给韩国、魏国扩充实力吗？简直太搞笑了！你怎么知道韩国、魏国不会趁秦国本土空虚，突然进攻秦国的领地呢？

"如果不从两国领地借道，那么你能直接进攻楚国的位置，只有随水附近的地区。那地方河水汹涌，都是高山森林、深沟峡谷，连块能耕种的地都没有，这地方占领了有什么用？不仅劳民伤财，白费兵力，还没有什么实实在在的好处。

"大王你从发兵进攻我楚国开始，就要小心韩国、赵国、魏国、齐国时刻准备进攻秦国的局面，秦国、楚国一旦开始交战，打算来你秦国占便宜的诸侯还会少吗？魏国会来攻击秦国，夺走原先属于宋国的土地；齐国会来偷袭楚国，抢走我们楚国的泗水地区，齐国就会变得更加强大；不仅如此，韩国、魏国也能偷鸡摸狗地拿到好处，逐渐强大到能够同秦国抗衡，而此时的齐国想必已经成了南边有泗水、北边有黄河、东边有大海的强大国家了。

"那时候，秦国想要称霸天下就很难了，因为这帮人全都具备了阻挡你称霸天下的实力。秦国现在确实人员众多，军备强大，但是非要发兵和我们楚国开战，只会导致魏国、齐国逐渐强大。如果到时候他们最终称帝了，大王啊，那现在就是你晚节不保的开始。

"与其如此，不如和楚国友好相处，联合起来，不让别国轻举妄动。这个时候只要秦国利用东山的险要地势、黄河环绕的有利条件，逼死韩国简直易如反掌。

"只要有十万常驻兵力屯扎在新郑，魏国就只能自保不敢出击，上蔡、台陵和魏国的联系就会被彻底断绝，迫使魏国臣服也是指日可待。

"秦国获取中原韩国、魏国的领土后，齐国西部地区根本保不住，大王只管手到擒来。那时，秦国领土横贯东西两海，牵制天下诸侯，燕国、赵国也无法依靠齐国、楚国，楚国、齐国也无法与燕国、赵国互为依存。

"在这种局面下，秦国用足以歼灭对手的实力震慑燕国、赵国，同时也能动摇齐国、楚国。这样的话，秦国不用急攻这四个国家，徐徐图之，即可定天下！"

秦昭王被这洋洋洒洒的内容弄得完全失去了理智，说了句："有道理！"就差把黄歇招入麾下了。于是，秦昭王阻止了白起的出征，谢绝了韩国、魏国的建议，同时委派使臣给楚国进献厚礼，与楚国达成了邦交！

【技法正名】

在春申君水漫金山、铺天盖地、饱含攻击式的阐述中，有一个实用的技法，叫作形式造内容。

对于语言而言，表达的形式并非只有一种。它可以粗略地分为文字形式和口语形式。你要是分得再详细一点，形式就更多了。它还包括书信、邮件、消息、语音、电话、面对面沟通等形式，这些不同的形式会给传播内容带来完全不同的效果。

你可以回想一下，当某国通过选举产生了新的领导人后，其他国家会通过贺电的形式向对方表示祝贺。碰到一些突发情况，两国领导人会通过电话的形式进行沟通。隔了一段时间，遇到正确的时机，为了解决重大的问题，两国领导人更会通过会晤的形式进行面对面的交流。

为什么要用这么多的交流手段呢？因为不一样的表达形式，效果也不一样。

表达的内容也得根据形式的不同有所改变，这就是形式造内容这个技法的重点，也是形式对于内容反作用的体现。

大家应该还记得上一节乐毅的故事中写过的语音转文字的技法，它和这一节的技法有什么区别呢？语音转文字这一节中，乐毅有选择权，他可以选择写信或者去当面对话；而本节故事中的黄歇没得挑——对方君主没有召见他，他只能选择上书，也就是写信这种方式。

在只能写信的前提下，黄歇就需要考虑这种表达形式有什么独特的处理技法了，他必须扬长避短，把信件的优势发挥到极致，尽量回避文字表达的问题。而写信最大的好处在于可以写得长一点、书面化一点、逻辑缜密一点，因为对方可以慢慢读、反复读。

再看黄歇，他和乐毅不一样，乐毅主动选择了写信，只需要发挥信件的长处就好了；可黄歇是无可奈何，他只能写信，同时还要注意写信的短板。最明显的一点就是你不知道对方要听什么，也不可能在现场根据对方的反应即兴地调整自己的内容，所以必须尽善尽美。看看黄歇写的这封长信，层层推进、完整无比，他能想到的都说了。不知道他会不会想到后人读起来是什么滋味？

【五星评跋】

让我们从现今的视角给上述史料中的对白做一个综合评定。

为了保护楚国不受战火蹂躏，春申君不得不旁敲侧击，用鹬蚌相争、渔翁得利的道理说服秦昭王放弃攻楚，逻辑性上评定为8分。

面对军事实力突出的秦国，春申君成功地贩卖了"晚节不保"的焦虑，引导秦昭王的思路转向保住现有利益和威名的思维方式，策略性上评定为9分。

黄歇的这封信洋洋洒洒、引经据典、因势利导，人物实例、哲学思想、战略分析、正反对比、格局视野、模拟演练，所有能用的素材全都用上了，毫无保留地对秦昭王进行了全方位的信息轰炸，表达力上评定为9分。

虽然是用写信的方式，理论上可以慢慢推敲，但是刚到"大使馆"，屁股还没坐热，就得知要开战，匆忙之中完成这封上书，即兴度上评定为7分。

从当时的局势观察，秦国似乎已经到了足以统治天下的关键时刻，也许没有春申君，中国第一个皇帝就是秦昭王了。他用三寸不烂之舌，让秦国的统一大业推迟了五十年，影响力上评定为8分。

因此，在满分为50分，每10分为一星的标准下，我们将春申君长篇大论的故事评定为41分，四星。

【沙盘推演】

在现实生活中，写信似乎已经变成了一种土得掉渣的传播形式。你可别小看它，有的时候土也有另外一种意思，就是经典。我们一定要善于在写和说之间自如切换。

但请千万记住，既然是形式造内容，那么在两种形式一起用的情况下，你可不能在写和说的内容上都表达得一模一样，那就多余了，两者必须根据各自的特点有所区别。

下面这个例子可以使你更感性地认识到，当形式反作用于内容后，内容该如何被区别对待。

有一次，我收到了学生"艺术语言表达"课程汇报的观摩邀请。最初收到这个邀请是下课后班长对我的口述："林老师，下周三我们汇报，晚上七点，邀请您来观摩指导。"听完他的话，我并没有一口答应。

晚上我就收到了来自他们班制作的微信电子版邀请函，邀请函里有全班同学的合影，还有精美的动画制作和部分演出的剧照，这让我觉得挺有意思。

第二天上午，我看到办公桌上工工整整地放着一张纸质版的邀请函，打开一看，里面写着几行娟秀的字，还有全班25位同学的签名。最耀眼的是最后那句话："林老师，入学时您告诉我们，语言是生活的大作业，今天我们来向您回课了。希望您能出席我们的汇报演出，大家期待着！"

看到这张邀请函，换作是你，如果没有天大的事，你会拒绝他们的邀请吗？

鲍叔牙结交·贬己欲抬人

【钩玄提要】

　　面对朋友，人最怕的不是朋友出卖了你，而是朋友好心办了坏事。前者，你受了伤，却可以与他断绝往来，甚至朝他发泄一通；后者，你受了委屈却无从宣泄。在口语传播中，想要夸奖一个人也需要使用正确的方式，尤其是在拿自己作为比较对象的时候，更要时刻注意自己的措辞。火候过了，会让人觉得你的动机不良；火候不到，会让人觉得你的能力不足。

　　本节通过鲍叔牙的故事，将为你讲述的说话技法与口语传播时褒贬的方法密切相关。本节的史料取材于《左传·庄公九年》《史记·管晏列传》《管子》。

　　有首歌是这么唱的："不是我不明白，这世界变化快。"在我写本节故事时，电影《哪吒之魔童降世》就快突破40亿元的票房了，成了中国电影史上的一个奇迹。我在文章里讲述历史，现实也在替我们见证历史。

　　对于这部影片，我也有了新的观后感。这一次我来谈谈这部电影里最颠覆我们认识的人物关系设计：哪吒和敖丙的关系。两个人从抽筋剥皮的仇杀关系，居然变成了好朋友。乍听起来有些胡扯，但是在电影里你很难不被二人那种纯粹的友情所打动。哪吒从来没有朋友，敖丙也是个孤独的人，两个孤独的人成为朋友很合理，这份仅有的友情值得他们彼此用生命来守护。

　　从成年人的角度来看，我们身边似乎很难有这么纯粹的友情。这不禁让人想到，如果两个人的情感不是如此纯粹而不沾染烟火，如果两个人之间有利益牵连或者利益纠纷，甚至于两个人分属对立的阵营，那么他们还会产生特别珍贵的友情吗？

　　在浩瀚的中国历史典籍中，还真有这么一个故事，那就是著名的管鲍之交——管仲和鲍叔牙的友情故事。更有趣的是，当我在整理《历史教你说话》的书稿时，喜马拉雅同名音频节目的后台有许多听众接二连三地给我留言，感谢我押对了2020年高考的作文题。待我查证后才发现，2020年高考全国Ⅰ卷的作文题正是关于齐桓公、管仲和鲍叔牙的故事。就让我们带着这份幸运，一睹为快。

【史料新说】

　　鲍叔牙，跟我们讲过的许多主人公一样，生在官宦之家，他的父亲是春秋时代齐国的大夫鲍敬叔。鲍叔牙家庭非常殷实，可以说他没过过什么苦日子。从古籍记载来看，这个人比较佛系，不争不抢，这也是后来他在面对一国之相的位置时，还能将其谦让出去的原因。

　　再来说他的好朋友管仲。管仲的家世往上数其实也算显赫，其祖先是周穆王的后代，也算是和周王室同宗，父亲管庄做过齐国的大夫。管仲跟鲍叔牙一样是个官二代，两个人或许是因为这样的出身从小就认识，成为了朋友。但不同的是，管仲到了青年的时候，他的家道中落，所以他不能像鲍叔牙一样靠着家世舒舒服服地过日子，管仲在发迹之前曾为生存挣扎了许久。

　　首先，他曾经伙同鲍叔牙一起做生意，这为他以后成为另类的商业鼻祖打下了基础，这是后话，有机会我们再详叙。两个人搭伙做生意，管仲家里穷，出的本钱少，但是分红的时候往往会多拿。鲍叔牙的手下一看这还得了，太欺负人了，就去跟鲍叔牙告状。鲍叔牙还替他辩解，说不是管仲贪，是自己主动让利。

　　管仲主意多，但是毕竟初出茅庐，有很多次出了馊主意，坑了鲍叔牙，但鲍叔牙并不介意，甚至还开导管仲。管仲生意做不成便去参军，但他带兵打仗时留下了黑历史。在冲锋的时候，他跑得最慢，躲在后边，退却时他倒是一马当先，跑得比谁都快，手下的兵将都看不起这个怕死鬼。这时鲍叔牙又去帮他解释，说管仲是为了照顾家中老母，不是贪生怕死。

　　鲍叔牙因为跟管仲交往比较深，知道他有大才，所以一次又一次地帮他善后，擦了这么多次屁股，石头都要被感动了，何况管仲。他也感叹："生我者父母，知我者鲍叔牙！"两个人慢慢结成了生死之交。

　　鲍叔牙本来不愿出仕，但是在管仲的劝说下，不得不出山，开始了自己的从政生涯。不知道是商量好的，还是人各有志，当时齐国的政坛比较混乱，国王齐僖公驾崩以后，留下三个儿子，太子诸儿即位成了齐襄公，鲍叔牙选择辅佐公子小白，管仲选择扶持公子纠。齐襄公这人简直作死，在位时各种惹是生非，最过分的就是私通自己的妹妹——鲁桓公的夫人文姜，两人还弄死了鲁桓公。管、鲍二位一看这齐国现在是多事之秋啊，就各自带着自己的公子出逃避难。

齐襄公果然善于作死，很快就被手下的臣子杀了。齐国无君，两个避难在外的公子都有了登基的机会。于是，两个人都快马加鞭地往回赶，开始了争分夺秒的王位争夺战。

管仲侍奉的公子纠是从鲁国往回赶，鲁国当时比较强大，鲁庄公甚至还带着兵跟他们一起行军。管仲带着兵马事先赶到了鲍叔牙侍奉的公子小白回齐国的必经之路上。他来不及跟老友鲍叔牙叙旧，现在既然是各为其主，也就对不起兄弟了。管仲跟小白一番口蜜腹剑以后，心一横，抄起弓对着公子小白就射了一箭，只听公子小白惨叫一声，口吐鲜血倒地而亡。管仲大喜，骑马飞奔至公子纠的阵营向鲁庄公和公子纠报了喜讯。众人欢声笑语，这下也不用赶路了，竞争对手都死了，一群人就放慢了脚步，优哉游哉地往齐国而去。

人算不如天算，管仲毕竟是个文人，弓箭技术不佳，那一箭并没有射中小白的要害，而是射在了他的衣带钩上。小白将计就计，怕管仲继续补刀，便咬破舌头吐血装死。直到管仲快马而去，离他越来越远后他才缓缓起身。

鲍叔牙一看这个情况，脑子也转得快，赶忙说："我们马上出发，加速前进，一来防止管仲再次返回，二来也可以赶在公子纠之前回到齐国。"结果公子小白的队伍果然比鲁庄公和公子纠早了很多天到达齐国。

本来公子纠靠上了鲁国这棵大树，在齐国臣子的眼中他继位的顺位是高于小白的，可小白提前回到了齐国，这时就有人表示："如果立公子小白为国君，公子纠回来了怎么办呢？"

鲍叔牙说："齐国连连遭遇内乱，那就得有个像公子小白这样贤明的人来当国君，齐国才能安定。现在公子小白能比公子纠先回来，这不正是天意吗？你们再想一想，鲁庄公护送公子纠回来，要是公子纠当了国君，鲁庄公肯定要勒索我们，齐国本来就够惨的了，那样一来，怎么受得了呢？"

鲍叔牙的一番话说服了众位大臣，小白得以即位成齐国国君，他便是历史上赫赫有名的"春秋五霸"的第一霸齐桓公。

鲁庄公和公子纠半旅游半赶路地来到齐国，发现这桃子早让小白摘了吃了，那如何得了，他们立刻就地发兵攻打小白的齐军。这时候，齐桓公也是新君上任三把火，欣然迎战，两军对垒混战了一番，可能是占据主场之利，也可能是新兵更勇,齐军居然把鲁军打了个大败,鲁庄公被打得弃车而逃。鲁军回国以后,发现齐军趁势追击都打到家门口了,齐国要求鲁国杀死公子纠,交出管仲。鲁庄公心想为了一个公子纠冒着亡国的风险也不值,就顺着齐国的要求杀了公子纠,正准备交出管仲的时候,他手下的谋士表示:"管仲这个人有大才,不能白白交还给齐国,最好也杀了交个尸体回去。"

要不说鲍叔牙是管仲的贵人呢,鲁国的这点心思也在他的计算之中,他早就有了对策。他派到鲁国接管仲的手下照着他的话说道:"我们的国君对这个想射死他的人恨得咬牙切齿,一定要亲手杀死他。你们要是杀了他,我们国君一怒之下可能就不退兵了。"

鲁庄公只能乖乖地把公子纠的人头和活生生的管仲交还给齐国。鲍叔牙一早就在两国边境等着管仲,一见到朋友赶紧帮他卸下囚具,两个人一起回到了齐国国都。鲍叔牙把管仲安排在自己家住下,回头就去找齐桓公推荐起了管仲。

见到齐桓公,鲍叔牙先贺喜说:"管仲天下奇才,齐国得到他,岂不可贺。"

齐桓公咬牙切齿道:"这个人差点一箭把我射死,我恨不得吃了他的肉,睡在他的人皮上,我怎么可能用他!"

鲍叔牙劝说道:"管仲当时是忠于公子纠,做臣子的最难得的就是忠于其主。如果你重用了管仲,以他的加倍忠心和才能,他可以替你射得天下,岂是射得你的衣带钩可比的呢?"

毕竟是鲍叔牙一手把自己扶持上位的,齐桓公对他还是相当信赖,点点头说:"好吧,我暂且听你的话,先不杀他。"

齐国打了胜仗,局势也稳定了,齐桓公就打算拜叔牙为相。鲍叔牙却诚恳地辞谢说:"大王如果只想管理好齐国,有高傒和我就够了。如果想建立称霸天下的举世功业,那非用管仲不可!"

齐桓公问:"为什么一定要用他做宰相呢?"

鲍叔牙说:"拿我与管仲相比,我有五点不如他:宽厚仁慈,能安抚百姓,我不如他;治理国家,能抓住根本,我不如他;忠信可结于诸侯,我不如他;能给国家制定规范和礼仪,我不如他;能站在军门前指挥练武,使将士勇气倍增,我更不如他。管仲有了这五个强项,要是他当宰相的话,一定可以使齐国很快强盛起来。"

齐桓公说:"那我得先试探一下他的学问再说。"

叔牙摇摇头,说:"管仲并非常人,你必须以非常隆重的礼节相待才行,天下的人要是知道大王你尊贤礼士，不计私怨，那么将会有更多的人来齐国效忠尽智。"

齐桓公恍然大悟，立刻命人择定吉日良辰，用"郊迎"的大礼亲自迎接管仲，并和他乘坐同一辆车进城。齐桓公与管仲一连谈论了三天三夜，句句投机，才发现管仲果然如鲍叔牙所说具有大才，当即拜管仲为相国，并且尊称他为"仲父"。

【技法正名】

至于管仲拜相以后的故事，大家有兴趣的话可以查询一下史料，现在先来看看具有大爱精神的鲍叔牙，在推荐管仲时运用的说话技法，它叫作贬己欲抬人。

这个技法的意思不难理解，就是通过贬低自己来达到想要抬高别人的目的。

但仔细想想就非常有意思了。抬高别人不算什么，可抬高别人的方法有很多，哪怕假惺惺地说一些天花乱坠的优点也行，为什么要贬低自己呢？而且贬低了自己，不是损失很大吗？这些一般人想不明白的疑问，它的答案才是口才的显现。口才不是嘴皮子上的功夫，而是智商、情商等各种商值的集中体现。

你听说过金庸先生写到的一种拳法，叫七伤拳吗？

七伤拳的威力很大，可麻烦的是这种拳法对自己也会造成极大伤害，伤人也伤己。七伤拳不是不能练，只是练七伤拳有一个先决条件，那就是自己的内功境界一定要非常高，这样才能在出拳时不伤到自己。

我们来看这个说话技法。抬高别人的方法有很多，但哪种方法可信度最高呢？毫无疑问，我都不顾自己的利益了，都用贬低自己的方法来赞美他人了，还有什么不能相信的呢！更重要的是，你自己要有高度，如果你自己就不怎么样，他比你好，也好不到哪里去；如果你自己不够强大，抬高别人的目的即使达到了，也有可能被"七伤拳"伤了自己。

再看鲍叔牙，鲍叔牙在齐桓公心中的地位不是一般人能比的，比他还厉害的人，当然更厉害了。而且从鲍叔牙的地位来看，虽然他抬高了管仲，看似贬低了自己，但反而更能让齐桓公发现他的气量和涵养。

【五星评跋】

让我们从现今的视角给上述史料中的对白做一个综合评定。

齐桓公让鲍叔牙当宰相，已经肯定了他的才干，但鲍叔牙用自己有五点不如管仲来证明管仲更强，完全合乎道理，逻辑性上评定为10分。

建功立业是每个君王绕不过的坎儿，一开始就说明了管仲是齐桓公建立霸业的必须人选，直击内心，策略性上评定为9分。

这段对话有抑有扬，层层推进，一点一点推出管仲，表达完整有力，表达力上评定为9分。

可以想象鲍叔牙已经想好了各种策略来向齐桓公推荐管仲，所以他在说这番话之前肯定做了深度的准备，即兴度上评定为3分。

管仲在很多人眼中是千古一相，他的成功上位促使齐国成为了春秋历史上第一个可以称之为霸主的国家，"春秋五霸"的传奇故事从此开始，这一切的源头都要归功于鲍叔牙，影响力上评定为10分。

因此，在满分为50分，每10分为一星的标准下，我们将鲍叔牙荐友的故事评定为41分，四星。

【沙盘推演】

在现实生活中，贬己欲抬人的说话技法很有效。但我也得多说一句，使用这个技法的人需要确保你是真诚的，不然酸溜溜地抬高别人，那就事与愿违了。听你说话的人也会从你的语气中听出，你到底是在抬高别人，还是在讽刺别人。

让我记忆很深刻的一次经历发生在高三，二十多年过去了，我还记得那么清楚，你就知道这个技法的魅力了。在这一次经历前，老师在我心目中的形象是绝对的权威，老师说的就是准确答案，我们这些做学生的只能乖乖地记笔记。而在高三那年的一次数学课上，数学老师在讲解一道临时拿来的数学题时，自称没有找到很好的解题方法，让大家课后再想想。我当时非常喜欢数学，晚自习时用了半小时解出了这道题。当我拿着题目来到数学老师办公室时，她告诉我，我的答案是对的，因为她也得出了答案。

可让我没有想到的事情发生了，晚自习结束前，数学老师走进了教室，对大家说："各位同学，我来给大家讲一下这道题的解题思路，至少有两种。先讲我的，再讲林毅同学的解题思路，两种思路都可以得出答案，但林毅的方法比我简单了两步，更节省时间。大家一定要向他学习这种解题的逻辑，包括我在内。"

那堂课之后，我更加尊重这位数学老师了，而且我也明白了一个道理：真正的权威不是用贬低别人来抬高自己，只有内心强大，你才会真正无所畏惧。

田穰苴治军·按部不就班

【钩玄提要】

我们从小被教育要辩证地看问题，因为事物必定存在两面性。随着我们一天天长大，渐渐发现事物可能存在多元化发展的趋势。有些人说话喜欢认死理，拿规则当尚方宝剑，一成不变；有些人说话喜欢信马由缰，只顾自己的性情，完全忽视规则。我们经常听见一句话，叫"人是活的，规则是死的"，它不是告诉我们可以无视规则，尽情放纵，而是在谨慎地提醒我们：规则必须遵循，但也不能忽视人在遵循规则的过程中的主观能动性。

本节通过田穰苴的故事，将为你讲述的说话技法与口语传播时方式方法的协调密切相关。本节的史料取材于《史记·司马穰苴列传》。

提到"中国武圣"的样貌，大多数人都会心一笑，心想这哪能难得住我，随口就能勾勒出他的样貌：身高九尺五寸、虎背熊腰、面如重枣、卧蚕眉、丹凤眼、高鼻梁、四方口、胸前五绺长髯飘洒、胯下赤兔胭脂兽、手中青龙偃月刀……

关羽被尊为"武圣"，唤作"关圣帝君"。很多人对《三国演义》中关羽的样貌的印象已根深蒂固，不仅如此，我们很多人家里还供着关帝爷。

实际上，中国的第一位"武圣"，他的名字叫作姜尚，也就是古典名著《封神演义》里的姜太公。唐肃宗奉姜太公为"武成王""武圣"，改太公尚父庙为武成王庙。庙里十大名将列于其中陪侍，都有哪些呢？秦武安君白起、汉淮阴侯韩信、蜀汉大丞相诸葛亮、大唐卫国公李靖、大唐英国公李勣、汉太子少傅张良、吴大将军孙武、魏西河守吴起、燕昌国君乐毅，还有一位，就是本节的主人公——齐国大司马田穰苴。

【史料新说】

田氏的祖宗叫作田完，他是陈国君主陈厉公的儿子，自然也是王族，但是因为受到宫斗的牵连而逃去了齐国，田穰苴就是他的旁支后裔子孙。

众所周知，齐国是姜太公的封地，国君是姜子牙的后裔。田完这一家子就在齐国做了官。齐景公时期，晋国和燕国都发兵进攻齐国，齐国军队简直不堪一击。齐景公非常忧虑，齐国大臣晏婴便推荐了这个田家小妾生的孩子田穰苴。

晏婴对齐景公说："穰苴虽然是小妾生的孩子，但是他的文笔才华真的是棒棒的！很多人都很信服他。他的军事才华也是棒棒的！敌人都害怕他。要不咱们试试看？"

于是，齐景公召见了田穰苴，不聊不要紧，一聊天发现他果然是个厉害角色。齐景公立即决定任命田穰苴为大将军，命他率兵抵御晋国和燕国。

田穰苴却说："不，我的地位很低，您一下子把我从百姓之中提拔上来，身份突然高于很多大臣，士兵们是不会服从我的，百姓们也不会信任我。人的资历太浅就无法树立威信，希望您能派一位深受您宠幸、大家都尊重的大臣来做监军。这么一来，我也好办事！"

齐景公表示，这是小事一桩。随后，齐景公派了庄贾做田穰苴的监军。

田穰苴领受了将军令符，准备出征。告别了齐景公，他对庄贾说道："明天正午时分，咱们在营门集合，一同出征。"

第二天，田穰苴早早地赶到营门，布置好用来计时的木表、漏壶，等候庄贾前来。庄贾这个人骄横惯了，觉得出征的是本国军队，自己又是监军，地位足够高，足够能摆谱，于是和前来饯行的亲朋好友喝酒喝到了中午。田穰苴左也等不来，右也等不来，就推倒木表、摔破漏壶，进入营地巡视、整备，宣布了自己的军令和要求。直到傍晚，喝高了的庄贾终于到了营门。

田穰苴说道："约定的时间过了这么久才来，你想怎么样？"

庄贾解释说："朋友、亲戚前来送行，多饮了几杯，耽搁了！"

田穰苴正色回答："身为治军之将，从接受军令的时候开始，就应该忘记自己的家庭；从宣布军法之后，就应该忘记私交；擂鼓前进冲锋之时，就应该忘记生死。如今敌人大军压境，国内骚乱，士兵在前线战场无所隐蔽，国君在都城宫中寝食难安，全国百姓的安危都维系在你身上，你居然去喝酒？执法官，你说,在军中按约定的时间不到者,该怎么处罚?"

执法官回答:"斩首!"

庄贾这个时候感到了恐惧,立刻派亲信去报告齐景公来救自己。然而,远水救不了近火,亲信还没来得及赶回来,庄贾就被军法处置了。田穰苴将庄贾的首级示众,三军皆惊恐无比。

过了很久,齐景公派出的使者带着他的赦免令赶到了军营。马车飞奔直入,使者向田穰苴宣读了命令。田穰苴冷冷地回答:"将在外,君命有所不受!"

随后再次喊来协法官问道:"乘车在军营中驰骋,按照军法应当如何?"

执法官愣了一下,回答:"应当斩首!"

使者吓得魂飞魄散,田穰苴环顾四周,说道:"国君的使臣不能斩杀!"

使者终于松了一口气。使者的车夫在一旁鼓起了掌,心想主子今天的运气真好,人品大爆发,要去庆祝一下。

田穰苴马上补充道:"但使者的车夫要被斩首,以儆效尤!"

于是,他斩了使者的车夫,砍断马车左侧的部件,斩杀了左边驾车的马示众。随后他让使者驾驶残破的马车回报齐景公,自己则领军拔营出征。

在出征过程中,安营扎寨,挖井取水,埋锅造饭,为伤风感冒的士兵派送药品等大小事务,田穰苴事必躬亲,还把"将军特供"补给拿出来分给军队中的普通士兵,自己与士兵吃相同的食物。

他检查完士兵的身体状况后,把体弱、染病的士兵抽调出来让他们休息,接着重整军队的编制准备开战,但病弱的士兵纷纷要求不要特殊待遇,希望与田穰苴一同出征。

晋国听说田穰苴带来了一批虎狼之师,偷偷撤回了军队;燕国听说田穰苴带了一群不要命的敢死队,就打算向北撤退。但是因为需要渡过黄河才能撤离,所以他们被田穰苴抓住机会猛揍了一顿。田穰苴把齐国失去的领土都抢回来了,随后领军班师。

齐国大军解除战备状态,驻扎在都城之外。齐景公率领大臣们亲自到城外迎接归来的勇士,他按照规定的礼节慰劳大军后才回到宫殿。齐景公在宫内接见了田穰苴,对其十分推崇和敬重,并任命他为齐国的大司马。从此,这个从陈国来齐国避难的田氏日渐显贵并壮大起来。

但好景不长,田穰苴的权势引起了齐国的一群旧贵族的妒忌,他们经常在齐景公面前诬陷中伤他。齐景公居然真的将田穰苴贬职了,郁闷的田穰苴最终忧愤而死。

【技法正名】

史料故事就讲到这里，田穰苴的表达给我们展示的说话技法非常有意思，叫作按部不就班。

本节故事又来了一个反技法的技法。我们经常听到的成语是"按部就班"，我来一个字一个字地解释一下。按，是按照；部，是门类；就，是就着；班，是次序。四个字合在一起来解释，就是按照门类，就着次序。

那么，"按部不就班"是什么意思呢？这个反技法的使用不能硬着头皮解释。它想要表达的意思是，做事、说话有些时候需要严格遵守规矩，有些时候可以随机应变。这种解释方法类似于翻译中的意译。

难道按部和不就班两者之间不矛盾吗？这才是按部不就班的重点。说它矛盾，是因为很多人分不清楚什么时候该遵守规矩、什么时候不遵守规矩，所以就会产生矛盾。说它不矛盾，是因为大方向一定要有据可循，一定要有法度，一定要有规则。在大方向已经确定的前提下，在不违反主要规定的基础上，人可以发挥主观能动性，按照具体情况，具体处理，调整内部细则。其中，尺度的把握非常重要。有些人怕把握不好尺度，就始终认死理，永远不变通。比如，用不好技巧，索性就不用；说不好话，索性就不说。这就有点消极。还有些人自作聪明，尺度过大，主观意志超越了客观规则，那就容易犯下大错。

再看田穰苴，他的聪明之处在于任何执法都先问军法官条文是怎么规定的，这是大前提。但第二次执法时，在大方向不变，必须斩首示众的规定下，改变了被斩首的人，并且砍断马车左侧的部件，还杀了左边驾车的马，这种临时调整的尺度拿捏得非常合理。

【五星评跋】

让我们从现今的视角给上述史料中的对白做一个综合评定。

田穰苴申请监军，根本不是对自己不自信，可能他早就打算用上杀鸡儆猴这一招了，被选定的庄贾也是过于骄横跋扈，正好是一只合格的"鸡"，逻辑性上评定为8分。

确定了庄贾迟到的既成事实，田穰苴优先查询了军中法度，一切依照军法执行，也算是做到了有法可依，有理有据，让自己的行为立于不败之地，策略性上评定为9分。

不论是向齐景公建议派遣监军，然后斩杀齐景公的宠臣庄贾，还是无视齐景公的使臣，并依照军法处理使臣的车夫，他所做的这一切都是表达了天大地大，军营里军法最大，并用行动表达军中无戏言的严格规定，表达力上评定为10分。

其实，我们有理由相信，庄贾从一开始就死定了，之所以放任庄贾的亲信回宫求救，完全就是套路。这绝对是按照剧本进行推演的结果，多了几分现场的表演，即兴度上勉强评定为5分。

"军法如山""将在外君命有所不受"，这些自古以来的训诫一直是中国数千年治军的方针和铁律，影响不可谓不大，庄贾也是死得其所。影响力上评定为8分。

因此，在满分为50分，每10分为一星的标准下，我们将田穰苴铁律治军的故事，评定为40分，四星。

【沙盘推演】

有人一定会问，为什么开头要说姜子牙，难道是在凑字数吗？当然不是。

田穰苴死后，田家的亲戚们都非常憎恨中伤田穰苴的旧贵族们，田穰苴的亲族田乞就是其中之一。田乞的后人田和自立为王，成了战国时期田氏齐国的开国国君，他在行军打仗和治理国家时，常常效仿田穰苴的做法。

很多人把田穰苴认成是姜尚之后兵家承上启下的著名人物，他的《司马穰苴兵法》中的军事思想对后世影响巨大。

在现实生活中，要说定规矩这件事，就不得不说到学校了。即使学校的规矩不算最多，也一定算其中较多的之一了。在新学期的开始，我向大一的新生宣布了一条按部不就班的规定。

我说："各位新同学，今天是第一堂课，我们来说说学校的规定和我的规定。学校要求大家一学期内不能无故旷课三次，达到三次者便取消考试资格。言下之意，你有两次可以不向我做任何说明的旷课机会，请慎用这样的权利，也请明白自己的义务。"

上面这段话是大方向，就是学校的统一要求，是铁打不动的纪律。但是话还没有说完，且听我下面这一段。

我又紧接着说："你们是什么专业的学生？从大范围上讲，各位都是未来的口语传播工作者，作为一个和说话打交道的专业的学生，绝不能断章取义。刚才说的都是学校的大章程，章程中规定你有两次不向我做任何说明的旷课机会。这不是尚方宝剑，这是行为规范的底线。也就是说你不能做得更差，但它没有阻止你做得更好。虽然你开不出请假单，但你也有义务向我说明旷课的原因是什么，这叫尊重。你若尊重我，你会发现期末时，我也会更尊重你。毕竟学校只说明了让你参加考试，可没说明给你打多少分。你们要懂得遵守制度，但不能就着规则读规则。按部是必须的，就班得看具体情况了。"

前后两段话，我做了一次按部不就班说话技法的示范。你知道我为什么要这么说吗？因为我得让学生从大一开始就真正地学会言行需得体。

冯道为官·借力来打力

【钩玄提要】

　　自媒体的迅速成长给传统武术的推广带来契机的同时，似乎在某种意义上也带来了一定的负面宣传效果。比如，某某传统武术大师与散打选手过招，不到一分钟便被击倒若干次。传统武术究竟在实战层面有没有我们期待得那么厉害，这个问题留给专业人士去进一步论证。但有一点是毋庸置疑的，那就是传统武术在历史长河的洗涤中，依然给我们留下了许多无与伦比的瑰宝，比如借力打力的思维模式。

　　本节通过冯道的故事，将为你讲述的说话技法与口语传播时效果的延伸密切相关。本节的史料取材于《旧五代史·冯道传》。

【史料新说】

　　俗话说，"一个萝卜一个坑""一朝天子一朝臣"。无论是职场也好，官场也罢，一个人能凭借自己的能力做好本职工作、不断晋升就挺不容易了，更别说成为不可或缺的三朝元老了，这样的人我们往往会对他肃然起敬。

　　可中国历史上偏偏有这样一位神奇的人物，前后经历了五个不同的王朝，伺候了十二位皇帝，并且始终备受皇帝的重视，担任的都是将相、三公、三师的职位，这个人就是五代十国时期的冯道，他堪称历史上独一无二的官场不倒翁。这一切，他究竟是怎么做到的呢？且听我慢慢道来。

　　先简单说一下五代十国的背景。唐朝末年，梁王朱温逼迫唐哀帝禅位，建立了后梁政权。后梁之后，又依次经历了后唐、后晋、后汉和后周，一共五个朝代，直到赵匡胤发动陈桥兵变，黄袍加身，建立了北宋，五代结束。所谓"十国"，其实并非只有十个国家，它是同一时期中原以外的地区建立的十余个国家的合称，有"前蜀""后蜀""吴""南唐"等。

本节故事的主人公冯道早年曾效力于刘守光，后来做官一直做到后周朝，历仕后唐、后晋、后汉、后周四朝，可谓历史之最。

冯道出生于唐朝末年的耕读之家，史书上说他从小就是学霸，擅长写文章，但家境一般。冯道家里很是寒酸简陋，冬天的时候甚至会大雪拥门，但他并不在意，每天操持餐食，粗茶淡饭，奉养双亲，空下来就以读书为乐，过着安贫乐道的日子。

直到他25岁的时候，在幽州节度使之子刘守光手下谋了个小差，做着类似于秘书的工作。同年，朱温篡国称帝，建立了后梁，唐朝就此灭亡。刘守光一看天下大乱，也野心勃勃，把自己的父亲关了起来。朱温封了刘守光做燕王。之后他又自立为帝，建立了大燕国。不过这张龙椅还没坐热，刘守光就自不量力地准备四处发动战争。冯道觉得这仗怎么打都会必败，于是直言进谏，劝主子别贸然开战。可没想到，燕王不听也就罢了，竟然直接把他关进了大牢。冯道差点因此丢了性命。初入职场的冯道就上了极其重要的一课——话不能乱说，一旦说错了，可是要掉脑袋的。

后来刘守光果然兵败，死于晋王李存勖手下，这个李存勖就是之后的后唐开国皇帝。冯道有幸在朋友的帮助下逃出了监狱，投奔了晋王。晋王很欣赏他的才华，毕竟他写得一手好文章。他任命冯道为掌书记，其官职一样不大，从八品，只是个比芝麻官大不了多少的文书。

晋王李存勖的手下有个廉洁干练的大臣，叫郭崇韬，这时候他有意见了。他觉得晋王手下养的吃闲饭的人太多了，便上书请求减少一些。没想到晋王看了很生气，心想：怎么着，我连给几个人吃饭的自由都没有吗，要不你们换个领导吧，我让贤。

正在气头上的晋王叫来冯道，让他立刻起草告示。冯道心里门儿清，这郭崇韬跟之前的自己是犯了一样的毛病，好心办坏事。其实，他的建议并没有错，晋王门下确实有不少光吃饭、不干事的人，可说话不能这么直接啊。于是，冯道拿着笔迟疑徘徊，一直不写。

晋王催促再三，冯道才缓缓开口说："大王刚刚平定河南，安定了天下，郭崇韬所请求的也不是什么大的过错，大王不听从也就算了，何必以此惊动远近。如果让敌国知道了，还会被人说君臣不和，这不是扩大威望的好做法。"

这时候，郭崇韬也听到了晋王发怒的消息，至于消息是不是冯道放出来的，史书上没写。郭崇韬看准了时机，趁着冯道劝解之际，立刻进来请罪，这事就这么不了了之了。

这件小事的结果可以说是三方获益。郭崇韬多亏了冯道才躲过一劫，必然对他心存感激，同僚间的牢固友谊就这么建立起来了。晋王李存勖发现冯道这人不但有文化，还仗义有胆识，敢于为同事进言，是个人才。几年后，李存勖建立后唐，正式称帝，将冯道任命为翰林学士。没过多久，又升他为中书舍人和户部侍郎，相当于现在的内政部长。

后唐天成元年（公元926年），李嗣源发动叛乱，杀死李存勖，成了后唐第二任皇帝，也是冯道的第三位领导。后唐明宗李嗣源的位子虽然有点来路不正，不过这位皇帝却非常欣赏冯道。后唐天成二年（公元927年），李嗣源任命他为中书侍郎、同中书门下平章事，相当于宰相的官位。

后唐天成四年（公元929年）的一天，明宗李嗣源和冯道闲聊，有些沾沾自喜地说起近年来五谷丰登，四方无事。普通人一听这话，肯定觉得这是个拍马屁的好时机，"陛下英明""天降祥瑞"之类的马屁可以立马赶着拍了。

可冯道是怎么回应的呢？冯道对着乐滋滋的皇帝说道："我还记得过去在先帝的幕府任掌书记时，有一次奉命出使中山，每次经过狭隘险要的山地，我总是担心马会摔倒，从来不敢放松缰绳。等到了平坦开阔的路面时，便信马由缰了，放开缰绳让马自己去奔跑。结果你猜怎么着？我在山地里没摔着，在平坦大路上却从马背上摔了下来，差点受伤。陛下，我说的虽然是件小事，不过道理却是相通的。"

明宗听着，连连点头，随后又问冯道："今年虽然丰收了，百姓们的口粮是否充足？"

冯道说："谷贵饿农，谷贱伤农，此常理也。意思是：灾年粮食贵了，农民舍不得吃，会挨饿；丰年粮食贱了卖不出价，农民也没法过日子。无论是丰年还是灾年，庄稼人都很困苦。我记得有首诗是这么写的：'二月卖新丝，五月粜新谷；医得眼下疮，剜却心头肉。'语言虽然粗鄙，却道尽了庄稼人的甘苦。"

李嗣源听了觉得很有感触，便命令身边的人把这首诗抄录下来，经常以此自省。

虽然明宗是个好皇帝，奈何时局混乱，更迭频繁，没几年李嗣源就去世了。不到四年的时间，后唐又历经了两位皇帝。接着，石敬瑭联合契丹消灭了后唐，建立了后晋，他就是著名的把契丹叫作爸爸的儿皇帝。冯道在后晋依然备受重用，官至宰相。

又过了十年，天福十二年（公元947年），契丹耶律德光消灭后晋，入主中原，冯道再次易主，这已经是他经历的第八位皇帝了。

此时，耶律德光已经占领开封，肆虐中原。于是，冯道主动觐见耶律德光。耶律德光非常嚣张，满不在乎地问了冯道一个问题："天下百姓，如何可救？"

其实，耶律德光不是问怎么救百姓，而是一句反话，意思是天下百姓的性命都掌握在我手中，我说了算。当时冯道说了一句话，就是这句话让中原的无数百姓活命。

冯道说："此时哪怕佛祖再世也救不得百姓，但是大王，只有您才能救百姓！"

耶律德光听了这句话觉得很有道理，就此放弃了血洗中原的念头，开始以安抚为主。

要知道，中国历史上但凡胡人南下，中原百姓总免不了惨遭屠戮。但在这一场大难面前，冯道用这种被后世文人所不齿的方式化解了这场灾难，保住了无数生灵。

之后，冯道又经历了后汉、后周两个朝代的四位皇帝，于后周显德元年（公元954年）去世。他一生共经历了五个朝代，十二位皇帝，可以说是"六位帝皇丸"的两倍了，足足"十二位帝皇丸"哪！在五代十国这样兵连祸结、军阀混战的时代，他不但保全了自己，还保护了不少百姓，救人无数。

【技法正名】

冯道使用的说话技法，是中国人最熟悉的，叫作借力来打力。

借力打力最容易让人想起太极拳的常规操作。推手的高人最能够体会什么是借力打力。运用此说话技法，需要注意以下两个要点：

第一，借力打力被很多人解释成顺势而为。乍一听好像是那么回事，借助某一股力量的推送，来完成对另一股力量的叠加和推送，不就是说借助某一股力量的态势做成一件事吗？这么解释没问题，但必须考虑到另一种可能性。

第二，借力打力可以顺势而为，也可以借势改变方向。言下之意，借力这一点没错，但并不意味着打力的那个方向就和原先力的方向完全一致，我可以借助这股力，改变方向且完成打力的行为。因此，这个技法中加了一个"来"字，它的作用在于停顿和切割，就像音乐中的休止符一样。

再看冯道，他可以借助骑马行路这件事来说明盛世更要认真治国，也可以借助一首小诗讲清庄稼人的酸甜苦辣，更可以借助佛祖之力，解救无数生灵。

当然，冯道的成功之道不仅限于说话技法，技法的背后更有着极大的智慧。冯道的座右铭是：但教方寸无诸恶，狼虎丛中也立身。他尽管职位尊贵显赫，但直到去世生活都非常简朴，吃住非常简陋，对于每个朝代都食其禄、忠其事，兢兢业业地做事，讲究操守与修为。

宋朝以前，人们对他的评价倾向于褒；但宋朝及宋以后，人们对他的评价变得极低。欧阳修骂他"不知廉耻"，司马光说他是"无耻之尤"，很多人都将他视为没有廉耻观念的三姓家奴。但冯道终究以他非凡的交际能力和务实才能，既为自己争取到了屹立不倒的地位，也保护了百姓的生命。他是不是君子，大家的评价可以截然不同，但他的确是一位栋梁。在评价冯道这件事上，苏轼更为高明，他称冯道为菩萨；王安石也英雄所见略同，称冯道为"佛位中人"。

【五星评跋】

让我们从现今的视角给上述史料中的对白做一个综合评定。

冯道以骑马行路来劝告皇帝盛世不可以放纵享乐，逻辑性上经得起推敲，评定为9分。

他巧妙地安抚晋王，令说错话的同僚得以免遭灾祸，又故意捧高契丹皇帝，以免百姓遭殃，策略性上评定为10分。

面对历任君王他都不卑不亢，以务实为第一要义，言辞平实动人，表达力上评定为10分。

冯道的老到就在于他能见招拆招，见机行事，即兴度上评定为10分。

不过乱世之中风云变幻，即便他身居高位，也无法令大局产生决定性的改变，影响力上评定为6分。

因此，在满分为50分，每10分为一星的标准下，我们将冯道理政的故事评定为45分，四星半。

【沙盘推演】

在现实生活中，借力来打力的案例很多，无论是有心使用，还是无心使用，大家都用得很自然。

比如，小朋友经常挂在嘴边的一句话"我们老师说的"，这就是"圣旨"，有时家长们也只能俯首称臣。但有时这句话也会用错地方，如果借错了力，自然也没法完成打力的任务。

在各大高校进行研究生的毕业论文预答辩时，当答辩委员会的委员们指出学生论文中的漏洞或不足时，他们最不喜欢听到学生回答："这是我导师让我这么做的。"

这些学生看似用了一次小聪明，把责任全部推给了自己的导师，让答辩委员会的委员们无法责备他们的老师。实际上，他们是把答辩委员会的委员和他们的老师放在了对立面上。虽然答辩委员会的委员们不会明摆着责问学生的指导老师，但这些学生无形中增加了答辩委员会的委员们看他们不顺眼的情绪。

所以，答辩前，我通常会告诫自己的学生两句话：

一、永远不要和答辩委员会的委员们正面对峙，可以解释和说明，但不要无理强辩。

二、千万记得答辩中少用小聪明，多用大智慧。

第六章

心理揣度：

掀起你的盖头来，让我读懂汝情怀

章首语

揣度在本章的意思不是说传播者不能开口去问对方，而是强调需要在开口前先对传播对象有一个综合的心理评估，在了解了对方心理特征的情况下，继而实施下一步的口语传播行为。

所谓"知己知彼，百战不殆"。认真地揣度传播对象的最大好处在于，它使得传播者的口语传播具备了更大的把握。一旦传播目的更为明确，传播者就能更为准确地选择传播的情境和语境，选择对谁说、说什么、怎么说。言下之意在于，传播者所说的传播内容不是子虚乌有的，而是每句话都有自己的表达依据和支撑。就算如此，也未必就能换来传播的成功，但必然增加了成功的概率。

荆轲刺秦·倾诉心里话

【钩玄提要】

从总体上看，相比于西方人，中国人比较矜持、内向，不太善于外显式地表达内心的想法。相反，我们更喜欢把想法藏在心中，让它自己发酵。这种表达习惯并不是与生俱来的，而是在后天的成长中受到环境的影响逐渐养成的。虽然内向的表达习惯也不算什么缺陷，但就传播效果而言，有时我们更需要直截了当地说出自己的心里话。

本节通过荆轲的故事，将为你讲述的说话技法与口语传播时内在语的外化密切相关。本节的史料取材于《史记·刺客列传》。

本节我们开门见山，要聊的是一位中国历史上最著名的刺客荆轲。荆轲刺秦的故事，大家都非常熟悉了。一说到他，很多人会想到韩愈笔下的"燕赵古称多感慨悲歌之士"，以及《易水歌》中的"风萧萧兮易水寒，壮士一去兮不复还"。的确，荆轲身上充满了舍生取义、为报知遇之恩从容赴死的古典侠客气质，悲壮而豪迈。

【史料新说】

不过上述都只是铺垫，本节我们要说的不是荆轲作为刺客出生入死的侠义精神，以及他一波三折、图穷匕见的刺杀过程，而是他不为人知的一项隐藏技能——口才。

为什么说荆轲有口才呢？很多历史事件的陈述方式让我们只知其一，不知其二。再加上，谁说功夫了得的人就不能拥有更为了得的好口才呢？"四肢发达，头脑简单"，这句话是用来形容特定人群的，并不适用于所有人，更何况是闻名遐迩的荆轲。

其实，荆轲作为一名刺客，他的业务能力并非那么出色。而且，荆轲也不是天生干刺客这个行当的，值得为人称道的恰恰应该是他的脑子和口才。

《史记》里关于荆轲的生平介绍并不多，只有寥寥几笔。说有一次别人跟他约架，他浑然不当回事，拍拍身上的尘土便走了。别人骂他，说他尿，他都不理会，丝毫不放在心上。他所结交的朋友中，有杀狗的屠夫、有弹琴卖艺的艺人。他天天喝酒，看上去放荡不羁。有句话是这么说他的："然其为人沈（通'沉'）深好书；其所游诸侯，尽与其贤豪长者相结。"意思是他博览群书，擅长交际，跟各地的长者、领导都能谈笑风生。

即使到了燕国，荆轲也是由深得太子丹信赖的老臣田光推荐的，可见他的人缘极佳。荆轲在咸阳宫见到秦王嬴政时，同去的秦舞阳吓得瑟瑟发抖，很快引起了秦人的注意。荆轲反应极快，若无其事地说："北方蛮夷粗人，没见过天子，所以吓得发抖，还请大王不要介意。"这句话可谓急中生智，正因为有了这样的口才，故事才会继续下去。

我们稍加分析就不难看出，荆轲虽无官位，但并非好勇斗狠的街头混混。相反，他肚子里十分有料。

下面我要具体说到他的独门绝技——口语传播能力。那么他的这种能力究竟体现在哪里呢？先让我们来梳理一下荆轲刺秦的准备工作。在去刺杀秦王嬴政之前，荆轲向太子丹提了两个要求：一是要一份燕国督亢的地图，借口割地，献给秦王；二是要秦国大将樊於期的人头。

问题来了，地图好准备，但人头是怎么回事？这桩杀人的买卖岂能随口答应！

原来，樊於期虽是秦国大将，曾立下过汗马功劳，但他支持的一直是秦王嬴政的弟弟。他认为吕不韦纳妾盗国，嬴政压根不是先王的骨肉。有着这份恩怨在身，嬴政一直对他十分记恨。或许是看重樊於期当时的赫赫战功，觉得他是个可用之才，秦王并没有对他下手。

几年后，樊於期在攻打赵国时，面对赵国名将李牧，他吃了大败仗，秦军损失惨重。这下老账、新账要一起算了。樊於期心里清楚，自己如若回到秦国必然难逃一死，于是逃到了燕国，最终太子丹收留了他。

秦王嬴政得知后，将樊於期留在秦国的父母宗族全部杀害，并且悬赏一千斤金、一万户封地，要樊於期的项上人头。

说到这里，我们就能理解为什么荆轲想要带樊於期的人头去觐见秦王了。这是一块难得的敲门砖，也是自己诚意的显现。有了这颗人头，嬴政一定会相信燕国使者是前来求和的。可太子丹是个重情重义的人，他拒绝了荆轲的请求。

太子丹说："樊将军穷困来归丹，丹不忍以己之私而伤长者之意，愿足下更虑之！"他说得很婉转，意思是让荆轲再想想别的办法。

策划刺秦的太子丹拒绝了荆轲的建议，换了一般人会怎么回应呢？要么不死心，继续再劝说几次试试；要么索性放弃这个计划，硬着头皮另寻他法。

但是荆轲又是怎么做的呢？一般人还真猜不到，猜到了估计也没法实施。他心里清楚说服太子丹这条路是铁定走不通了，便没再说话——与其浪费时间不如另寻他法。荆轲转头跑到樊於期的家里，当着樊於期的面，说了短短几句话，樊於期便当场自刎。

说到这里，我必须补充一句，你可别以为荆轲是在耍嘴皮子，他言语间流露出的侠义肝胆，不在特定情境下的你我是很难深深体会的。我们来了解一下荆轲究竟是怎么说的，什么样的话会让一个对敌人满怀恨意、心心念念要复仇的大将自动献上人头。

二人一见面，荆轲便直奔主题道："秦王对您下手太凶残，将您的父母宗族全部杀害。现在还悬赏金千斤、邑万家要您的头颅，您是怎么打算的呢？"

樊於期仰天大哭说道："这些日子以来，我是痛入骨髓，但不知如何做才能报仇。"

荆轲表示："今天我有一个办法，既能解燕国的祸患，又能帮您报仇，您想不想听？"

樊於期赶紧上前请教。

荆轲继续说道："我想拿将军的人头去送给秦王，他必定会高兴地接见我。到时候，我左手抓住他的衣袖，右手用匕首刺进他的胸膛，既为您报了大仇，同时也能洗刷我们燕国的屈辱。将军意下如何？"

樊於期听完心想，这正是自己日夜苦苦思索之下无法做到的事情，现在总算看到了希望。于是，樊於期当场自刎。

在太子丹反对的情况下，荆轲短短三句话就换来一条自动献出的生命。荆轲在这件事上所展现出来的超高情商、口才、行动力令人刮目相看。

也许，你会觉得有些不可思议，我来为你细细地分析一番，你便会明白——荆轲非常了解樊於期的经历和性格。樊於期与嬴政有着刻骨深仇，对于复仇他一定是无时无刻不挂在心上的。而此时他又寄人篱下，受到太子丹的庇护，且太子丹待他不薄，还给他封了官，对他有救命之恩、知遇之恩。以樊於期的性格来说，他一定会知恩图报。因此，荆轲一上来就开门见山，问他有无复仇的办法，随后便将自己的计划坦诚相告。樊於期明白了他的死是复仇兼报恩计划的一步重要的棋子：一来可以实现自己复仇的心愿，二来可以解决燕国眼前的困难，以此报答太子丹的恩情。这样来看，樊於期的自杀就显得并不意外了。

【技法正名】

在上述故事中，荆轲使用的技法其实非常简单，叫作倾诉心里话。你别以为这不是一个技法，一般人还真倾诉不来。

荆轲的做法看起来简单，似乎顺理成章，但实际上里面蕴含着非常容易被人忽视的本领。一般人认为心里话直白地说出来就行了，无须技巧。然而心里话不等于大白话，这一点极容易被混淆，心里话的表达必然需要技法。

第一，不可保留地倾诉，且必须真诚。荆轲直截了当地告诉樊於期，我需要你的人头，燕国需要你的人头，你想复仇也需要你的人头。

第二，倾诉也需要时机，不是任何时刻都行的。比如，荆轲抓住了樊於期对秦王恨之入骨却偏偏无能为力的时机，提出了解决方案。

第三，倾诉更需要前提条件，那便是充分的信任。据考证，荆轲和樊於期关系密切，他们同是从别国远道而来，又都在燕国得到了太子丹的器重，相互知根知底。樊於期心里也清楚，荆轲这一去必死无疑。大家都抱着舍生取义的心态，不用再多说什么，两个赴死之人已经心意相通了。

再看荆轲，他最英明的一点是向樊於期详细描述了未来见到秦王时的场面。左手怎么抓住对方，右手怎么刺杀，讲得极其生动，活灵活现。我们几乎能想象得出，他如何边说边演示一举一动，这在口语传播专业术语中叫作情景再现。听到这里，樊於期仿佛已经看到了秦王死在荆轲身前的场面，看到了自己大仇得报的那一刻。荆轲短而精的话语促使樊於期当机立断，做出了牺牲自己的决定。

【五星评跋】

让我们从现今的视角给上述史料中的对白做一个综合评定。

荆轲的话虽不多，但从家仇谈到国恨，理由不可谓不充分，逻辑性上评定为8分。

他跳过太子丹，直接找到樊於期，开门见山，触及对方的软肋，策略性上评定为9分。

荆轲绘声绘色的表演和坦诚的言辞让樊於期看到了复仇的希望，并甘愿为此献上生命，表达力上评定为10分。

无论是与太子丹的对话，还是和樊於期的密谈，荆轲想必早有准备，即兴度上评定为5分。

遗憾的是，荆轲虽成功面见秦王嬴政，但最终刺杀失败，只留下了一段故事，影响力上评定为6分。

因此，在满分为50分，每10分为一星的标准下，我们将荆轲说服樊於期的故事评定为38分，三星半。

【沙盘推演】

了解了荆轲这个容易被人忽视的隐藏技能，我们再来看看在现实生活中，倾诉心里话的说话技法到底该怎么用。

其实生活中需要运用这一技法的场景数不胜数。在确保双方关系密切且时机合适的前提下，吐露自己的心声反倒容易博得对方的同情或支持。比如，向好友借钱。当然，我不鼓励你这样做，因为代价太大，万一借钱不成反倒损害了友情。又比如，夫妻吵架之后，该如何道歉。很多人总喜欢送束鲜花，买个昂贵的包，这些虽然有效，但技术含量太低，你有本事的话一句话就能搞定对方！

那么，什么样的话才能有这样的威力？毫无疑问，当然是心里话。

你可以告诉对方："亲爱的，我想过很多种道歉的方式后，才选择了今天这种最纯粹的方式，因为我只想让你听到我的心里话，不想把我对你的道歉变成一件买卖或一桩讨好你的生意。"

不过，你可别忘了这样几点前提：第一点是要真诚、坦然；第二点是要抓住对方火气消退的时机；第三点最重要，你没有犯下原则性的错误，没有失去对方的信任。

大部分时候，编造各种理由，寻找各种借口，不如伺机说出自己内心的想法。或许，你期盼已久的结果就会出现在你的面前。

随何劝降·排解幽患处

【钩玄提要】

很多人会认为,通过口头语言传播为别人排除困难是一件不容易的事情。笔者认为,要想达成好的结果有一个前提,就是别人已经把困难明明白白地告诉了你。更难解决的问题是,当别人并没有直接吐露心声时,你就不知道对方的困难在何处。此时若是希望继续为别人排除困难,你就需要拨云见日,准确地找到困难的具体成因。这一点需要我们特别关注。

本节通过随何的故事,将为你讲述的说话技法与口语传播时问题的发现和排除密切相关。本节的史料取材于《史记·黥布列传》。

公元前206年,楚霸王项羽分封天下,立英布为九江王,命其统治庐江、九江两个郡。

【史料新说】

英布壮年时,因为触犯秦律而受到了黥刑,此后他就多了一个名字——黥布。

英布先是投靠了项梁,在项梁死后归入项羽麾下,最终被项羽封为九江王。汉元年(公元前206年)四月,项羽拥立楚怀王为义帝,迁都长沙,却暗中命令英布等人在半路上袭击他。同年八月,英布派将领袭击义帝,追到郴县把他杀死。

汉二年(公元前205年),楚汉战争如火如荼地展开。齐王背叛了项羽,项羽出兵攻打齐国,向英布下达了调集令,英布却声称自己有重病,只让手下将领带几千兵应征。刘邦在彭城打败了楚军,这次英布仍旧称病不去,项羽因此非常记恨英布,多次派使者去责骂英布,并召英布前来觐见,这让英布十分害怕,他更不敢去见项羽了。

汉三年（公元前204年），刘邦率领的汉军再次与楚军于彭城激战。刘邦大败后撤退到了虞县。

刘邦说道："像你们这样的人，不配和我共同谋划夺取天下的大业啊！"

传令官随何问道："我听不明白大王这话的意思。"

刘邦这才回答："要是有人能帮我去淮南说服九江王英布背叛项羽，让他发兵拖住楚军几个月，我夺取天下简直轻而易举！"

随何听完，立即向刘邦申请出使淮南。刘邦大喜，安排了二十多个随从给他，命他即刻出发。

到达六安后，随何一行人只见到了太宰，也就是代理官员，他们苦等了三天也没见到英布。

于是，随何对太宰说："您的大王拒绝见我，想必是觉得我们汉王刘邦太弱小了吧？但这不正是我来见他的原因吗？要是九江王愿意见我，听我的计划，我相信那绝对是他最想要的东西。要是他听了以后不满意，可以把我们二十多个人在广场上尽数杀死，也好对项羽表达忠诚，何乐不为？"

英布听到太宰传达的这句话，终于决定接见随何一行人。

随何说道："汉王刘邦让我等恭敬地把书信送到你的面前，不过我个人感到非常疑惑，你为什么与项羽如此亲近？"

英布回答："对楚国项羽，我以臣子身份侍奉他。"

随何笑道："大王和项羽都是诸侯，你既然觉得自己是臣子，想必是因为项羽强大，值得将国家兴亡托付给他。但是项羽在攻打齐国的时候，身先士卒，你本应当亲率大军充当先锋才对，为什么只派了四千人去协助他？

"汉王刘邦在彭城日夜会战，你本应该调集军队攻打刘邦，可是淮南这里竟然没有一个人过河进攻，这明显是坐山观虎斗啊！你说你是楚国的臣子，我看你只信任自己的实力吧？

"虽然我个人觉得这样不太好，不过你至今没有背叛项羽，想必是因为楚国足够强大吧！楚国虽然强大却不道义，因为项羽让你亲手杀了义帝楚怀王。项羽以为打了几场胜仗就真的强大了。汉王刘邦驻守要塞，粮食补给来自四川盆地，项羽没那么容易攻破刘邦，而楚国军队深入八九百里，想跑也没那么简单。

"就算楚霸王项羽能够打败刘邦，你认为其他诸侯会让他任意做大做强吗？项羽必然会招致天下其他诸侯的联合攻击，所以在形势上刘邦比项羽强太多了！英布啊，我觉得你不和万无一失的刘邦缔结友好关系，而非要赌命于危在旦夕的项羽，这不值得啊！

"虽然你手上的军队不足以歼灭项羽的楚国，但是牵制楚国几个月不成问题。只要你愿意起兵背叛项羽，刘邦夺取天下就是板上钉钉的事，我请你拿起宝剑归附刘邦，到时候刘邦一定会裂土封侯，而且仍旧会把这淮南交予你治理。这就是汉王刘邦让我给你带来的计策，请您认真考虑。"

英布听完随何的话，立即表示："我认同你的意见！"英布答应暗中归附刘邦，并且没有将这个秘密泄露给其他人。

此时，项羽的使者也到达驿馆，正焦急地传达项羽的要求："出兵攻汉。"

随何趁机突然闯入，坐在项羽使者的上席位置，大声呵斥道："九江王英布已经归附汉王刘邦，楚王凭什么让他出兵？"

项羽的使者听说此事，起身要离开，随何立即对英布说："这还犹豫什么，还不杀掉使臣，起兵叛楚，与汉王协同作战？"

英布不得不按照随何的意见，立即斩杀楚国使臣，随后发兵攻楚。

【技法正名】

本节故事的情节干脆利落。看到这里，你应该已经发现，随何在劝降英布的过程中向我们展示了一个很不错的说话技巧，叫作排解幽患处。

排解幽患处的"幽"字，意思为隐蔽的、不公开的。这个技法的意思是，找到对方内心真正担心的问题，并为他提供解决的方法。需要注意的是，这个"幽"不是"忧"。两者同音不同字，在意思上相去甚远，一字之差也是该技法的精髓所在。

这个技法表示说话者解除的这个难题，是谈话对象口中没有挑明的困惑，甚至是他故意隐藏的困惑，至于隐藏这个困惑的原因就因人而异了。换言之，谈话对象并没有主动向说话者请教该难题的解决方案，这正是此技法的精妙之处。说话者需要通过自己的洞察和揣摩，提前发现对方的困惑，再运用口语传播来完成排解的行为。

在史料中，英布坚持表示自己如臣子一般侍奉项羽，随何却敏锐地发现了这并不是英布的真实想法。事实上，英布隐藏想法的理由是可以理解的：为了江山也好，为了自己也罢，毕竟他现在最缺乏的是安全感，他需要在外人面前维持住自己的安全。

再看随何,他不但洞察了英布真正的担心,而且还分析了英布的处境,设身处地地为英布摆出了解决困惑的方案,甚至用生米煮成熟饭的方法迫使英布"乖乖地到碗里来"。

最后,让我们再来看看英布投靠刘邦的战果:英布起兵反叛项羽后,项羽不得不出兵与英布决战,最终击败了英布,英布兵败逃往刘邦处。正在洗脚的刘邦叫英布来他的住处见面。看到此景的英布怒火中烧,感觉受到了侮辱,差点自杀,但是等他回到刘邦替他安排的住所后,发现帐幔、用器、饮食、侍从和刘邦的一样豪华、完备,英布瞬间喜出望外。

汉四年(公元前203年),刘邦封英布为淮南王。次年,英布响应调遣,在垓下之战中与汉军协同作战击溃了项羽,项羽随后在乌江自刎身亡。

【五星评跋】

让我们从现今的视角给上述史料中的对白做一个综合评定。

随何明确地分析了项羽的弱点,促使为求自保的英布做出了正确的选择,逻辑性上评定为8分。

随何用事实分析把英布的小心思完整地剖析了出来,让英布的小算盘无所遁形,还在项羽的使者面前揭了他的老底,迫使英布失去选择权,策略性上评定为10分。

从军事到正义,从局势到外交,随何的每一句话都分析得丝丝入扣、鞭辟入里,表达力上评定为9分。

随何敢于主动要求前往九江劝降英布,相信他早已成竹在胸,即兴度上评定为5分。

随何的一轮慷慨陈词造就了著名的"霸王别姬"的故事,推动了大汉王朝的建立,影响力上评定为10分。

因此,在满分为50分,每10分为一星的标准下,我们将随何劝降英布的故事评定为42分,四星。

【沙盘推演】

在现实生活中,我们经常能遇到类似的事情。例如,儿子给父亲买了一部手机，本来是一件好事，但是父亲因觉得手机太贵，把儿子骂了一顿。很多不明白其中真相的人，只会说这个父亲辜负了孩子的好意。实际上，孩子很可能只注意到父亲用的手机老旧，却没有发现父亲真正的担心——送了一件对于父亲来说过于贵重的礼物。

类似的故事在一个小品中也有体现，女儿替母亲买了一部好几千元的手机，担心母亲舍不得用，忽悠母亲说那是一部只值几百元的老人机，结果母亲信以为真，开开心心地以一千元的价格转卖给了他人。小品中的这个女儿知道母亲的担忧，但是她没有用正确的方式解除母亲的顾虑，因此导致了一次乌龙事件。

上述两个案例多多少少都是没有运用好排解幽患处的说话技法。如果能够运用好这个技法，就能够减少类似情况的发生。我们可以对母亲这么说："新款手机虽然贵，但是故障率低，一部手机用好几年，总好过一年换一次普通手机吧，那样更费钱。何况换一次手机还要转移一次通讯录，实在麻烦。用个好一点的手机不但您心情愉悦，我们做儿女的也能尽孝心，这不一举两得嘛！相比之下，贵一点真的算不了什么。"

这段话的意义就在于极具针对性，既说出了老人家的担心，又摆出了一连串理由，让她觉得就该用贵的。有时，人们的口是心非恰好表明了他们内心的另外一种想法，不是他们不想，而是有各种难言之隐，这就要看说话者能否领会和排"幽"解难了。

蔺相如夺璧·捅破窗户纸

【钩玄提要】

本章第一节我给大家讲解了"倾诉心里话"这个说话技法，这个技法不仅存在于人们表达内心想法的时候，更存在于人际交流的过程中传播者挑明事实真相的时候。大多数情况下，传播双方碍于情面，客客气气地表达自己的观点，不会做出伤害对方的行为。但是，如果对方的言行并不怎么正当时，传播者完全可以通过当众揭晓答案的方式，来引导传播的方向往自己希望的方向前进。

本节通过蔺相如的故事，将为你讲述的说话技法与口语传播时答案的揭晓方式密切相关。本节的史料取材于《史记·廉颇蔺相如列传》。

如果你喜欢看电视综艺节目，肯定对东方卫视的《极限挑战》不陌生。《极限挑战》的第四季收官不久，正值本书写作的当口，本节故事我就带大家了解一下古代的文人将士曾经面对过的"极限挑战"。而在这一节故事里要出场的"极限男人帮"成员之一，就是大名鼎鼎的蔺相如。

《完璧归赵》的故事相信大家都耳熟能详，而阅人无数的导师司马迁也是大爱蔺相如，这究竟是为什么？让我们带着好奇，重温一下这个无比精彩的"极限故事"。创作本书的初衷就是想通过语言赋能历史，哪怕是一点点的能量，也会让我如愿以偿。下面我们就看看，在这一节的史料中能觅得一些什么宝贝。

【史料新说】

公元前283年，赵惠文王真是坐立难安，因为秦昭襄王派来了一位使者，这位使者说："秦王情愿让出十五座城，来换赵国收藏的一块珍贵的和氏璧，希望赵王答应。"

赵惠文王本来也没把和氏璧当回事，当听说对方要拿十五座城来换时，顿时就觉得这和氏璧非常贵重了，而且还觉得它的价值远远高于十五座城。

给还是不给，这真是一个问题。给吧，怕上秦国的当，丢了和氏璧也换不来城池；不给，这不是明摆着不给秦国面子吗？这可如何是好？

故事一开始，"极限任务"便出现了。我们来分析一下，这个任务到底"极限"在哪里。

首先，难在是否给出和氏璧的抉择上。其次，难在不知道把这个任务交给谁去完成。再次，难在当时的秦国一向是不遵守约定的。

当时，有人推荐了蔺相如来接受这件差事，说他是个挺有见识的人。到底谁那么好心推荐蔺相如呢？我觉得，是不是好心，还要打个问号，因为推荐去干的这个活不好干。不管怎么样，我们的男主角就要威风八面地闪亮登场了。

赵惠文王把蔺相如召来，要他出个主意。

蔺相如说："秦国强，赵国弱，不答应不行。"对啊，两国交往，用实力说话，实力不行怎么有能力说"不"呢？

赵惠文王问："要是把和氏璧送了去，秦国取了璧，不给城，怎么办呢？"

蔺相如说："秦国拿出十五座城来换一块璧玉，这个价值是够高的了。要是赵国不答应，错在赵国。大王把和氏璧送了去，要是秦国不交出城来，那么错在秦国。宁可答应，叫秦国担这个错。"

赵惠文王觉得有理，说："那么就请先生上秦国去一趟吧。可是万一秦国不守信用，怎么办呢？"

蔺相如说："秦国交了城，我就把和氏璧留在秦国；要不然，我一定把璧完好地带回赵国。"

如此，蔺相如算是领取了"极限任务"。常言道："不想当将军的士兵不是好士兵。"古人也像现代人一样，希望工作顺利被提拔，最好是破格提拔。但要被破格提拔，是要做出非一般的业绩的。现在我们看看"草根职员"蔺相如是如何通过"极限任务"变成"明星学员"的。

蔺相如带着和氏璧到了咸阳。秦昭襄王得意地在别宫里接见他。蔺相如把和氏璧献了上去。秦昭襄王接过璧，看了看，挺高兴。他把璧递给美人和左右侍臣，让大伙儿传着看。大臣们都争相向秦昭襄王庆贺。

蔺相如站在朝堂上等了老半天，也不见秦王提换城的事。他知道秦昭襄王不是真心想拿城来换璧。这正说明了蔺相如非同一般的洞察力，这个时候他把洞察力转化为了思考力，开始琢磨：你们玩得挺开心，把我当猴耍。可是璧已落到别人手里，怎么才能拿回来呢？等思考出了解决方案，蔺相如又使出了超乎常人的"极限行动力"。

他急中生智地上前对秦昭襄王说："这块璧虽说挺名贵，但是也有点小毛病，不容易瞧出来，让我来指给大王看。"

秦昭襄王信以为真，就吩咐侍从把和氏璧递给蔺相如。

蔺相如一拿到和氏璧，就往后退了几步，靠着宫殿上的一根大柱子，瞪着眼睛，怒气冲冲地说："大王派使者到赵国来，说是情愿用十五座城来换赵国的璧。赵王诚心诚意地派我把璧送来，可是，大王并没有表现出交换的诚意。如今璧在我手里，大王要是逼我的话，我宁可把我的脑袋和这块璧在这柱子上一同砸碎！"

说着，他真的拿着和氏璧，对着柱子做出要砸的动作。故事讲到这里，大家应该也明白了，蔺相如使出了"极限演技"。

秦昭襄王怕蔺相如真的砸坏了璧，连忙向他赔不是，说："先生别误会，我哪儿能说了不算呢？"

于是他命令大臣拿来地图，并且把准备换给赵国的十五座城指给蔺相如看。

蔺相如想，可别再上他的当，说道："赵王送璧到秦国来之前，斋戒了五天，还在朝堂上举行了一个很隆重的仪式。大王如果诚意换璧，也应当斋戒五天，然后再举行一个接受璧的仪式，我才敢把璧奉上。"

这可以说是蔺相如的缓兵之计。在江湖上长大的没个一招半式，哪敢带着和氏璧来秦国闯荡。

故事进展到这儿，蔺相如不但获得了主动权，还维护了赵国的尊严。远在别处的赵惠文王肯定一边打着喷嚏，一边说着："漂亮！"

秦昭襄王想，反正你也跑不了，便答应了。他吩咐人把蔺相如送到宾馆去歇息。蔺相如又使出一招暗度陈仓。他回到宾馆，叫了一个随从打扮成买卖人的模样，把璧贴身藏着，偷偷地从小道跑回赵国去了。

后面的故事我们已经很清楚了，拿不出和氏璧的蔺相如让秦昭襄王勃然大怒。

蔺相如却镇定地说："请大王别发怒，让我把话说完。天下诸侯都知道秦是强国，赵是弱国。天下只有强国欺负弱国，绝没有弱国欺压强国的道理。大王真要那块璧的话，请先把那十五座城割让给赵国，然后打发使者跟我一起到赵国去取璧。赵国得到了十五座城以后，肯定不敢不把璧交出来。"

蔺相如的这种气度，正是让司马迁也为之动容的"极限态度"。当蔺相如拿着和氏璧站在秦王面前时，就打算抱着必死的决心孤注一掷。

秦昭襄王听蔺相如说得振振有词，不好翻脸，只能说："只不过是一块璧，不应该为这件事伤了两国的和气。"

最终秦昭襄王还是让蔺相如回赵国去了。蔺相如的必死之心激发了他巨大的潜能，当勇气、灵气和运气都加持在蔺相如的身上时，他完成了这一流传千古、永垂史册、一战成名的"极限挑战"。

【技法正名】

在蔺相如玩转和氏璧的故事里，藏着一个很接地气的说话技法，叫作捅破窗户纸。

捅破窗户纸这个技法非常有趣，它是指说话双方都知道彼此在说什么，在干什么，但是大家一开始都很含蓄，就是不把事情说破、说穿，至于背后的原因肯定要具体问题具体分析了。直到有一方把这件事说透了，事情才算基本画上了句号，或者另起炉灶。

这个说话技法的重点在于：第一，要捅得破；第二，捅破的对象得是窗户纸。

捅得破，要求去捅的行为人必须具备说话的能力，别捅一半，不捅了；或者自以为捅破了，其实根本不是那么回事。在此处，能力很重要。不然，有一句俏皮话怎么说来着——"不怕虎一样的对手，就怕猪一样的队友"。

至于把窗户纸作为捅破的对象，原因再清楚不过，因为你如果去捅水泥墙，除了你手指断掉，还会有其他结果吗？所以必须是窗户纸，这也从另一个侧面说明了原先这件事已经成了半透明的状态，而不是严严实实的，让人不明不白，只是有人不想捅破它。

在完璧归赵的事情上，秦、赵两国其实对于彼此的想法都很清楚，问题就在于不能随便翻脸，谁先翻脸谁吃亏。

赵国如果为了和氏璧先翻脸，秦国就有理由去攻打它。秦国如果为了和氏璧先翻脸，那就是耍流氓——东西是人家的，你有什么理由夺人所爱？传出去就不好听了。

再看蔺相如，他的成功之处就在于率先捅破了这层窗户纸，这是秦昭襄王不想看到的结果，他极力避免的就是窗户纸被捅破，那样他就无话可说了。我们听听蔺相如说的这些话："天下只有强国欺负弱国，绝没有弱国欺压强国的道理。赵国得到了十五座城以后，肯定不敢不把璧交出来。"这话说得让人无力反驳。也就是说，即使到时赵国耍赖，秦国照样可以把赵国打趴下，再夺回璧来，你急什么。这便是蔺相如让秦王哑口无言的地方。

【五星评跋】

让我们从现今的视角给上述史料中的对白做一个综合评定。

蔺相如最后给出的答案是，让秦王献出城池，再派人跟自己回去拿和氏璧，前后顺序完美无缺，妥善地回答了秦王的问题，也救了自己的性命，逻辑性上评定为9分。

整件事情从头至尾，无论是面对赵王还是秦王，无论是面对各种生死攸关的大场面，还是勾心斗角的小伎俩，蔺相如都能兵来将挡，策略性上又体现了大气魄，评定为9分。

几轮对话中，蔺相如不但对答流利，甚至还用上了让人震撼的演技，你可以想象一下当时的场景，蔺相如的表达一定是掷地有声、铿锵有力，表达力上评定为10分。

蔺相如面对的是诡计多端、十分多变、不守信用的秦昭襄王，每一句话都让他在生死之间徘徊，能够准备的只有策略和勇气，其他内容铁定依靠现场发挥，即兴度上评定为8分。

蔺相如"完璧归赵"的故事千古传诵，可惜秦国过了几年后还是吞并了赵国，但他留下了一个让人久久回味的成语故事，影响力上评定为8分。

因此，在满分为50分，每10分为一星的标准下，我们将蔺相如应对"极限挑战"的故事评定为44分，四星。

【沙盘推演】

在现实生活中，捅破窗户纸的技法的使用模式都是这样的：对话双方基本都清楚事情的核心部分，但因为双方实力不同、目的不同，所以他们的选择也不一样。一方想要含糊其词，掩盖真相，不想让窗户纸破了；另一方，恰恰相反，必须让真相暴露在大庭广众之下，让对方找不到反驳的理由。

我来举个例子，说明一下捅破窗户纸的实际操作方法。作为一名大学老师，我最不愿意听见别人对学生说："好好读书，现在苦一点没关系，咬咬牙，等你进了大学，就快乐了，就自由了，就不会那么苦了。"

这句话给我的感觉是，我们这些大学老师都是吃闲饭的，不干活，天天逗学生玩。事实上，到了大学，自由一些是对的，但自由是思想上的自由，不是学习的态度。

每每听到这样的话，我就会在一旁说："到了大学之后，快乐的是自我选择学习的权利，自由的是不崇拜权威的思想，但就学习本身而言，可能比以往任何阶段更累，因为你不再是面对语、数、外、理、化，而是面对全世界的知识和文化。要知道，学习是一辈子的事，没有哪个阶段是可以不咬牙、不坚持的。成年人的世界，哪有'容易'二字。只有不容易，才能让你情真意切地感受到满满的幸福。"

无论这段话是否刺激到了莘莘学子，但这层窗户纸，我必须捅破，因为我讲的是真相，我更在做出一个示范，即利用说话技法维护事情的真相。

田单复国·想要说不要

【钩玄提要】

言不由衷有很多种表现形式，在口语传播中想要说不要就是其中一种。但这种传播方式也不是谁都能用、谁都会用的。之所以将这篇故事归入本章，其原因就在于想要说不要的传播方式需要对己方和对方都有准确的心理预估，传播者要有相应的评估能力，知道对方在听到自己说反话后，会做出如己所料的判断。

本节通过田单的故事，将为你讲述的说话技法与口语传播时反义式的表达密切相关。本节的史料取材于《史记·田单列传》。

本节故事的主人公是齐国的大臣，他经常在史料故事里作为"跑龙套"的角色出现，这一次他终于转正了，成为了男主角，他就是田单。在之前的乐毅一节中，田单实际上就作为潜在的"男二号"登过场。燕昭王叫来乐毅商量攻打齐国的办法，乐毅认为单凭燕国一己之力打齐国很吃力，建议联合被齐国打过的楚国、韩国、赵国、魏国一起去报复齐国才有胜算。终于在济水一战，他们把齐国军队彻底打趴下了，胜利后的联军各回各家，只有乐毅率领燕国的军队，继续对齐国穷追猛打，毫不留情。上次写到这里，由于篇幅的关系，我没有具体展开，只是提到了齐国的田单趁这个机会挑拨燕国的君臣关系这个事。本节让我们把这个故事讲完。

【史料新说】

此时，齐国的客卿大名鼎鼎的纵横家苏秦被齐国大臣密谋行刺，结果身受重伤。临死前他建议齐湣王宣布自己是"燕国间谍"，然后将自己车裂在齐国的都城临淄的广场上。行刺的凶手一定以为自己安全了，就会主动现身。

齐湣王采纳了苏秦一生中最后的一个计策。果然灵验！谋杀苏秦的主谋一个个浮出水面，齐湣王将他们捉住并且用刑，替自己的爱卿报了仇。但是，不久后苏秦作为燕国内奸的铁证陆续被披露出来。当时齐湣王的内心一定是崩溃的：爱卿欺骗了自己那么多年，没想到居然真的是燕国的间谍，临死还用计谋骗我杀了自己的大臣。现在燕国大将乐毅还在背后穷追猛打，齐国怕是要灭国了。

最终，乐毅率领燕国的大军成功攻破了齐国的都城临淄，缴获了王宫里的各种金银财宝。燕昭王为此还亲自到前线慰问将士，封乐毅为昌国君。

齐国国都临淄被乐毅攻破后，大难临头之际，大伙儿为了逃命只能各显神通。齐国国君齐湣王跑到了卫国，也就是商鞅的老家。卫国国君很仗义，打开王宫给齐湣王居住，还给他提供一切衣食住行的需要，但是齐湣王的傲慢令卫国人忍无可忍，最后他被轰走了。吃一堑，死活长不出一智的齐湣王，因为相同的原因不受邹国、鲁国的待见，不得不带领残部逃到了莒城落脚，也就是今天的山东莒县。

我们的男主角田单就在这个时候登场了。田单是齐国王室的远房亲戚，所以和齐王一样，都姓田。看过《封神榜》的同学们一定想问了，齐国的开国鼻祖是姜子牙啊，为什么齐国国君不姓姜呢？

事实上，早期的齐国国君确实姓姜，可是传到齐康公时期，齐国大夫田和放逐了齐康公，自立为齐王。公元前386年，田和被当时的周天子周安王封侯，沿用齐为国号，历史上称之为"田齐"，田和也被称为田齐太公。关于此，我在之前的章节中也提到过一次。

虽然算是个"皇亲国戚"，但是田单在都城临淄仅仅是个"市场管理员"而已，完全没有任何名气。城破之时，田单携带家眷逃到了安平城，估计是这个城市的名字比较有彩头的缘故。可惜，好彩头的名字却没有好结果，燕国大军很快攻到了安平，百姓、难民再次夺路逃散。田单早早就做好了准备，和自己的亲眷一同把马车车轮上车轴的凸出部分锯断，然后用铁壳包裹保护了起来。

从安平逃跑的过程中，很多人的马车因为突出的车轴被撞毁，导致整个车轴断裂。他们无法逃跑，结果做了燕国大军的俘虏。没想到田单还会"极品飞车"里的车轮改装，他因此保住了全家人的性命，一家人安全地逃到了即墨城。

广阔的齐国领土都被乐毅率领的燕国大军攻占，只剩下了莒城和即墨。安平并不安平，田单逃到即墨，与即墨军民坚守抵挡燕国大军。在莒城的齐湣王估计也觉得莒城是一个会有好彩头的地方，因为当年的齐桓公在没有登基之前就是在莒城避难的。但就在这个时候，齐湣王做了一个愚蠢至极的决定，他请求刚刚打了他的楚国派出援军来救自己。

楚王派出了将军淖齿假意救援，结果趁机杀掉了齐湣王，然后率领楚军把当初齐国占领的土地抢了回去。齐国军民很快拥立了齐湣王的儿子田法章成为新的国君，即齐襄王。可悲的齐湣王以为莒城能让他和齐桓公一样绝地反击，可惜齐桓公姓姜，怎么会保佑这个姓田的"子孙"？但是必须要说的是，莒城虽然没有保佑齐湣王，却似乎真有齐国的国运寄托。虽说燕国的大军进攻莒城，但是莒城残留的齐国军民一同抗击，乐毅的大军始终无法轻易地攻克莒城，而且一守就是好几年，这让齐国的国运不至于断绝。

与此同时，燕国大军的兵锋也指向了即墨城，即墨城的守将领军迎战，结果战败身亡，城中的百姓军民便推举"皇亲国戚"田单成为新的首领。理由很简单：安平之战，田单族人以铁笼之法保全了性命，田单真是熟悉兵法。你看，只要人还活着，就能等到翻身的一天，田单强大的求生欲使得命运女神向他伸出了橄榄枝。

不久，燕国国君燕昭王死了，他的儿子燕惠王即位。田单立刻抓住这个千载难逢的机会，开始了自己的复国计划。

田单向燕国散布谣言："乐毅攻城略地，齐国无力抵抗，偌大国土仅存莒城、即墨两地，并非这两地易守难攻，而是乐毅打算趁机自立为齐王。莒城、即墨的百姓都清楚，乐毅只要还是上将军，自己就是安全的，要是燕国更换领军大将，自己必死无疑，齐国必将灭亡。"

刚刚登基的燕惠王果然相信了谣言，于是派出将军骑劫并封其为上将军，替换乐毅回国。乐毅知道回燕国必死无疑，便逃去了赵国。而前线的燕军将士知道内情，心中多有不服，军心受到了极大的影响。估计之后的长平之战中，秦军散布谣言"只怕马服君之子赵括领军"的伎俩，很可能就是跟田单学的。

田单命令即墨城全城百姓吃饭的时候必须在露天的院子中摆出饭菜祭祀祖先，任何人不准违抗。大家虽然疑惑，但是都照办了。这导致附近的飞鸟都被这"免费自助餐"吸引，经常大量盘旋在即墨城上空。燕国的军队对此十分疑惑。田单再次进行了第二波谣言攻势，宣称这是有神人下界指导齐人抗燕，这个神人会亲自出现在即墨首领田单的面前。

没过几天，一个胆大包天的士兵出于玩笑，偷偷在田单身边喊了一句："我能做你的神师吗？"

这个士兵嘴上爽完了，转身就跑。田单立即找人把他追了回来，让这个士兵面东而坐，自己用对待神师的态度来侍奉他。士兵惶恐万分，对田单说道："大人，我是闹着玩儿的，我根本没有什么能力，您饶了我吧！"

田单低声且严肃地告诉他："别说破这个真相，老实按我的要求做事！"

之后，田单发布的所有命令都会特地指出，这是在"按照神师的旨意"行事。这么一来，燕国军队满腹狐疑，而即墨城的齐国军民却像打了鸡血一样。

田单继续向燕国军队散布谣言，说道："即墨城的军民早已破釜沉舟，强攻没有好处，要瓦解他们的士气，最好把齐国战俘的鼻子割掉，逼迫他们做炮灰攻城，这种行为一定能摧毁即墨城守军的意志。"

燕国军队真的照做了，即墨城的守军看到这个局面，人人都害怕被燕国俘虏，再没有人打算投降燕国，也没有人愿意被燕军活捉。

田单再次散布谣言，说道："即墨城的守军、平民的祖坟都在城外，要是破坏了他们的祖坟，羞辱了他们的祖先，一定会让守军痛苦不已，失去斗志。"

燕国的军队再次相信了这个传闻，便掘墓焚尸，即墨城的守军看到如此场景，异常愤怒，所有人都希望立即出战！

看到守军士气的变化，田单清楚自己的军队已经斗志昂扬了，随时可以战斗。于是，他亲自拿起工具，指挥军民共同修筑防御工事，与士兵们同呼吸、共命运。他把自己的家人都编入部队里服役，还把自己家人的口粮统统拿出来犒劳士兵。他命令全副武装的士兵提早埋伏在咽喉要地，让老弱病残的市民站上城楼，显示出饥寒交迫、无法坚持的样子。然后，田单派遣使者前往燕军大营，提出了开城投降的请求。

听到这个消息的燕国大军高呼万岁，将军们都以为之前的"攻心战"效果卓著。士兵们都以为多年的征战终于将画上句号，他们能够回家了，大家都认为即墨城中士兵减员严重，只剩食不果腹的平民。

著名的作家卡夫卡曾经说过："越是虚构的故事，细节处越要真实。"田单为了把戏做足，从即墨城征集了大量的金银财宝，命令即墨城的富商以个人身份将这些金银财宝赠送给燕军将军骑劫，并告诉他："即墨城将要投降，将军入城之后，千万不要掳掠我们的家人和妻妾，请让我们安定生活，这点小意思，将军不要嫌弃！"

骑劫得意地答应了富商们的"乞求"，这时燕国军队从上到下完全松懈下来。

当晚，田单在城内把早早征集来的一千多头牛牵出来，给它们披上深红色的披风——披风上面画满了龙形花纹，牛角上全都绑上了尖刀。士兵们把浸满油脂的芦苇扎在牛尾上，点燃后立即打开城门。受惊的火牛纷纷冲出城门，直奔燕军大营，田单精挑细选了五千名死士跟在奔牛之后。

睡梦中的燕国士兵被惊醒，无数愤怒的、有彩绘的、头顶尖刀的、在燃烧着的疯牛冲入燕军大营，导致燕国士兵死伤无数，燕军陷入一片混乱。五千名死士随后赶到，疯狂补刀，即墨城中鼓声阵阵，百姓都用力敲打金属器皿制造声响，声音震天动地。燕军士气快速崩溃，士兵四散奔逃，燕国上将军骑劫在混乱中被杀，齐国军队大获全胜。这就是中国历史上最著名的"火牛阵"，田单也是历史上火牛阵的发明者。

之前逃散的齐国百姓、残兵开始向即墨城区集中，田单手中掌握的部队一天比一天壮大。借着燕国军队的溃散之势，田单率领部队陆续收复了齐国的领土，直到把燕国军队赶出了国境，使之退回到黄河以北的地区。

随后，田单到莒城接回齐襄王到齐国都城临淄主政，齐襄王封赏了田单为"安平君"。田单在安平城逃命时的强大求生欲，激发出了他解放齐国全境的巨大潜力，这个称号实至名归！

【技法正名】

这个故事一定让你听得舒爽了吧，那么田单的说法技法你能总结出来吗？它叫想要说不要。

想要说不要这个技法名称听起来是不是特别俗气？你别看它俗，技法内涵倒是一点也不马虎。别以为我在忽悠你，在我解释技法前，你琢磨琢磨它的真正意思是什么。你会说，想要的偏说不想要呗！你看，其实不是这个技法俗，而是容易被人解释得俗。

从字面意思上看，的确就是你解释的那样，一个人面对自己想要的东西，偏说自己不想要。如果你进一步深挖，会发现它有更复杂的意思。想要的"要"字，不仅代表"要"本身，还可以是一个虚指，比如还代表愿意的说不愿意、希望的说不希望、不怕的说害怕。故事中的田单就是这么来玩的，并且他把这个套路整整玩了三遍：第一次说害怕换将领，第二次说害怕割鼻子，第三次说害怕挖坟墓。其实他不仅一个都不怕，还盼望着对方这么做。结果，敌人果真连续中了三次圈套。

实际上，想要说不要这个技法使用起来有以下两大好处：

第一个好处，就像田单那样，我说自己不想要，而听我说话的人——我的对手、冤家、竞争者，听了我说不想要，偏就给我这些东西，结果正中了我想要的下怀。

第二个好处，想要说不要可以避免一定程度上的尴尬，即使自己最后没有得到，那也没关系，反正我已经说了自己不想要，我心里是什么想法，你们并不完全知道。

【五星评跋】

让我们从现今的视角给上述史料中的对白做一个综合评定。

田单的所有忽悠战略，至少听起来都很有道理，他在读懂对手心理的同时，也非常清楚己方人员的心理，逻辑性上评定为10分。

田单欲擒故纵的手法和恰到好处的传播，处处诱导对手一步一步地进入他的圈套，策略性上评定为10分。

所有忽悠的内容确实在细节之处做到了极尽真实，行为、语言、气氛、手法、表现形式、有意无意安排的诈降步骤，共同营造出了一个让对手心满意足、掉以轻心的虚假世界，表达力上评定为10分。

战局变化风云莫测，战机稍纵即逝，即使是拍电影，能把这数万演员都调配得如此完美，也绝非易事。若这不算即兴，那什么还能叫作即兴？即兴度上评定为10分。

本来火牛阵可以达成第二个满分的技法，但是即便在残酷的战争中，通过诱使敌人对齐国俘虏用刑来激发守军斗志的手段还是过于残忍，就当我妇人之仁，影响力上评定为6分，我不希望有人效仿这一点。

因此，在满分为50分，每10分为一星的标准下，我们将田单复国的故事评定为46分，四星半。

【沙盘推演】

在现实生活中，想要说不要的技法在特殊时期还能被用来形容人生中的大爱。比如，每当长辈想要把某一样好吃的东西省下来给孩子吃，孩子反问他为什么不一起吃时，长辈们就会说："我不喜欢吃这个！"

事实上，他想吃，也喜欢吃，只是说了自己不喜欢吃，可以让孩子安心地把东西吃完。

其实，在孩子身上也能发现这个技法。比如，孩子看到别人的家长给小伙伴买了一个超酷的玩具，自己心里痒痒的却得不到，为了避免尴尬，嘴硬地说："切，我才不稀罕呢！我最不喜欢这种东西了！"

事实上，这么说的人往往最稀罕、最喜欢。

说到这里，你还想到了什么场景？对咯，谈恋爱。

当你和别人同时喜欢上了一个异性，而这个异性却选择了别人时，你为了不让自己下不了台，死撑着内心的痛楚，说上一句："我才不喜欢这种类型呢！"

现在你悟到一点什么了吗？人啊，有时往往言不由衷。当然，这也不是什么错，因为我们都有一颗易碎的心，上面有过多少裂痕，只有自己最清楚。

夫差求贤·倾听会人心

【钩玄提要】

　　我不止一次地遇到这种情况，某些传播者自认为听懂了对方所表达的意思，就在别人尚未结束说话时插话。事实上，一个优秀的传播者也一定是一个优秀的倾听者，他不仅懂得尊重他人，不随意打断对方，更知道即使在对方已经表达完整的情况下，也可以用良好的倾听姿态进一步地延续彼此交流的环节，接收更多有效的信息。

　　本节通过夫差的故事，将为你讲述的说话技法与口语传播时信息的捕获密切相关。本节的史料取材于《史记·吴太伯世家》《吴越春秋》。

　　这个故事无须冗长的开场白，因为大家耳熟能详。

　　提起吴越争霸，可能大家第一个想到的就是卧薪尝胆的越王勾践。确实，能在巨大的打击下忍辱负重、艰苦前行，越王勾践是一个了不起的人物。如果你以为本节讲的就是卧薪尝胆，那说明你对我的写作逻辑还不熟悉。这一节要说的是勾践的死对头，奴役了越王多年的吴王夫差。可能有的读者会说吴王夫差不就是那个见到西施两眼发直的昏君吗？你瞧，我们总是喜欢批评别人。再说了，爱美之心人皆有之，看几眼也不违法，行为正当就行了。

【史料新说】

　　吴越两国都在江南地区，一衣带水，互为邻国，关系非常微妙。

　　我们先从夫差的父亲阖闾讲起。这个阖闾是个狠人，早先替吴王僚南征北战，战功累累。后来在一次宴席上，他安排刺客用藏在鱼腹中的匕首刺杀了吴王僚，自己做了新君，这也就是后世大名鼎鼎的"鱼肠剑"的由来。虽然上位的方式有些不光彩，但这位新吴王却有着真才实学，可以说是个明君。他在内政上重用了楚国旧臣伍子胥。除了振兴吴国，伍子胥还引荐了一位猛将给阖闾，这个人就是军事家孙武。孙武面见阖闾，献上了自己的绝世名著《孙子兵法》。吴国的国力很快强盛起来，最先尝到苦头的是楚国——都城郢都被攻克，楚昭王出逃。

公元前496年，越王勾践即位。阖闾对越国积怨多年，哪能错过这次良机，故而欣然率兵攻打越国。两军在槜李摆开阵型，开始了对垒和厮杀。史料上的记载比较玄乎，越军的前两次冲锋都失败了，这时候勾践想了个奇招，派了三列所谓犯了军纪的罪人，来到阵前，集体自杀。吴军哪里看过这个阵仗，打个仗还能看自刎的，一个个都惊呆了，看得入了神。勾践趁着这个机会突然发动进攻，大败了吴军。吴王阖闾在乱战中受到攻击，有的说是中了乱箭，也有的说是被割掉了脚趾，总之是身受重伤。眼看就快离世了，他找来太子夫差，嘱咐他："你能忘记勾践杀了你的父亲吗？你一定要为我报仇！"

阖闾就这样带着遗憾去世了，太子夫差继位成为了新的吴王。

终于说到了主人公夫差。其实阖闾最开始立的太子不是他，原太子在吴楚连番交战的时候病死了。

于是次子夫差日日夜夜对伍子胥说："父王想立太子，除了我还有谁该立？此事的谋划就全靠您了。"

伍子胥自信地说："太子人选还没有确定，我进宫之后大王就会决定下来。"

没过多久，阖闾果然召见伍子胥，商量立太子的事。伍子胥说："现在太子离世，大王想立太子，没有谁能胜过次子夫差了。"

阖闾说："他这个人愚蠢而残暴，恐怕不能在吴国奉守国统。"

伍子胥说："夫差讲究信用而且爱护民众，在坚守节操方面非常端正，在遵行礼义方面非常敦厚。而且，父亲死了由儿子继承大统，是典制上明文规定的。"

阖闾只能说："我听从您的建议。"

阖闾离世，但毕竟威名犹在，又留下了那么强的怨念，所以刚继位的夫差做了一件稳定军心，但现在看来略显做作的事情。在每日三餐之前，他都会派人守在自己旁边，先大声地问一句："你忘了勾践杀害你父亲的血海深仇了吗？"

夫差每次都会大声回应："不敢忘！"在这之后才能吃饭。这表明了夫差强国复仇的决心。

俗话说，新官上任三把火。但夫差这位新王在上任后却能安心守成，这是一个明智的选择。吴国在夫差的治理下，国力蒸蒸日上。史书中写道：这时的越王勾践昏了头，硬是不顾范蠡的劝阻，主动攻打吴国。实际上，勾践也是无奈之举，他不攻打吴国，也会是个慢慢等死的局面。

公元前494年，吴越两国在夫椒大战，这次两军硬桥硬马地比拼了一场。双方在国力、军力的正面比拼中，越军果然败下阵来，大败而逃。吴军乘胜追击攻打到了越都会稽，越王勾践率残兵五千人退至会稽山，吴军将他们团团围住。

危急之下，范蠡表示此时只能派人去跟吴军议和，如果吴军不同意的话，他们就举国投降，侍奉吴王。勾践听从了他的计谋，派文种赴吴军议和。

夫差本来想答应越国的请求，可是伍子胥不答应，夫差就拒绝了越国的要求。文种回去禀报了勾践以后，他本来打算杀掉妻子，焚毁宝器，跟吴国拼了，大不了力战而死。但是文种知道吴国的太宰伯嚭素来与伍子胥不和，于是就带上美女和宝器私下会见太宰伯嚭。伯嚭接受贿赂之后，就领着文种去见了吴王夫差。

伯嚭劝吴王说："越国已经臣服，答应做我们的臣子国，这是吴国的大好事。"

伍子胥再次强烈地反对："现在不灭越国，以后必然后悔。勾践是贤君，范蠡、文种是良臣。他们若再回到越国，必将发动叛乱。"夫差这个时候听不进伍子胥的意见，最终与越国议和，退了兵。

很多人读到这里可能会感到非常奇怪，为什么夫差平时心心念念一定要杀掉勾践为父报仇，可是真有了这个机会反而昏了头放了勾践呢？

当然各家有不同的见解。但是一个有作为的君王，按照常理来说是不应该这么无脑的。后世为了让这个故事看起来合理，大多把吴王夫差记载成一个自大、昏庸、好色的人，把吴国退兵的理由归结于勾践的低姿态让夫差飘飘然，西施的美丽让夫差沉迷其中等。

我查了一些史料，这个事件应该有更合理的视角去解释。首先，伯嚭就纯粹是个贪婪误国的人吗？贪婪是不假，但这次的进言更多的是伯嚭与伍子胥的官场角力和互相制衡。夫差的态度就更暧昧了，想想也知道，伍子胥拥立他上位有功，但没有一个君主喜欢一个权势过大的臣子，伯嚭也就成了夫差制衡伍子胥的重要棋子。他这次支持伯嚭，也顺便敲打了伍子胥。

更重要的原因是，勾践已经做好了带着五千精兵和吴国拼命的准备，这个信息夫差想必已经知晓。夫差此战更多的是被迫应战，他的野心绝不仅仅是吞并越国这么简单，齐国才是他的终极目标，越国称臣对他来说是当前损失最小的结果。夫差要求勾践带着重臣来吴国侍奉自己，这样也可以润物细无声地吞并越国。这对勾践来说，比杀了他还要狠。

谁知勾践来到吴都后却被安置在一个小石洞里整整晾了三个月，才叫越王进宫拜见。越王趴在吴王跟前，范蠡跟在越王后边。

吴王对范蠡说："我听说，有操守的女子不嫁给破落的家庭，仁人贤士不在已经灭亡的国家做官。现在越王暴虐无道，国家已将灭亡，土地神、谷神遭到毁坏而崩塌，他自己死后世系就断绝了，将被天下人所讥笑。你和你的主子都成了奴仆，前来归顺吴国，难道不卑下吗？我想赦免对你的处罚，你能改变思想、悔过自新、抛弃越国而投奔吴国吗？"

范蠡回答："我听说亡国的臣子不敢奢谈政治，败退的将军不敢侈谈勇敢。我在越国的时候，不忠贞、不诚信，使得越王不听从大王的命令，用兵和大王相对抗，以致我们得到了惩处，君臣都投降了。承蒙大王的大恩，我们君臣才得以保全。我希望您回家时能让我来打扫卫生，您外出时，我可以供您驱使、为您奔走，这才是我的愿望。"

这时越王趴在地上流泪，自以为就要失去范蠡了。吴王却听懂了范蠡的意思，知道他不可能做自己的臣子，就对他说："你既然不愿改变自己的志向，那么我就再把你安置在石洞之中。"

范蠡说："臣服从命令。"

说完，勾践、范蠡又返回到了石洞中。

【技法正名】

这段记载在《吴越春秋》中的小故事篇幅不长，却展示出了夫差非常高明的一面，很多读者会觉得技法隐藏在夫差最开始劝降范蠡的几句话里。其实不然，这里面蕴含的技法，叫作倾听会人心。

这个说话技法得好好说说。我很在意这个技法，之所以在意，是因为它重要且容易被人冷落。我们往往忘记了一件事，听是说的回路，没有听，说的意义就小了很多。

"倾听"，不是一般的听。"倾"是一种姿势，当这种姿势和"听"这个动词结合后，倾听就明确地给人一种提示，这种听是一种姿态。我再强调一次，倾听是一种姿态，是一种由内而外的态度。

"会"，这个字更是意义非凡。随便举两个例子，你就知道被我们平时疏忽的这个字的深层次含义了。比如，会心一笑，这可不是普普通通的笑，有人能对你这么笑，那得有多少文章在其中。又比如，心领神会更了不起，这时的"会"和心、和神产生了关系。

所以，会人心需要极强的信息接收能力，也只有在倾听这种强大的姿态下，才能出现会人心的结果。

再看夫差，他抛出的问题是问范蠡愿不愿意投奔吴国。那么，投奔吴国干什么呢？肯定是做夫差的臣子，替他出谋划策，为他所重用。而范蠡的回答却是愿意替夫差打扫卫生，驱使奔走，等于间接回绝了夫差的邀请。

这个时候，越王勾践哭得稀里哗啦，因为他以为范蠡被吴王收买了。可吴王心里门儿清，听出了范蠡的意思，知道自己根本得不到范蠡的效忠。不怕货不好，就怕货比货。相比之下，夫差的倾听能力甩了勾践好几条马路。

【五星评跋】

让我们从现今的视角给上述史料中的对白做一个综合评定。

在劝降的话语中，夫差有理有据，引经据典，逻辑性上评定为9分。

历史上很多劝降都需要胜利者自降身份，去打动对方，夫差的这番话实在有点姿态过高，策略性上评定为4分。

夫差的话一环扣一环，从别人的俗话到对越国的贬低，力度十足，但在功能上却显得过犹不及，劲使错了方向，很容易引起范蠡的逆反心理，表达力上评定为6分。

毕竟是一国之主，他可能习惯了其他人都对言听计从。三个月的缓冲期后，夫差憋了很久，终于邀请了范蠡。然而，他在遭到婉言谢绝后，又把人家关进了石洞，即兴度上评定为3分。

吴越争霸，来来回回，精彩万分，夫差的奋发图强和勾践的卧薪尝胆都给后世留下了很多谈资，这次的劝降失败是后来越国反败为胜的重要因素，影响力上评定为9分。

因此，在满分为50分，每10分为一星的标准下，我们将吴王夫差直言邀请范蠡的故事评定为31分，三星。但夫差的对话展现了我等待许久的倾听技法，再给他加5分倾听分，总分36分，三星半！

最后，我还是想替吴王夫差说两句。夫差此人即位后懂得厉兵秣马；击破越国使其臣服后，就一直谋划北上争霸；他开凿了邗沟这条中国最早的人工运河，连接了长江与淮河流域，可见其思想极为超前。在与齐国的艾陵之战中，他出色地指挥了春秋时期规模最庞大、最彻底的歼灭战，并且在北上争霸的过程中屡显威名，成了某些史料记载中的一位春秋霸主。这些都是他的光辉之处，功过分两边，毕竟历史是辩证的，不是吗？

【沙盘推演】

在做技法联系现实生活之前，我先问大家一个有趣的问题：一个人在什么时候倾听姿态最好？

我的答案是，在谈恋爱的时候，人的倾听姿态最好，特别是在热恋的时候。即使对方说的都是废话，唠唠叨叨，你也会不厌其烦地听，并且听得津津有味。尤其是追求者，那不仅听得非常认真，而且效率极高，听完就立刻明白对方的意思，马上转化为实际行动，大献殷勤。

下面我再给大家举一个关于倾听的例子。

有一次，我的一个学生来办公室向我咨询毕业后的选择问题。他的准备挺充分，基本上自己已经概括了三种去向，大概在我面前讲了足足20分钟，然后问我："老师，您说我该选择哪一种？"

我回答他说："其实，你的心中早已有了答案，也基本做了决定，那就第一种吧。"

他诧异地看着我，问道："您怎么知道？"

我说："今天，你来我这里，不是为了问我要答案的，而是希望我给你的答案和你心中的一样，你是来找我要支持的，你是来找倾听者的。一来，过去的20分钟你滔滔不绝，没让我插嘴；二来，你不仅开口先说了自己的第一个选项，而且说了10多分钟，条理清晰，逻辑缜密，思考得也最充分。显然，你想要的就是我给予你最大的支持。"

以上是我给他的回答，这里我也特别想对读者说一句：很多时候，你对面的那个人需要的只是你能安安静静地听他说完，而这一点，很多人都做不到。

第七章

对象创设：一个萝卜一个坑，对的时间对的人

章首语

对象，狭义上是指传播者所面对的接收者，广义上是指传播者在进行口语传播的过程中面对的一切事物。本章内容中所指的对象创设是在广义基础上设计出的传播条件。

口头语言传播，除了在封闭空间中的自我交流，绝大部分时间都是与他人进行的口语传播活动。换言之，说话在大多数情况下是两人或两人以上进行的人际传播行为。因为每一个人都有自己的生活经历、学习背景、价值观念，就连心情都可能瞬息万变。面对不是自己的接收者，如何调动有限的资源，根据接收者的需求创造出有助于传播顺利进行的条件尤为关键。

靳尚救友・校准南北极

【钩玄提要】

同一件事，传播者面对不同的传播对象，采用不同的传播内容对其进行说服，必然会出现不同的传播结果，这个道理浅显易懂。它的难度系数不在于理解，而在于如何有效地执行。传播者对语境和情境的选择不是一种与生俱来的能力，而是需要经过后天反复学习、训练后，所掌握的一种口语传播的专业执行力。

本节通过靳尚的故事，将为你讲述的说话技法与口语传播时传播对象的择取密切相关。本节的史料取材于《史记・张仪列传》。

关于张仪、苏秦合纵连横的故事，相信喜欢读点历史的朋友们都已经非常了解。即便我不具体讲述，他们两个的名气也足够大，估计大家也能找到不少史料，本书也会在最后一章继续讲述这段精彩的故事。

这两位著名的战国纵横家为了实现政治抱负，各自使出浑身解数，奔走于"战国七雄"之间，把各种话术、诡辩术、诈术都运用到了极致，为后世贡献了无数的经典故事和值得学习的案例。

【史料新说】

不过常在河边走，哪能不湿鞋。就算这两位是外交大师、话术鬼才，也难免会有倒霉的时候。要知道，没有什么技术活是万能的，就算你有天灵灵、地灵灵的独家咒语，也总得给你时间去念，对吗？小时候看《西游记》，我们只知道一大群妖怪打来打去，特别有意思。长大之后我再看《西游记》，就不由得问自己，要是唐僧还没来得及念紧箍咒，孙悟空就已经把他拿下了，那这紧箍咒还有什么用呢？从这一点看，不是紧箍咒有用，而是唐僧个人对孙悟空有着非同凡响的人格魅力。万一碰到哪个仇人连开口的机会都不给你，一门心思要置你于死地，这时候你又该怎么办呢？你别说，张仪还真碰上过。

话说秦惠文王十二年（公元前313年），秦国想要攻打齐国，却忌惮于齐国与楚国的结盟。于是张仪出马，一番花言巧语，不但说动楚怀王与齐国断交，甚至授予他楚国相印，还送了他一大堆金银财宝，楚怀王满心欢喜想跟秦国交好。可没想到，张仪回到秦国后就翻脸不认人了，之前的承诺全部被抛弃。楚怀王大怒，发兵攻打秦国。

不想，秦、齐两国居然结盟，反过来共同迎战楚国。在丹阳、蓝田两场大战中，楚国战死了八万人，七十多名大将被俘，楚国元气大伤，最后不得不割地求和。可以想象，楚怀王对张仪简直恨不能食其骨、啖其肉、饮其血。

上述这些都是铺垫，两年后冤家碰头，故事开始了。凡事不能做绝，一定要给自己留点空间。当时秦国看中了楚国黔中一带的土地，就跟楚怀王商量用别的城池来交换。

楚怀王说："我不愿意交换土地，只要能得到张仪，我情愿献出那块地。"

看看这是什么仇、什么怨，宁可割地，也要取张仪的项上人头。秦惠文王听了心里痒痒得很，可又不好意思跟张仪明说。张仪知道后，盘算了一下，觉得秦国强大，楚国战败后实力削弱不少，自己作为秦王使臣，楚王估计也不敢把自己怎么样，便主动请缨出使楚国。

可是这次张仪打错了算盘。楚怀王等待复仇的这一天等了足足两年。张仪一到楚国，楚怀王立刻就把他囚禁起来，准备处死他。这时候，任凭张仪再有三寸不烂之舌，在牢里说什么，都没人听了。如果没有意外，他非死不可。那么到底还有没有什么办法能给张仪带来一线生机呢？虽然我不会剧透，但是你知道张仪不是这么死的。

精彩的部分马上就要来了，因为这比商业上的扭亏为盈更需要能力，人家是在救命，是在起死回生！

俗话说，一个好汉三个帮，一个篱笆三个桩，朋友的作用这时候就体现出来了。张仪的好友楚国大夫靳尚决定站出来救他。

作为鼎鼎大名纵横家的朋友，靳尚是不是也有两把刷子，能够说动楚王放了张仪呢？靳尚找到楚怀王，直截了当地求起了情："大王把张仪抓了，秦王必定震怒，其他诸侯看到咱们又得罪了秦国，一定会对咱们虎视眈眈，楚国的地位会因此越来越低……"

大家想想这话有没有用？一点用都没有，简直就是对牛弹琴。楚怀王正处在大仇即将得报的狂喜中，能听得进这话才有鬼呢。靳尚的A计划彻底失败。好在他没有放弃，又想了个B计划。这次他找的不是楚怀王，而是楚怀王最宠爱的妃子——夫人郑袖。

靳尚对郑袖说："夫人，你知不知道你马上要在君王面前失宠了？"

郑袖一脸懵圈："什么情况？"

此时，靳尚的口才突然有如神助一般，开始超常发挥。

靳尚一本正经地说："张仪是对秦王功劳最大的忠臣，如今被咱们楚王抓了，秦王肯定得救他。我听说秦王有个美貌的女儿，他挑了很多漂亮且精通音律的宫女陪着她一起准备嫁到楚国。另外，秦王陪嫁了无数金银珠宝，还附带上庸六县作为资本，打算把它们当作交换张仪的条件送给咱们楚王。"

郑袖听到这里估计脸都绿了。这就好比你突然得到消息，你先生的老板为了不让他跳槽，给他配了一群比你年轻、漂亮的女秘书，还给了他一笔丰厚的奖金。任凭你的先生为人多么正直，你的心情肯定有点像江南一带的黄梅天，长时间让人不舒爽。

靳尚没有停下来的意思，继续滔滔不绝地说："楚王看重土地，也爱美人，必定会宠爱秦国公主。而秦国公主也会仰仗强秦来抬高自己的身价，同时更以珠宝、土地为资本四处活动，势必让自己当上王后。到那时，楚王每天都沉迷于享乐，必然会遗忘夫人，夫人以后的日子可就难过喽……"

郑袖听得整个人都傻了，哭丧着脸哀求靳尚："那我可怎么办才好？大人，你帮我出出主意吧。"

靳尚说："这还不简单，你就怂恿楚王把张仪放了。张仪如果能够逃生，必然对您感激不尽，秦国的公主也就不会来了，连秦王都会感谢你。这事办好了，别说夫人在国内地位尊贵，就是和秦国也有了交情。张仪更是会念您的好，指不定什么时候能帮上忙，夫人的儿子也必然会成为楚国太子，这绝对不是蝇头小利。"

靳尚的这段话堪比宫心计，句句都戳在了郑袖的心上。作为一名后宫妃子，最重要的技能是什么？除了讨得君王的欢心，剩下的就是宫斗了。而宫斗无非就是一边打压竞争者，一边提高自己的实力。即使对靳尚的话有所迟疑，那个时候的郑袖也只能宁可信其有而不可信其无了。靳尚的提议听起来简直一举两得，只要救了张仪，就能阻止一个强有力的对手出现，还能拉拢一个秦国重臣。

换了你是郑袖，也一定会为了自己和孩子的前途奋力一搏的。

【技法正名】

我们来看看靳尚在挑起宫斗的过程中所用的说话技法，它叫作校准南北极。

磁铁南北极的关系，大家并不陌生，普通人的知识结构中最先想到的就是同极相斥，异极相吸。至于为何同极相斥，异极相吸，这是一个非常复杂的物理学证明题。据说磁场的很多理论还处在假设阶段，其中分子电流是关键，当磁性相同的两极相互靠近时，分子电流因减弱而造成相互排斥的现象。

校准南北极的技法要求我们在规定的语境中，面对什么人、该说什么话需要对位准确，只有如此才能达到说话的目的。反之，则会酿成适得其反的不良后果，就是我们常说的哪壶不开提哪壶，让听者对你所说的内容极为排斥。

靳尚在面对楚怀王和宠妃郑袖时，正是使用了校准南北极的技法。他劝楚怀王释放张仪的理由是，惹怒了秦王会导致楚国失去盟邦。气头上的楚怀王哪里会听得进这些，绝对是视死如归。靳尚发现说服楚王的磁极没有对准，差点适得其反，便机智地转换了方向，立刻校准了磁极，把目标对准了郑袖。

他说服郑袖的理由是即将嫁过来的秦国公主会让她失宠。面对不同的传播对象，靳尚分别采用了不同的言辞，以达到自己想要的目的。看到这里，你或许以为自己已经明白了其中的要害，但可怕的事情还在后面呢！如果没有校准磁极，那就完了。

我们可以设想一下，如果把靳尚两次对话的内容互换，会造成何种可怕的结果。楚怀王听到秦国要送美女和珠宝来贿赂自己，结果可能会雪上加霜，即使他想要这些好处，得到之后也未必会放了张仪，而郑袖几乎不会在乎除失宠之外的国与国之间的打打杀杀。

或许大家很好奇，最终故事的结局到底是怎样的？其实，经过靳尚的洗脑，郑袖无疑将使出全力去说服楚王。郑袖先是吹捧了一番楚王，说："作为臣子，各为其主，这无可厚非。如今土地还没交给秦国，秦国就已派遣张仪过来，这就是极看重大王啊。"

随后又开始楚楚可怜地哭诉："大王没有还礼，反而还要杀死张仪，秦王必定大怒而攻打楚国。我请求大王让我们母子一起迁移去江南，不要让我们成为任秦国宰割的鱼肉。"

楚怀王被她哭得心一软，也觉得她说的不无道理，于是赦免了张仪。楚怀王这种男人，看来是典型的吃软不吃硬。正因为靳尚的出手相助，张仪作为一代著名的纵横家、外交家的故事才得以延续下去。当然，我很怀疑郑袖的这段话术同样也是靳尚教的，因为很明显的是，她在面对楚怀王时，也同样校准了磁极。

【五星评跋】

让我们从现今的视角给上述史料中的对白做一个综合评定。

靳尚在劝说郑袖当说客时，虽然说得煞有其事，但纯属瞎编，不能细究，也只有养在深宫又极度重视自己眼前利益的妃子才会当真，逻辑性上评定为6分。

他在面对郑袖时，并没有直接讲述事件的原委，而是针对她的切身利益，编出了一套打动她的说辞，最终成功地笼络郑袖为他说服了楚怀王，策略性上评定为10分。

他三言两语所描述的秦国公主美貌多金，还会自带佳丽、财宝甚至土地来楚国，这对郑袖形成了巨大的威胁，表达力上评定为10分。

靳尚为救张仪多方游说，他目的明确，应有准备，即兴度上评定为5分。

靳尚虽然达成了目标，救了张仪，但是这件事对于波澜壮阔的战国历史而言只是沧海一粟，而因为张仪对历史进程的影响颇深，影响力上评为6分。

因此，在满分为50分，每10分为一星的标准下，我们将靳尚智救张仪的故事评定为37分，三星半。

【沙盘推演】

从古到今，在现实生活中校准南北极的说话技法随处可见。所谓校准南北极，就是校准传播内容和传播对象的关系。

庄子说："井蛙不可以语于海者，拘于虚也；夏虫不可以语于冰者，笃于时也；曲士不可以语于道者，束于教也。"

意思是，对井里的蛙不可与它谈论关于海的事情，因为它的眼界受着狭小居处的局限；对夏天生死的虫子不可与它谈论关于冰雪的事情，因为它的眼界受着时令的制约；对见识浅陋的人不可与他谈论关于大道理的问题，因为他的眼界受着所受教育的束缚。

顺便提一句，受教育不是为了以后赚大钱把本捞回来，而是为了开阔视野，为一辈子习得一个良好的思维模式以及树立正确的价值观打下基础。

而当今社会，用最为直白的话去注解校准南北极的说话技法，那便是见人说人话，见鬼说鬼话。很多人一听到这种说法，总会投去鄙视的眼光，因为日常生活中大凡用到这句话，都不会是褒义。事实上，是我们对于这句话的理解太过狭隘和偏激。如果摘下有色眼镜再读这句话，我们就会明白，它想要告诉我们的意思就是说话要看准对象，找对表达的内容。难道这不是口语传播最为基本的道理吗？但明白基本的道理，不等于能够身体力行地遵守这些道理。更有意思的是，生活中没有校准南北极的现象也不少。

比如，逢年过节七大姑、八大姨的那些老三样提问——"这次考试成绩怎么样啊？""今年对象找到了吗？""啥时候准备要孩子呢？"这些问题通常会引发孩子们的极度反感。

除此以外，校准南北极的技法还涉及言谈举止中的礼貌问题，比如不要问女士的年龄和体重。如果对方让你猜她的年龄，多半是比较自信，你也应该往小了猜。

读了本节故事，大家应该已经明白，这种语境下的诚实没有任何意义。女士让你猜她几岁了，人家实际上才40岁，你却说50岁。知道真相后，你还强调说："啊呀呀，年纪那么小啊，怎么长得那么着急呢？"你是诚实了，嘴也舒服了，可人家呢？

本来人际传播就得讲究愉快与和谐。

朱家侠义·找对代言人

【钩玄提要】

在日常生活中，我们经常会遇到这样一种情况，自己不便于在该语境下发表意见和传递个人的思想，但又不得不抓住有利的传播时机发表言论，这该如何是好？显然，在这种情况下，唯一的方法就是找到其他的传播者转述自己的想法。这时，就要求那位转述者具备一定的转述能力，以及对于接收者的影响力。

本节通过朱家的故事，将为你讲述的说话技法与口语传播时转述者的选择密切相关。本节的史料取材于《史记·游侠列传》。

这节文章的题目，不专门解释一下，读者可能会产生很多的不解。

朱家，并不是一户姓朱的人家，而是秦汉政权交替时的一位游侠。从《史记·游侠列传》中的记载我们可以知道，朱家为鲁国人，也就是今天的山东曲阜人。他在儒家繁盛的鲁国，没有以学术立身，却以侠士义气而声名远播。

说到朱家，就必须说到"任侠之士"这个成语。《墨子》一书中写道："高义之人，为了自己想要完成的事，哪怕损害自己的利益也在所不辞；高义之人，为了解救他人的危急，即便是自己厌恶之事也绝无退缩。""任侠之士"，指的就是重承诺、轻生死、讲义气的见义勇为之人。讲得接地气些，就是那种两肋插刀型的朋友。

【史料新说】

读过之前文章的朋友能够隐约发现一个"定律"，这也许是历史的一种巧合：古代名字里有"布"的武将，都特别能打！比如，我们曾经提到过的英布，还有《三国演义》中的吕布，这次我们在说朱家前，再提一位猛将——季布。

这位季布将军是楚地人,也是一个好打抱不平的侠义之人,在楚地非常有名气。当时流传过一句谚语:"得一百斤黄金,不如得季布的一句承诺。"这也是成语"一诺千金"的由来。虽然,有时候中国古代文献中的黄金指的是铜,但在当时也是很有价值的东西。

季布曾经效力于楚霸王项羽旗下,在与刘邦的多次战斗中,打得未来的汉高祖一点脾气都没有,弄得他非常凄惨。刘邦在击败项羽夺取天下并建立大汉王朝后,一直耿耿于怀,特地下令悬赏千金捉拿季布,并且悬赏令称胆敢窝藏季布的人夷灭三族。由此可以看出季布对刘邦造成的心理阴影有多大。

此时的季布躲藏在濮阳的一户姓周的人家。情势危急之下,这户人家连忙对季布说:"汉朝天子悬赏捉拿你的命令十分紧急,搜查的官兵即将来到我这里。如果你愿意听从我的计策,便罢;如果不能,那我只有自杀了。"

季布答应了这个请求。这个周姓人家的计策是把季布的头发剃掉,让他带上奴隶用的铁项圈,换上粗布衣服,将其混在其他奴隶之中卖给了鲁国的游侠朱家。

这位游侠朱家一眼就认出了藏身于奴隶之中的季布,虽然我们并不清楚朱家会不会暗骂这户周姓人家扔来了一个烫手山芋,但是重情重义的朱家不动声色地买下了这批奴仆,派他们去自己的田庄里耕地劳作。

随后,朱家手指季布告诫自己的儿子说:"田里耕作的事情,要听从这个奴仆的安排,要和他吃一样的饭菜!"

朱家留下一脸懵圈的儿子,便坐上马车走了。

乘坐马车离开的朱家,并不是出门躲避,而是去找了汝阴侯。这位汝阴侯就是刘邦的发小夏侯婴。夏侯婴也是沛县人,早先就随同刘邦起兵,还推荐了韩信给萧何,月下追韩信也有他的身影。击项羽、入巴蜀、定三秦,屡立奇功,他还在战火之中冒死救出了刘邦的一双儿女,也就是后来的汉惠帝和鲁元公主。

汉朝建立后他被封为汝阴侯,"夏侯"是个姓氏,他也因此把"汝阴"作为堂号,《三国演义》中大家熟悉的夏侯惇、夏侯渊等,都是他的后裔。

夏侯婴见到著名的侠士朱家来访,便邀请他作为座上宾,把酒言欢了好几天。

一天,在酒席中,朱家趁机说道:"陛下发皇榜抓捕季布,如此着急,是什么原因呢?"

夏侯婴回答说:"当初季布在项羽手下多次进攻陛下,次次险些要了陛下的性命,陛下一定非常记恨季布。"

朱家继续说道："您觉得季布到底是什么样的人呢？"

夏侯婴想了想，回答说："应该是个有才能的人！"

听完夏侯婴的回答，朱家才放心地继续说："做臣子的就应该遵从主公的号令。当初季布作为项羽的属下，按照项羽的要求追杀刘邦，根本就是分内之事。难道所有为项羽服务过的人都要被杀死吗？陛下刚刚平定天下，就因为个人怨恨而追杀季布，这不是在向天下人展示自己气量狭小吗？既然季布真是个有才能的人，汉朝又容不下他，那他只能北逃匈奴，或者南下南越了。这种记恨他人而资助敌国的行为，就和伍子胥鞭尸楚王是一回事了。您要不找个机会，和陛下说明利害关系吧！"

夏侯婴听到朱家的话，又明白朱家是远近闻名的侠义之人，对季布的藏身之所已经猜出了大概。于是，他答应了朱家的建议。

大家已经知道，历史上伍子胥为了替父亲和兄长报仇而鞭尸楚王。当他被自己的挚友申包胥责问时，回答说："我已经是垂垂老矣，想报仇已经时日无多，既然我用正常的方法已经无法报仇，不如不择手段，做一些违背常理的事，倒行逆施，来完成此生愿望！"

朱家的这个比较可谓用心良苦，夏侯婴也明白其中的利害关系。于是，夏侯婴找到了机会，按照朱家的意思向刘邦陈述了利害关系。刘邦最终居然接受了夏侯婴的建议，赦免了季布，还任命他为郎中。郎中这个职位在秦汉时期指的是皇帝的侍卫、高级武官，是郎中令的下属官员。

【技法正名】

这是本书写到现在，我记忆中唯一一个依靠旁人口头转述的内容完成说服的范例。让别人转达也是一个非常实用的说话技法，叫作找对代言人。

代言人这个概念，我们一点都不陌生。对于广告行业而言，代言人是指为某一商品做形象宣传的知名人士。之所以要代言，是为了通过知名人士的影响力来增加产品的知名度。

从这个概念中我们可以发现，代言人多半不是普通百姓，他可能不是明星，但基本上都是某一领域中具有一定社会知名度和地位的人。因为如果他们不具备这些知名度，便无法去进一步施加影响。于是，找对代言人就显得格外重要了。

再看朱家，他深知自己虽然是个知名的侠士，但是贸然去找大汉皇帝刘邦，暂且不论能否如愿见到，即使能够面圣，直面劝说的效果也未必理想。运气不好，再被扣上个窝藏朝廷钦犯的罪名，罪夷三族，可谓得不偿失，非但救不了季布，还搭上了自己这条老命。

然而，夏侯婴的身份却不同，他是西汉的开国功臣之一，又是刘邦的发小，跟随刘邦起义，立下了赫赫战功。夏侯婴对于刘邦的影响力不是一般人能够比的，只要夏侯婴愿意出面说服刘邦，成事可谓十拿九稳，板上钉钉。

【五星评跋】

让我们从现今的视角给上述史料中的对白做一个综合评定。

不论是朱家表达的内容，还是选择的代言人，都是上上之选，否则季布估计只能逃亡一辈子了，逻辑性上评定为8分。

朱家非常清楚自己的身份和自己话语的力量有限，靠夏侯婴的转述达成目标，这完全是精妙的安排，策略性上评定为8分。

朱家利用历史上伍子胥的倒行逆施作为有力的佐证论据，并非特别惊艳，也算中肯，表达力上评定为6分。

用了好几天的酒局，朱家才找到合适的时间说服了夏侯婴，虽然进退有度，但不是彻底的即兴谈吐，即兴度上评定为5分。

刘邦赦免了季布，还重用季布，季布也侍奉了三代帝王，对于大汉王朝建立初期的稳定有着积极意义，影响力上评定为9分。

因此，在满分为50分，每10分为一星的标准下，我们将朱家求助夏侯婴的故事评定为36分，三星半。

【沙盘推演】

在现实生活中，寻找自己的代言人是不是花费很高呢？我想未必，只要你找对了人，他能够完成你交代的传播任务，这个人就可以是代言人。

聪明的你会质疑我说，刚才不是说代言人都得是某一领域中具有一定社会知名度和地位的人吗？没错，我不会说过就忘，知名度和地位得分场合，好比在家中，对于孩子而言，父母的身份显然更有权威性，在家中地位也往往会更高一些。

某年除夕夜，在家庭聚会时，我的小侄子就跑到身边对我说："大伯伯，我爸现在烟越抽越多，谁劝他都不听，还弄得厨房乌烟瘴气。他就服您，能不能帮忙劝劝让他别抽了。"

对于我的小侄子而言，这就是找对了代言人，他自己也说明白了这个问题，他爸对谁的话都不买账，唯独卖我三分薄面。

于是，我对他说："好吧，我试试。但让你爸一下子不抽烟挺难的，我尽量劝他少抽点，你看行吗？"

对于孩子正确的要求，我们得保护他表达的勇气。同时，我也为他爸留足了余地。在市场经济的年代，商家已经习惯了不管什么商品都要找代言人。洋洋洒洒地写到这里，作为人民教师的我，不免心中又掀起一波涟漪。

此时，我更想对你多说一句："如果你有时间去做点什么，最好去做你自己想做的。归根结底，一个人最好的代言人莫过于你自己。"

西门豹治邺·承袭彼之道

【钩玄提要】

在口语传播中有一种屡试不爽的说服方法，那就是通过复制对方的传播方式或传播内容，来达成自己的传播目的。这种传播手段的最大优势在于被你复制的人无法直接否定你，因为否定你就等于否定他自己。不过，采用复制他人的传播方式或传播内容的做法有一个非常重要的前提条件，复制者必须充分把握所复制事物的原貌，以免张冠李戴，得不偿失。

本节通过西门豹的故事，将为你讲述的说话技法与口语传播时手段的复制密切相关。本节的史料取材于《史记·滑稽列传》。

复姓，是一种很有中国特色的姓氏类型，它是以超出一个汉字的组合形式而存在的姓。《史记》的作者司马迁，就是复姓司马。还有很多的姓也都是复姓，比如诸葛、夏侯、令狐等，我们在许多文学艺术作品中见到过这些复姓。

本节故事也要推出一个复姓，叫作西门。如果你想到的是西门总二郎，我相信你一定是一个喜欢偶像剧的人；如果你想到的是西门吹雪，我相信你一定是一个喜欢武侠小说的人；如果你想到的是西门庆，我相信……好吧，你一定是个熟读《水浒传》的人；如果你想到的是西门子，我觉得你可能太接地气了。

【史料新说】

本节故事介绍的这个复姓西门的人，叫作西门豹。他是魏国安邑人，也就是今天的山西省运城市夏县人，其生卒年月已无法考证。他是战国时期魏国著名的政治家、水利家。本节故事在音频节目播出时被取名为《不让神仙洞房的狼人》，为什么管西门豹叫"狼人"呢？除了适应互联网平台的调侃特点，还因为他比狼人还要再厉害一"点"！你若是不信，下面就让我们来看看这位西门豹，到底做了什么更狠一点的事。

公元前445年，魏文侯即位成为魏国国君。魏文侯名叫魏斯。他执掌魏国朝政近五十年，于公元前396年病逝。

本节故事的主人公西门豹，就是在魏文侯在位近五十年里的某一年，被派往邺城（今河北省临漳县西南）做了当地的执政官。刚到邺城，西门豹立刻开始着手整顿内政，他没有从官吏手中获取信息，而是亲自到民间寻访长者，直接向民众询问他们的疾苦。

被寻访的人回答西门豹："最苦的事情，莫过于给当地的河伯娶媳妇，为此这里的人民早就穷困不堪，没有钱了。"

河伯，就是迷信说法中的河神。在西门豹的追问下，百姓继续说道："邺城的三老、廷掾每年都要用替河神娶媳妇这件事情搜刮民财，搜刮了几百万钱，他们只使用其中的几十万来操办仪式，剩下的都和当地的巫婆一同瓜分了。到了黄道吉日，巫婆就去当地的小户人家搜寻漂亮女子，选中其中一名作为河伯的未婚妻。他们给这户人家下点聘礼，就把女孩带走，给她沐浴，为她做新衣服，让她独自居住并斋戒，还在河边建造一所斋戒的房子，张挂起黄色和红色的帷幔，让这个女孩住在里面，还给她置办牛肉酒食。

十几天后，他们再把女孩放在为出嫁而准备的床铺枕席上，让她漂在河水里，最多漂十几里人就沉没了。家里有漂亮女孩的人家，担心巫婆选中自己的女儿，早就拖家带口地离开了这里，邺城的人烟也因此越来越稀少，人民也越来越贫困。据说如果不给河神娶媳妇，河神就会发大水淹没这里。"

西门豹听完，说道："下次河神娶媳妇的时候，让三老、巫婆和百姓一起前来。谢谢你们告诉我这件事情，届时我也会去送送这个女子。"

这段对话里提到的"三老"，指的是掌管教化的乡官。"廷掾"指的是县令的下属官员，与三老一样都属于政府的工作人员。

终于到了河神娶媳妇的日子，西门豹如约来到了河边。

邺城的三老、廷掾、巫婆、当地有权势的人、富户也都来到了现场，加上看热闹的百姓足足有两三千人。巫婆大概七十多岁，身后还跟了十多名女弟子，她们都穿着用丝绸制作的华丽服饰。

西门豹大声说道："把河神的媳妇带过来让我看看，是否足够漂亮，能否当得起河神的妻子。"众人听见西门豹这么一说，心想又来了一个同流合污的角色。

大家立刻扶着这名女子来到西门豹面前，没想到西门豹看了看，大声说道：

"这姑娘一点也不漂亮，完全不适合做河神的妻子！巫婆，麻烦你帮我告诉河神，我们要找更美丽的女子，麻烦他再多等几天，不要生气。"

随后就示意身边的差役们，他们立刻明白了西门豹的意思，抓起巫婆直接将她投进了汹涌的河水之中。

稍微等了一会儿，西门豹不耐烦地说道："巫婆为什么去了这么久还不回来？赶紧让她的弟子去催催她，让她赶紧回来吧。"

差役们心领神会，抓了巫婆的一名女弟子投入河水中。此时人们开始陷入惊慌，但是没有人敢违背西门豹的命令，就这么连续扔了三个女弟子到河水中。

西门豹不耐烦地说道："是不是她们都是女流之辈，说不清楚事情的原委啊？来人，让邺城的三老辛苦一趟吧！"

说完差役们就将三老也扔进了河里。此时的西门豹头上插着发簪，弯腰向着河水恭恭敬敬地行礼，站了很久。廷掾和其他官员都冷汗直流，吓得魂飞魄散。

西门豹终于忍不住了，说道："巫婆去了不回来，弟子去了不回来，三老去了也不回来，要不再派廷掾去……"

话还没有说完，廷掾和各路官员纷纷跪下磕头求饶，磕得头上的鲜血直流也不敢停下，脸色如同死灰一般。最后西门豹说道："你们都起来吧，看起来河神要留他们谈事情，时间会很久，大家都散了散了，先回家去吧！"

从此，邺城再也没有人敢提为河神娶媳妇的事情了。

【技法正名】

让我们看看在接二连三地把凶手扔进河水的过程中，西门豹给我们展示了什么说话技法吧。他使用的这个技法，叫作承袭彼之道。

这个技法读起来虽有些拗口，但是非常实用。"承袭"的意思是指继承和沿袭，"彼之道"是指对方的态度、观念、方法等。

承袭彼之道的概念听起来有些高深莫测，但意思非常清楚，说白了就是以其人之道还治其人之身。在金庸先生的武侠小说中，不少人物用过这样的战术方法。《倚天屠龙记》中张无忌在光明顶用少林派的少林龙爪手击败了少林门徒，《天龙八部》中慕容复的成名绝技就是以彼之道还施彼身。

这种用对方的功夫把对方打败的方式，会让被打败的人一点脾气都没有，因为当初的他，就是用这个套路去折腾别人的。

再看西门豹，在将巫婆、弟子、三老逐一扔进河里的过程中，他所说的每一句话，都是按照对方的套路出的牌——既然你们喜欢搞封建迷信，喜欢妖言惑众，用这种方法来毒害百姓、谋取私利，那我西门豹就不能逆着你们的规矩来。因为逆着做不一定能够获得部分执迷已深的百姓的支持，反而会给巫婆等人落下口实，反攻自己。于是，他就完全顺着对方的逻辑，承认有河伯的存在，同时顺水推舟地送巫婆等人去见河伯，让他们命丧黄泉。

承袭彼之道的最大好处在于，这种说话技法让对方完全无法反驳。因为当事人使用的语境是对方曾经创设的，对方要么亲手推翻自己创设的语境，要么认栽，真是哑巴吃黄连，有苦说不出。

【五星评跋】

让我们从现今的视角给上述史料中的对白做一个综合评定。

西门豹用对方的规则，实施了自己的计划与安排，逻辑性上评定为10分。

西门豹从民众的真实想法入手，了解了多数人的想法，巧妙地替民众出气，惩治了借助迷信搜刮人民财务的恶劣官员，策略性上评定为10分。

用人之常情、交往礼节为理由，把作恶之人丢入河中，让对方找不出纰漏，只能认罪求饶，表达力上评定为7分。

所谓"见怪不怪，其怪自败"。西门豹这样有魄力的处理方式，一定不是临时起意，而是有所准备，倒是现场的即兴表演能力堪称上佳，即兴度上评定为6分。

整顿吏治，兴修水利，造福一方，福泽百年，影响力上评定为8分。

因此，在满分为50分，每10分为一星的标准下，我们将西门豹治理邺城的故事评定为41分，四星。

关于影响力的评定，这里再多说几句。在惩罚了利用迷信中饱私囊的恶官吏之后，西门豹立即征发民众开挖了十二条河道，他要把漳河的河水引流到农田里进行灌溉，可是老百姓认为这太过劳累，都不愿意。

西门豹表示，百姓们可以接受成功后的快乐，却不愿意接受开始时的辛苦。可能当下感觉吃亏了，但是数百年后，子孙后代一定会想起他说过的话和做过的事。事实上，直到今天，邺城的农业、生活用水都十分便利，老百姓因此生活富足。当时，西门豹开挖的十二条河道横穿了驰道。驰道是战国时代的高速公路，秦始皇统一天下以后，驰道的规格也被固定下来，路面有五十步宽。据说，这种道路只有皇帝能走，而且从挖掘出来的遗迹看，秦代的驰道上是有铺设轨道的，它被猜测是用马拉动的"铁路"，这么看来"车同轨"的意义还真是深远。

进入汉代后，有官员认为十二条河渠彼此距离不远，考虑将三条河渠并成一条，然后在上面架桥，结果邺城当地的百姓纷纷劝阻，表示这些渠道是战国时期贤良的长官西门豹规划建设的，不能更改它。官员最终接受了百姓的意见，放弃了并渠架桥的计划。西门豹这个"狠人"做了邺城的县令后，名闻天下，连司马迁都评价说："恩德流传后世，没有断绝，怎么会不是贤良的大夫呢？"

【沙盘推演】

读到这里，大家有没有在脑海中浮现出曾经听过的一些有关承袭彼之道的案例呢？

比如，莎士比亚创作的讽刺性喜剧《威尼斯商人》就是典型的以其人之道还治其人之身的故事。

在法庭上，鲍西娅聪明地答应夏洛克可以割取安东尼奥的任何一磅肉，但是如果安东尼奥流下一滴血的话，就要用他的性命及财产来补赎。最后，安东尼奥获救了，法庭以谋害威尼斯市民的罪名宣布没收夏洛克财产的二分之一，另外的二分之一则判给了安东尼奥。夏洛克害人不成，却被自己想出的办法弄得倾家荡产。

在日常生活中，使用承袭彼之道的机会也很多。

某知名品牌汽车的发动机漏油事件一度闹得满城风雨，车主与店家的对峙持续了一段时日，期间车主口吐莲花式的辩论能力让互联网围观群众赞叹不已。这让我想起了自己曾经在4S店里与店家的一次对话。

当时，我的车刚保养完毕，在驶离4S店的10多分钟后，车突然自动断电，完全无法启动。事后店家拒不承认他们在保养车的过程中检验不当，还反复强调4S店确保的就是规范与安全。

我当即问道："既然你跟我谈安全，那么我就跟你谈安全，如果在刚才断电的过程中，驾驶员因经验不够丰富而导致了交通事故的发生，此刻你还敢坐在这儿跟我谈'安全'一词吗？"

这句话说完，对方面红耳赤。他们说了许多不理智的话，暴露了自己的理亏。

我所说的最后一句话就是典型的以牙还牙，当面对如此情景时，对方只能是搬起石头砸了自己的脚，因为这是他说话的逻辑。在此，我得多提醒各位一句，这个技法看起来用着挺舒坦，但别忘了别人也会用它来对付你。所以，口才对谁都是公平的。

萧何建都·替你说对白

【钩玄提要】

在人和人的对话过程中，因为对话双方彼此有一定的了解或者传播者对语境有一定的认知，很多时候我们多少能够解读出一些对方内心的想法。有些人在读懂了对方的想法之后，为了自己的痛快会干脆利落地摧毁对方的期许；有些人在体察到了对方的心思之后，却通过合理的方式把对方想说却又没说出的部分，有礼有节地表述了出来。

本节通过萧何的故事，将为你讲述的说话技法与口语传播时对白角色的更替密切相关。本节的史料取材于《史记·萧相国世家》《史记·高祖本纪》《资治通鉴·汉纪三》。

在前文，我们屡屡提及汉高祖刘邦，他能够从项羽那里虎口夺食，建立自己的王朝，其领导能力毋庸置疑，但这天下能够顺利地打下来，绝非靠他一己之力就能完成。谈到这一点，谁都会想起汉初"三杰"：萧何、张良和韩信。在本节故事中，我尤其要介绍一下那个帮助韩信出人头地，又差不多活活弄死他的"三杰"之一——萧何。

【史料新说】

提到萧何，全中国的老百姓大概除了那句"成也萧何，败也萧何"，好像也想不起他的其他什么丰功伟绩了。从这个角度看，萧何这个"三杰"之首似乎有些名不副实。难怪最热门的游戏《王者荣耀》里张良和韩信都榜上有名，偏偏萧何没了踪影。

但从口语传播的专业视角来看，萧何可称得上是一个妙人。作为汉高祖刘邦最信任也最器重的开国丞相，萧何在说话技法上有其独特的玄妙之处。他能以高官厚禄善终，很可能和他会说话有着重要的关系。

萧何与刘邦是老乡，同为沛县官吏出身。据《史记》记载："萧相国何者，沛丰人也。以文无害为沛主吏掾。""文无害"，有两种解释：一是善写公文，二是善处公务。总而言之，都是有行政的才干。最重要的是，根据诸多学者的研究，"主吏掾"是一个仅次于县令长的官职。

萧何开始做官时，为秦朝治下，当时秦始皇以强硬的手段将郡县行政体制推广到了全国，沛县也在其中。这套行政体制有一个特点，即一县的最高行政长官——县令长，由朝廷任命，且基本上都是外来者，所以沛县人氏不可能做沛县之令长，但县令长之下配合他开展工作的属吏，则多为本地人。所以从这里可以看出，萧何当时称得上是沛县行政能力最强的人。这说明萧何当官伊始就擅长做副手，这些都是后来他能够成为刘邦集团里稳稳当当的二号人物的基础能力。

所谓"近水楼台先得月"，萧何在沛县发迹的时候结识到了刘邦、曹参、樊哙、夏侯婴和周勃这些江湖豪杰，他们是日后刘邦集团的核心骨干分子。照理说，萧何当时是他们中官位最高的，但人家有大智慧，早早就看出了刘邦的不凡之处，不仅在生活上多加照顾刘邦，暗中袒护他，还利用职务之便保释过刘邦的老婆。之所以着重讲萧何在刘邦起义前的故事，是因为从中可以看出萧何能够崛起的原因，一是他占了很早就跟对人的便宜，二是他有雪中送炭、揣摩人心的本事，这跟我们本节要分析的说话技法有非常紧密的联系。

在陈胜、吴广揭竿而起以后，萧何又巧妙地帮助刘邦兵不血刃地拿下了沛县。在拥护刘邦上位的过程中，萧何把政治智慧发挥到了极致。刘邦入沛县以后，召集沛县父老乡亲共商大计。大家都推举刘邦为县令，反叛秦朝自立门户。刘邦心里哪能不高兴呢？但表面上却推辞道："现今天下纷扰，诸侯并起，沛县县令应由全县最有声望之人担任。我实在是才能、品德都不够格，误己事小，倘若误了全城父老，那就百死莫赎了，还是快快另选贤能，以图大事吧。"

众人见刘邦出言谦逊，更加坚持请刘邦担任沛县县令。刘邦这一套以退为进的技法玩得那叫一个炉火纯青，仍是再三推让不就，萧何苦劝也无济于事。众人无奈，便选出九位全县最有声望的人，连同刘邦共计十人。他们把这些人的姓名都写在阄上，谨告天地，拈出何人，何人即为沛县县令，不得推辞。

萧何见状，忽生一计，忙对大家说："诸位这个办法很好，取决于天，最公道。这点微劳，须让不才来尽。"

众人听了十分赞同，一切准备就绪后，萧何又转身对众人说："刘邦最为乡亲信仰，拈阄之事，我看就请他来担任，以昭郑重。"

众人齐声叫好。刘邦只得对天行礼，之后拈出一阄，当众展开一看，上面恰好写着自己的名字，看一眼萧何，又要推辞。萧何见状，连忙走上前去，一把将盘中剩余的阄抓起，放入口中嚼碎，然后高声说道："天意所归，还有何说？"

众人听了，欢声雷动。刘邦无奈，只好答应了。

于是，他们便在县衙大堂举行了仪式，誓师起事，并按楚国旧制，称刘邦为"沛公"。事后，刘邦才知道原来萧何所写的十个阄全是"刘邦"的名字。其实，刘邦怎会不想做这个老大呢？可是心里再想，总要做个推脱的样子，但如果真玩砸了，事情就不可收拾了。萧何在这个过程中完全体会到了刘邦内心的矛盾，巧妙地帮他解决了难题。可见，真正的能人是能够发现对方的心理需求的，这也体现了萧何的高情商。

萧何在刘邦争霸天下的过程中虽没有赫赫战功，却是刘邦最重要的内政管家和坚实的后勤保证。他先是在灭秦的大小战役中阻止了飘飘然的沛公采取冲动之举，深谋远虑地保护了秦朝的律令、档案、图书等文献；又慧眼识得英才韩信，月下苦追这位名将让其留在了刘邦阵营；接着留守关中为汉军征兵备粮，几次及时地破了刘邦的战败困局，可谓是兢兢业业。

刘邦称帝以后，对"三杰"各有评断。对萧何的评价是：镇国家、抚百姓、供军需、给粮饷，我比不上萧何。

这个评价已经相当高了，可见刘邦从心底里认同萧何的内政能力，将其看作镇国之宝。所以在平定天下的分封中，萧何被定为开国首功，位列众卿之首，被称为"开国第一侯"，食邑万户。

行赏分封诸侯后，定都的问题又迫在眉睫。听了多方想法后，刘邦决意定都关中，并命令丞相萧何营建皇宫。

未央宫建成之时，萧何奏请刘邦御驾前往视察。萧何接驾，带领刘邦浏览皇宫。

刘邦巡视一番后，嫌宫室过于壮丽、豪华，责备萧何道："朕起义是为救老百姓，现今天下初定，民穷财尽，怎么能将这座宫殿造得如此奢华？"

估计言不由衷是刘邦的老一套，萧何不慌不忙地说："天下刚刚安定，才好借机会多征发些人和物来营建宫室，况且天子以四海为家，宫室壮丽才能显出威严，也免得子孙后代重建。"

刘邦见萧何回答得如此得体，便转怒为喜道："如此说来，朕未免错怪你了。"

萧何听刘邦在安慰自己，接着说："微臣此事虽蒙陛下宽宥，但来日方长，难免有误，还请陛下多多教导。"

刘邦微笑着说："你做事颇有远见，朕记得当年攻破此地时，诸将趁乱入宫，多多少少都拿了点好处，只有你只取书籍表册而去，办事也是有条不紊。"

萧何亦笑道："臣无所长，一生为吏，对于前朝典籍，视为至宝，平日得以借鉴，今天被陛下一语道破。陛下天资聪慧，事事留意，我简直连您的万分之一都比不上。"

刘邦听了大喜，便指着未央宫的四周，对萧何说："此处可以添筑城垣，作为京邑，就叫长安吧！"

至此，西汉建都长安，历时二百余年，萧何成了该城最早的规划者和设计者。

【技法正名】

萧何在上述的对白里集中展现了一个纵贯他一生的说话技法，叫作替你说对白。

替你说对白这个技法名称应该是本书截至目前章节中最直白的一个技法。如果我不解释，也就这么过去了，你也不会觉得有什么不一样的地方。但若我真不解释，你还真不一定能完全明白我所指的是什么。技法的名称虽然直白，但其中的内涵却未必那么容易让人明了。

比如你知道替你说对白这个技法和以前朱家那篇故事中找对代言人的技法有什么区别吗？现在就让我多啰唆两句，大家也静心多读几行。

替你说对白，不是替他说对白，"你"这个人称代词说明对象就在我对面。如果用了"他"这个人称代词，可能代表的对象不一定在现场，这有本质上的区别。那么为什么要替你说对白呢？原因很简单，因为有些话，你不能亲口说，只能由我代劳替你说出来，这样双方都会特别舒服。

让我们再来看刘邦和萧何之间的对话。大家想想，难道刘邦不想把自己的宫殿造得宏伟大气一点吗？只是即使他心里这么想，也不能这么说。看到萧何把宫殿造得这么有气势的，他开心得很呢！

但刘邦坐在皇帝的龙椅上，就得说出以天下苍生为重的话，所以责备了萧何。在我看来，这只是嗔怪。萧何特别懂刘邦，你不能自己说，那我来替你说，他一下子找到了两条理由：第一，天下刚刚平定；第二，免得以后重建。其实，这算不上什么理由，未必全然站得住脚。结果刘邦就说他说得对。两个人你懂我懂，开开心心的。

再看萧何，他对人心，尤其是帝王之心的揣测是非常到位的，包括写了十个"刘邦"名字的字条，某种意义上也算是运用了替你说对白的技法。

此后萧何在他的为官生涯里先是贴心地帮刘邦铲除了功高震主的韩信、英布等人，又巧妙地用自污清白的方式把自己的姿态放低，算是得以善终。可见，他从头到尾都把刘邦的内心摸得很透，套用当下的一句歌词来说就是：刘邦啊，我是你的眼。

【五星评跋】

让我们从现今的视角给上述史料中的对白做一个综合评定。

从萧何追随刘邦开始，他一直就是刘邦肚子里的"蛔虫"，每次都能将刘邦的心里话娓娓道来，逻辑性上评定为9分。

人都有自己的软肋，对于君王，一切美言都是听不够的，策略性上评定为8分。

作为近君王的臣子，萧何在表达上不仅照顾到了对方当时的心情，还说出了为帝王后代着想的意见，直击刘邦的内心，表达力上评定为9分。

这是一次突然发生的质问，萧何也不一定想得到刘邦已经夺得了天下还那么做作，能够应答自如，实属不易。但作为陪伴刘邦时间最长的人，对这种质问的回答可能在他心里已经模拟过无数次了，即兴度上评定为8分。

长安长安，长治久安。作为中国历史上最悠久的古都之一，长安本身就是一个传奇。作为长安第一任规划官，萧何的功绩是不可抹杀的，影响力上至少要给9分。

因此，在满分为50分，每10分为一星的标准下，我们将萧何对话刘邦的故事评定为43分，四星。

【沙盘推演】

在现实生活中，替你说对白的技法能用的地方也不少，尤其是知根知底的两个人在一起，用起这个技法来就更得心应手了。

有一天我去便利店买东西时看到了一对父女，爸爸三十多岁，女儿四五岁。一开始，爸爸在冷藏柜前，挑选着自己想喝的东西，估计这也是他来便利店的目的。

结果，女儿把他拉到了零食专柜前，对他说："爸爸，你带我来便利店干吗呀？"

你要知道，这时候小姑娘的眼睛盯着零食在看。这个爸爸特别有趣，很认真地告诉小女孩："我觉得你今天学习特别辛苦、特别认真，带你来买点零食，但只能挑一样哦。"

小姑娘的脸上顿时就乐开了花，马上回答道："好的，爸爸，我只挑一样。你平时告诉我零食吃多了对身体没好处，尽量少吃点。"

这对父女真有默契，都在替对方说着对白，父亲说出了女儿的内心活动，女儿也说出了父亲的真实想法。

我听了之后不禁感叹：多和谐的一对父女。也许这就是在说话时加点技巧可以给我们带来的生活乐趣吧！就像我的一个朋友一样，他的太太怀孕了，他在朋友圈中嘚瑟着两人的照片。

我对他半开玩笑地说："最近可得好好伺候你老婆！"

他说："是的，林老师，最近我天天替我老婆说对白。"

晁错被诛·在其位谋其言

【钩玄提要】

我们每一个人只有在独处的时候才可以"为所欲为",一旦进入人际空间,身上立马就多了一样东西,叫作角色。父母的角色、子女的角色、老师的角色、学生的角色等,这些角色都让我们肩负着属于自己的一份责任,这份责任必然督促着我们在口语传播的过程中使用合适的语言进行表达,忽视责任的口语传播从一开始便进入了错位的轨道。

本节通过晁错的故事,将为你讲述的说话技法与口语传播时的责任和担当密切相关。这一节的史料取材于《史记·袁盎晁错列传》。

占卜在中国有着悠久的历史,在汉代,人们似乎尤其信奉看相。在中国历史上一位叫作许负的女相面大师,还因为算命被封为"鸣雌亭侯"。在史料记载和文学作品中,我们也多次发现有关看相者的说辞,比如:大将军卫青还是骑奴的时候,有囚犯说他未来会飞黄腾达;英布年轻时,算命先生说他犯罪黥面之后会称王;连《三国演义》中诸葛亮攻占长沙后,也怒斥魏延脑后有反骨,要杀掉他。

如果你觉得会相面的人都是社会底层人员,而贵族、高官们不会使用相面之术,那就大错特错了。诸葛亮曾经躬耕于南阳时就学过相面之术,汉高祖刘邦也曾利用相面之术做过"预言"。

【史料新说】

刘邦不是长子,他还有哥哥。古代兄弟姐妹的排序:伯为长,仲为次,叔为三,季为最末。刘邦的字就是季,刘邦也叫刘季。刘邦的老丈人吕太公就是相面的高手,他察觉到刘邦的面相不同凡响,于是把女儿吕雉嫁给了他。

刘邦不知道是不是和老丈人学了点能耐，他也会用相面之术判断别人。刘邦做了皇帝以后，淮南王英布谋反，刘濞以骑将随从刘邦攻破英布的军队。刘邦因刘濞从军有功而封了他做吴王，并命他统领东南三郡五十三县。

刘邦召唤刘濞来了以后，大惊，直接说道："你小子面露反叛之相啊！"

考虑到刚刚任命就撤回圣旨未免太过儿戏，刘邦只能将错就错，但他拍着刘濞的后背告诫他说："大汉五十年间，东南会有叛乱发生，怕不是你干的吧？咱们可都姓刘，是一家人，别搞这种事情啊！"

刘濞连连磕头，表示绝对不敢这么做。

刘邦死后，吕氏当权期间，刘濞仗着领地内有豫章郡的铜矿山，又毗邻大海，于是招募天下亡命之徒，铸私钱、煮私盐，"国库"充盈无比。汉文帝时期，刘濞的儿子刘贤进京，与太子饮酒下棋。本是一个一家亲戚把酒言欢的好时机，但是刘濞的儿子是个出了名的"坑爹"官二代，因为下棋与太子发生了争执，态度十分不敬。太子也不是省油的灯，这位未来的汉景帝抄起棋盘拍在刘贤的脑袋上，刘贤当场一命呜呼。

发生了这么重大的事情，朝廷只能把刘贤的尸体送回吴国。刘濞又心疼又愤怒地说道："高祖曾经说过，既然普天之下都是咱们刘家人的天下，那么死在哪里，就埋在哪里！"说罢，又命人把刘贤的尸体送回了京城下葬。

自此，刘濞对朝廷非常不满，开始违背礼仪和礼节，还谎称生病不去京城。全天下的人都知道他是因为儿子死了才不肯进京，刘濞活蹦乱跳、身体健康的消息早就被朝廷知道了。

随后，吴王刘濞的使者一进京就被朝廷扣押盘问。这回刘濞从怨怒的情绪转为了恐惧，为了自保他开始积极筹划谋反。

当另一批使者也被朝廷扣押时，面对皇帝的责问，使者回答："吴王刘濞没有生病，理由你们都知道了，但是吴国使者来一批扣一批，你说吴王他还敢亲自来吗？所谓水至清则无鱼，不是被人抓，就是被鸟吃。面对朝廷这么严厉的盘问，吴王只会想尽办法隐瞒，不然皇帝会砍了他。要不皇帝您考虑考虑，给吴王一个台阶不再追究，让吴王能重新开始如何？"

皇帝答应了使者的建议，对外宣称刘濞年事已高，以后不用舟车劳顿再来京城，这下刘濞欺君的罪名就不成立了，他打算造反的心也就松懈了下来。

大家以为没有人再关注吴王刘濞的狼子野心了吗？怎么可能呢？把刘濞儿子刘贤弄死的太子刘启，身边就有一位非常信得过的大管家——太子家令晁错。

太子家令就是东宫太子的大管家，不但要负责太子的饮食，还要负责粮食库房的管理等事。

这位晁错可不是依靠裙带关系才侍奉太子刘启的，他是上书汉文帝要让未来的皇帝尽早学习治国之术的建议得到了汉文帝的首肯，才被选拔来负责皇太子的学习和日常生活的，太子刘启十分信赖他。

晁错一直认为吴王刘濞行为不端，有很多不符合王族礼仪的行为，应该按照法律对其进行惩治，比如减少他的封地。朝廷如此惯着吴王，未来一定会有麻烦。为此他多次对太子进言，但是当时的太子并没有权力。于是，晁错转移目标，多次上书汉文帝。汉文帝算是个心地善良的皇帝，不忍心严厉地处罚同宗兄弟，这导致吴王刘濞越来越骄横。

汉文帝后元七年（公元前157年），汉文帝去世。太子刘启继位，史称汉景帝。深受信赖的大管家晁错立刻被提拔为内史，很快又被提拔为御史大夫。因为深受汉景帝的信任，晁错一直有单独会见汉景帝的绿色通道。

他对已经登基的汉景帝说："以前汉高祖统一天下的时候，兄弟少，儿子还没有成年，只能大大赐封同姓的家族成员。汉高祖与吕后正式结婚前，曾与一位姓曹的女子育有一子刘肥，他被封为齐王，统辖七十多个县。高祖的同父异母的弟弟刘交被封为楚王，统辖四十多个县。这吴王刘濞是刘邦二哥的儿子，被封为吴王后统辖五十多个县，仅仅这三个人就分走了天下不少土地！

"当初你一个棋盘拍死了吴王刘濞的儿子刘贤，你和这位叔叔的关系好不到哪里去。当初他因为儿子死了不肯进京，按照古法这是要被砍头的。可是先皇心软，特批他不用进京述职，算是非常优厚了吧？你看他有任何感恩的样子吗？有任何收敛的样子吗？把别的国家犯法的人都笼络过去，干铸私钱、煮私盐这种随时可能被杀头的事情，你当他会对你这个杀掉他亲生儿子的凶手有臣服的打算吗？

"现在按照律法削减他的地盘，他肯定造反；现在不处罚他，将来他也一定造反。不同的是，现在处罚他，他只能仓促造反，危害比较小；以后他要是造反的话，可就准备万全，危害很大了。"

汉景帝三年（公元前154年），为了帮助汉景帝削藩，晁错借口楚王在太后服丧期间偷偷淫乱，罪应斩首，但汉景帝免除了楚王死罪，收回了东海郡；然后，找机会没收了吴王刘濞的铜矿产地豫章郡、会稽郡；没收了赵王的河间郡；胶西王因为卖官舞弊而被朝廷没收了他所管辖的六个县……

朝臣们一直在想办法削减这些诸侯王的封地，吴王刘濞觉得这是在卸磨杀驴。于是，他打算借机联络其他受到处罚的诸侯王一起造反！

他派出使者去联系四肢发达的胶西王，使者没带书信，只是口头传话："最近朝廷实在做得有点太过分了，一帮汉朝的家奴撺掇年轻的主子欺负咱们姓刘的皇族自家人了，是可忍孰不可忍！咱们都是刘姓宗亲，应该团结起来保护住高祖刘邦打下来的江山。

"皇帝任用奸臣，被坏人蒙蔽，看重眼前利益，改变法令侵吞诸侯的封地。吴王和胶西王都是有名的诸侯，被盯上就永无宁日了。吴王不用去京城，看起来舒服，实则在朝廷里根本说不上话，只能谨小慎微地活着。吴王听说您因卖官的事情被没收了领地，吴王也被没收了两个郡，不少诸侯王都被没收了领地。我觉得敌人相同就可以联合，爱好相同就能交往，情感相同就能相互成全，愿望相同就有共同追求，利益相同就可以共命运。吴王和您便是这样的人，要不咱们顺应天理，共同为民除害？"

胶西王说道："你这是要造反啊，皇帝虽然惩罚我，但毕竟是我犯罪在先，怎么能谋反呢？"

使者赶紧说道："晁错这个家伙迷惑皇帝，太多人憎恨他了。现在趁着有蝗灾，以杀掉晁错为借口起兵，吴王会跟随您夺取天下，咱们目光看到的地方必定会降服于您，手指的地方必定会被攻克。只要您答应，吴王、楚王就会一同攻克函谷关，守卫荥阳粮仓。未来两个君主分治天下，这难道不'香'吗？"

胶西王立刻被猪油蒙心，答应了使者的建议。随后，吴王亲自前往胶西王的宫殿，二人当面订立了盟约。诸侯们蠢蠢欲动，朝廷里也不安分。晁错提出的削藩计划，除了窦婴，大臣们没人敢反对。晁错和窦婴的关系很快恶化。而袁盎收受诸侯王的贿赂的事情被晁错捅了出来，他虽罪责当死，但最后并没有死而是被贬为了平民，这导致袁盎和晁错的关系也势同水火。除此以外，周亚夫、郦商、栾布等大臣也与晁错关系不好，用现在的话来说，晁错身边的朋友只有老板汉景帝一个了。

晁错的父亲为此从老家颍川赶来，规劝儿子别这么激进，说道："皇帝刚刚登基没多久，你大权在握还不够吗？削减诸侯的封地，离间皇家亲戚之间的关系，让皇帝疏远骨肉亲属，搞得天怒人怨，人人恨你，何必呢？"

晁错回答："事情的公理就是如此，不这么做，天子的威名就会受损，大汉的江山就会不得安宁。"

父亲说道："刘家天下安宁了，咱们晁家的门庭却危险了。我不想未来看到灾祸波及家里，我要和你划清界限！"不久，晁错的父亲便服毒自尽了。

此时，西汉七国之乱正式爆发，吴王刘濞等诸侯王打出"诛晁错、清君侧"的旗号，正式对抗汉景帝。吴王刘濞还下达了全国动员令，发动二十多万大军对抗朝廷，其余诸侯也纷纷响应。

七国之乱的军情被报给中央后，皇帝诏令曾经在吴国做过国相的袁盎进京。已是平民之身的袁盎见到汉景帝时，看到晁错正在和汉景帝筹算军粮和后勤之事。

汉景帝向袁盎询问破敌之策，袁盎示意让闲杂人等退出。汉景帝喝退了其他人员，只留下了晁错。袁盎却直白地说道："连您的臣子都请回避才行。"

于是，汉景帝命令晁错离开。晁错虽然十分生气，但不得不离开。

袁盎这才说道："这群诸侯王只是想利用造反的名义干掉眼中钉晁错而已，一切祸端的开始就是晁错擅自责罚诸侯，没收诸侯的领地。如今，最简单的办法就是斩杀晁错，向诸侯大军派遣使者安抚，退还其封地。如此一来，兵不血刃就能平息叛乱。"

汉景帝沉默了很久才说道："我作为皇帝，不可能因为宠爱一个人而放弃整个天下。不过事情真是如此吗？"

袁盎回答说："我愚笨的脑子里再也没有任何计策能胜过这个了，您好好考虑吧！"

汉景帝最终接受了这个建议。十多天后，汉景帝找借口让晁错来皇宫议事。当马车途经长安东市时，侍卫宣读了汉景帝的诏令，随后将晁错就地斩杀。

晁错死后，袁盎作为使者前往吴国。到达吴国时，吴楚联军已经开始进攻梁国的城堡。刘濞听说袁盎求见，笑着说道："他必然是来告诉我晁错已死，我可以继续做汉景帝的臣子了，可我是即将成为皇帝的人，还需要跪拜谁呢？"

刘濞拒绝与袁盎会面，并派人扣押了袁盎，袁盎趁着夜色逃离了吴国。

汉景帝在关键时刻选择了弃车保帅的方式，晁错成了弃子。汉景帝非常清楚领军在外的周亚夫等人和晁错的关系尤为险恶，如果他们也在前线被策反，大汉就回天乏术了。所以无论如何，晁错终究要被杀掉。

【技法正名】

晁错在大街上被"咔嚓"的故事，给我们留下了一个经典的说话技法，叫作在其位谋其言。

我们一直听到"在其位，谋其职"的说法，意思就是让某人一定要承担起自己工作中的责任，绝对不能因为有一定风险的存在，就选择不做不错的懈怠态度。很多人会认为在其位谋其言再正常不过了，有什么好强调的？其实不然。

第一，在其位谋其言并不是做好你自己那么简单，因为有时候你说的话会承担很高的风险。人心都是肉长的，你会考虑说还是不说。

第二，如何做到在其位谋其言呢？面对风险，你要敢于担责，不应该考虑说还是不说，而是应该考虑用什么方法去说。

第三，在其位谋其言不是硬来，而是要讲究方法。一来，你要敢于面对风险；二来，你要找到自我保护的方式，这才是最难的。如果没有两全的可能，也一定要把集体的利益放在自己的利益之前。

再看晁错，对太子或景帝，他连续三次进言，目标直指吴王和楚王。在这种情况下，晁错不可能意识不到自己面对的风险和压力，甚至最坏的结果是什么也许他都思考过，但他完成了一个御史大夫应该担当的职责。只是如果他能够多点自我保护，可能会减少一些损失。但估计这种和皇亲国戚硬桥硬马地拼杀，也是他不得已而为之的方法。

【五星评跋】

让我们从现今的视角给上述史料中的对白做一个综合评定。

晁错在多次建议皇帝惩治吴王刘濞时，非常客观地表明了在逼他造反和等他造反这两件事情的危害轻重关系，逻辑性上评定为8分。

他为了削藩而死于削藩，办事情办到众叛亲离，亲爹避之不及，唯一的朋友汉景帝亲手送他上了西天，策略性上评定为3分。

历史上对晁错文章的文字评价叫作"疏直激切，尽所欲言"，说他拥有战国策士、纵横家的气魄，语言干净明快，尤其是在父亲劝说他的时候，他的回答令人动容，表达力上评定为8分。

对于太子办不到的事情，他便转攻汉文帝，随即又不断见机督促太子削藩，即兴度上评定为8分。

曹操的"屯田"源自晁错的"御边计划"，汉朝初期中央尝试强硬削藩失败后，催生了之后的"推恩令"，中学教材上关于晁错的介绍更是让他想默默无闻都不行，影响力上评定为10分。

因此，在满分为50分，每10分为一星的标准下，我们将晁错被杀的故事评定为37分，三星半。

【沙盘推演】

在现实生活中，在其位谋其言是一种艺术，而不是一种圆滑，它强调做事要有自己的原则。但是，无论你如何讲究艺术，违背了自己的职责就是一种懈怠，追责是一定的。

我有个朋友，他妻子办公室里有几个男同事，总是喜欢在室内抽烟。他的妻子一直忍着，怕说破之后影响同事关系。

有一次，他去接妻子下班，特意来到办公室，半开玩笑地说："哇，一进你们办公室，就感觉置身于华山之巅，有种云雾缭绕、醉生梦死的感觉。"

一般情况下，正常的人听到这话，都会收敛一些，结果那几个同事只是一笑，丝毫没有改变。过了两周，他再次来到妻子办公室，义正词严地警告了那几个吸烟的同事。

他告诉我："第一次我已经给足了他们面子，但是总有人不思悔改，那么为了我老婆的身体健康，作为老公哪怕得罪整个办公室的人，也要开诚布公地给他们上一课。"

我问他："结果呢？"

他说："结果就是他们不在办公室抽烟了，也跟我老婆疏远了。"

是啊，我也料到了这个结局。但这次我支持他，因为道理还是留给讲道理的人听吧。

第八章

视角选择：

抽刀断水水更流，举杯得有个由头

章首语

视角，是我们发现问题和研究问题的角度。不同的传播者观察问题的角度完全不同，在口语传播中对于问题的切入点不同，会导致其后的传播内容与传播形式的千变万化。

根据客观存在的问题，充分发挥传播者的主观能动性，选择适合话题的视角切入，能够更有效地进行传播。相反地，如果从一开始就选错了口语传播的方向，紧接着出示的相关论据要么无法精确地论证传播者持有的观点，要么虽然证明了传播者自己的观点，却陷入了对方的语境之中，让谈话过程变得南辕北辙。

虞卿神算·厘清逻辑线

【钩玄提要】

在大学学习科目的分类中,语言类的课程通常会被分在文科领域,口语传播类型的课程也不例外。我认为,无论将这些课程如何分类,有一点是不争的事实,口头语言传播者需要具备不错的逻辑思维。辩论、说服、演讲、应答等形式的口语传播,无一不与逻辑思维有关。虽然逻辑优秀不代表口语传播就会出色,但出色的口语传播者必定有优秀的逻辑思维。

本节通过虞卿的故事,将为你讲述的说话技法与口语传播时逻辑的梳理密切相关。本节的史料取材于《史记·平原君虞卿列传》。

"画山难画山高,画树难画树梢,画虎难画虎骨,画人难画心苗。"过去的算命先生时常会用这四句话向前来求签算卦的人做开场白。本节故事的主人公虽说不是真正意义上的算命先生,却非常有先见之明地预测了长平之战的结局。这个人是谁呢?正是赵国上卿虞卿。

【史料新说】

虞卿,本名虞信,因在赵国被赵孝成王任命为上卿,才被称作虞卿。据说他的子孙后代以他的官衔为姓氏,这样一来,他就成了卿姓的始祖。很多姓卿的读者在本节故事里算是找到祖先了。

长平之战初期,赵孝成王觉得和秦国作战没有意义,便想和谈。虞卿认为,与其带着宝物去秦国和谈,不如带着宝物去魏国、楚国。只要魏国、楚国没有驱赶使臣,秦国必然害怕赵国与魏、楚联合抗秦,这样与秦国和谈才有先决条件。

赵孝成王可能是心疼要送好几份大礼,所以没有采纳这个建议,而是让赵国的平阳君赵豹来负责直接与秦国议和的事。赵豹选了赵国的大臣郑朱作为使臣前往秦国求和，秦国并未驱赶郑朱。赵孝成王对虞卿炫耀："你看，不用给魏国、楚国送礼，秦国也接纳了我赵国的议和使臣啊！"

虞卿却叹息道："这次和谈已经没戏了，长平之战赵国必将被秦国彻底击败。"

因为秦国一定会把赵国重臣来秦国求和的消息四处散播，周边的诸侯就绝对不可能起兵去援助一个已经对秦国俯首称臣的国家。结果秦国真的拒绝了赵国的和谈要求，赵国军队在长平被秦国彻底击败，秦军坑杀了赵国四十五万大军，据推测秦国也付出了三十万人阵亡的惨痛代价。

中国的历史学者们对于长平之战的规模一直有争议，我们暂且按下不表。但不得不说这个虞卿真是有点占卜师的感觉，当真算无遗策。

公元前259年，在长平之战中取得胜利的秦军围攻赵国首都邯郸，赵国军民同仇敌忾抗击秦军，最终在即将弹尽粮绝之时，求得楚国、魏国的援军到来。在公元前257年十二月，秦军被彻底击溃，解除了对邯郸的包围。赢得了一场荡气回肠的首都保卫战的胜利之后，赵孝成王竟然以胜利者的姿态派使者去秦国和谈，使者赵郝带回了秦国的议和条件：割让六座城池给秦国就能和谈。

对此卖国条件，虞卿对赵孝成王说道："秦国对我赵国用兵，疲敝困顿败于邯郸城下，秦国花了这么多代价都无法夺取的国土，我们却要白白送给秦国，明年秦国要是再来攻赵，我们就无法自救了。"

从秦国回来的使臣赵郝听到了这个观点，很不开心地反驳："虞卿又不知道秦国的底细，谁知道秦国是不是真的没底牌了呢？这次只要六座城池，如果我们都不答应，下次再来打赵国，要的肯定不止这些城池。"

赵孝成王连忙问道："给了六座城池，你能保证秦国以后不打赵国吗？"

面对赵孝成王的问题，赵郝找了种种理由，却给不出一个确切的答案。

虞卿听完如此陈述，立刻回答说："割地求和，又不能保证未来的安泰，白送六座城池的意义何在？以后秦国再来进攻赵国，我们继续割地吗？简直是自取灭亡！"

赵孝成王还是拿不定主意。这时，曾经是赵武灵王时代的大臣，如今效力于秦国的赵国人楼缓来到了赵国都城邯郸。赵孝成王对这个吃里扒外的家伙毫无防备，还去请教他该不该接受秦国的议和条件。

楼缓说道："过去有个叫作公甫文伯的人，他病死了之后，有两个姬妾为其自杀，但是他的母亲对于儿子的去世，连眼泪都没有掉一滴。他的母亲说，公甫文伯在孔夫子被鲁国驱逐时，没有跟随贤人反而背叛了他。姬妾为其殉死这件事情只能说明，自己的儿子对于尊长人情淡薄，对于姬妾情谊深厚。这话出自死者的母亲，所以外人听起来能感觉到母亲深明大义；要是妻子说这个话，听起来她就是个满怀嫉妒之心的妻子。

"我目前作为秦国大臣，说不割地，赵国可能会倒霉；说快割地，大王只会认为我是在替秦国说话。但是我个人觉得，还是割地比较好。因为秦、赵两国交战，其他诸侯一定都很开心。秦国如果围困赵国，向秦国贺喜的各国诸侯的使臣都会在秦国首都看好戏，然后趁机攻打赵国来对秦国表达忠心。要是割地给秦国，大家都会认为秦、赵已经和平无事，也就不敢来瓜分赵国。如此一来，赵国只是失去了六座城池，却能结交秦国，还能震慑其他诸侯。"

虞卿听了楼缓的说辞，气愤得再也坐不住了，向赵孝成王说道："简直一派胡言！楼缓就是为了秦王的利益来忽悠赵王你的！联合楚国、魏国打赢了邯郸保卫战的赵国，却向秦国俯首认错，这才是在向天下人昭示赵国的软弱。

"如果真要失去六座城池，我建议把这六座城池送给齐国。齐国和秦国可谓死对头，用这六座城池鼓动齐国和赵国联合出兵攻秦，齐国必定欣然接受，选择向秦国报仇雪恨，我们也能一同洗刷长平之耻。我们失去的城池，就能从秦国的领地上抢回来。一旦齐国、赵国结盟攻秦的消息传出去，我们不用侦查就能知道，秦国一定会带着礼物来找我们求和。如果届时我们接受和谈，韩国、魏国看到秦国都服软了，他们哪有不结交赵国的道理？这才是赵国花费六座城池换取齐国、韩国、魏国共同行动，并且使秦国主动认错的正确方式。"

赵孝成王听完虞卿的观点，再也没有任何犹豫，立即委派虞卿作为使臣前往齐国，商议共同伐秦的计划。果然虞卿访问齐国的事宜尚未结束，秦国向赵国求和的使者就已经到了邯郸，而坏心眼的楼缓立刻潜逃回了秦国。虞卿立此大功，赵孝成王特地将一座城池封赏给了他。

【技法正名】

"厘清"，就是梳理清楚；"逻辑线"，就是因果关系，以及推导这一层关系的分析论证。厘清逻辑线这个技法并不难理解，直白的解释就是把事情想清楚、说透彻。

想清楚，表示说话者要有清晰的思维逻辑、正确的判断和严密的推导方法；说透彻，表示说话者要有上佳的阐述能力，能让听众快速、准确地理解所说的内容。

再看虞卿，虽然我们知道赵孝成王在这个故事里一直扮演着一个糊涂君主的角色，但最终虞卿成功地让赵孝成王明白了以下事实：

一、城池给了秦国，保得了一时，保不了一世；
二、城池给了秦国，周边诸侯就会看不起赵国；
三、城池给了秦国，赵国无法弥补土地的损失；
四、城池给了齐国，赵国可以去秦国抢地皮；
五、城池给了齐国，周边诸侯就会敬仰赵国；
六、城池给了齐国，秦国会服软，赵国能保一世；
七、所有建议赵国向秦国割地的，都是来忽悠赵国的。

【五星评跋】

让我们从现今的视角给上述史料中的对白做一个综合评定。

虞卿多次表达出的观点和对每件事情的因果分析都完美无缺，逻辑性上评定为10分。

面对优柔寡断的赵孝成王，虞卿每次都是和建议与秦议和的势力硬碰硬，虽然最终胜出，但只能算是针锋相对，策略性上评定为5分。

别的不说，摆事实、讲道理的论文写作方法，虞卿应该是用到极致了，不过每轮对话都是采用相同的方式，不免让人觉得有些单调，表达力上评定为7分。

虞卿秉承着合纵的外交方针，在他的计划中，无一不透露出成熟的大局观，可谓胸中雄兵百万，应该不是临时起意，即兴度上评定为5分。

长平之战大大削弱了赵国的实力，而邯郸保卫战又有效地杀伤了秦国的军事实力，赵国对于秦国统一六国造成了不少阻滞，迫使秦国采取远交近攻的策略，影响力上评定为8分。

因此，在满分为50分，每10分为一星的标准下，我们将虞卿说服赵孝成王的故事评定为35分，三星半。

【沙盘推演】

在现实生活中，厘清逻辑线是一个挺高级的说话技法，也是一个必备技法，因为每一个有好口才的人，他的思维一定都非常清晰，而且逻辑非常缜密。

以清明节为例，如果有人问你："清明时节万物吐故纳新，春意盎然，一片生机勃勃的景致，为何我们把它当作'鬼节'之一，看成是一年到头最隆重的一次全民祭祀的日子？"

这时候，如果你的逻辑混乱，那么就很容易陷于这个问题的矛盾对立之中，相信真有不少人被这个问题搞得郁郁寡欢。

一方面，在思维层面，你要非常明确，这个问题中存在两条逻辑线：一条是节气逻辑线，一条是传统逻辑线。这是两条不同的逻辑线，如果我们一开始就把它们拧在一起，那自然就谈不清楚了。

另一方面，在表达层面，你可以这么回答："清明节是与春节、端午节、中秋节并列的中国四大传统佳节。在季节的时间点上，清明前后万物复苏、生气旺盛，最适宜举家出游，踏青观瞻。但在我国传统礼仪上，伴随着清明节前一天的寒食节，我们又有祭拜祖先的良好传承。因此，清明节具备了自然与人文两大特点，不仅不冲突，而且您完全可以在外出扫墓祭祀时，把春游这件事给一起完成了。"

看完这样的表述，你是不是既释怀，又认可那些口才了得者的脑子和嘴了呢？这就是会说话的魅力。说到了点上，会让你觉得字字如金，荡气回肠。

赵穿弑君·引水入沟渠

【钩玄提要】

　　有些传播者认为人际交流需要有一个轻松的氛围，为了追求这个轻松的氛围就需要让交流自然而然，不加约束，由其任意发展。表面上看，这样的逻辑似乎非常合理，但我们仔细推敲便会发现，对交流的过程不加约束带来的直接结果将是传播方向的失控。一旦传播者无法把控传播方向，传播的效果及传播的氛围便只能听天由命，撞大运了。

　　本节通过赵穿的故事，将为你讲述的说话技法与口语传播时话题的引导密切相关。本节的史料取材于《史记·赵世家》。

　　一度热播的电视剧《权力的游戏》有一个特点，就是里面的人物随时随地都有"领盒饭"的风险，哪天离开剧组还真不好说，可谓危机四伏。

　　本节故事要说的虽不是《权力的游戏》，但回头想想历史故事中不是处处都藏匿着权力的游戏吗？在本节这个故事当中，同样也是危机四伏，出场人物一不小心就会招来杀身之祸。不过，在此我先跟大家做个预警，本节故事的主人公会在最后登场，有点类似于《权力的游戏》中的"小指头"贝里席，他靠着自己极高的谋略扭转了整个局势。

【史料新说】

　　故事得从晋国被秦国打败以后说起。公元前621年，晋襄公生病而亡。第二年，他的儿子晋灵公做了国君。

　　晋灵公是个典型的昏君，心里总是想着玩。此时赵国的相国叫作赵盾，他是个老想管着他的大忠臣。一个爱玩的昏君搭配一个爱管事的忠臣，这场好戏就开始了。我们都知道这种场面有点悬，正所谓"伴君如伴虎"，可当事人并没有察觉，总是板着张脸教训昏君。偏偏在这个时候，晋灵公身边还有一个永远面带笑容的屠岸贾，他和赵盾正好相反，晋灵公爱听什么他就说什么，从来不管是非黑白。晋灵公只要看见他，心里就像乐开了花。

晋灵公有一个大花园，大花园里种了很多桃树，所以这个花园就叫作桃园。桃园里有一个高台，站在高台上能看到外面的街道，晋灵公整天就在这个高台上寻欢作乐。老百姓在围墙外，有时候也看看热闹。

但是昏君的脑洞就是这么清奇，有一天，晋灵公看见外面有很多人，就对屠岸贾说："咱们打鸟也打腻了，今天我们用弹弓打人怎么样？"

他们还真想出了一套游戏规则，比如，打中眼睛算作10分，打中耳朵算作8分，打中脑袋算作5分，打中身子算作1分，什么也没打着的人罚酒一杯。看上去被射击的物体由小到大，分数则由高到低，规则倒也合理。然而，这不是射击靶子，而是射击活人。这就让人想起了《权力的游戏》中惨无人道的恐怖堡"小剥皮"波顿。

规则制定好了，行动起来也很快，他们拿着弹弓开始了游戏。有时把人的眼珠子打出来了，有时把人的门牙打裂了，有时把人家的耳朵打掉了，有时把人的脑门打破了，百姓被打得乱哭乱叫、四处逃命，而那两个始作俑者则在高台上乐得哈哈大笑。

严厉的赵盾一听到这个消息，立即从座椅上蹦了起来，和大夫士会去觐见晋灵公。在路上，他们看见两个宫女抬着一个筐子，外面竟然还露着一只手。士会过去一瞧，吓出了一身冷汗，筐子里面竟然是被大卸八块的尸体。

赵盾连忙问："这是谁？"

宫女回答："这是厨子，因为他没把熊掌蒸透，主公发了脾气就把他给杀了。"

大忠臣赵盾快要被气炸了，心想这不是草菅人命嘛！得立刻去找主公。边上的大夫士会脑子倒是清楚，对他说："您还是别自己去说了，我去说。"

赵盾也听出来了，大家都知道在昏君面前不能随便说话，不然下次被大卸八块的可能就是自己。可是赵盾还是忍不住想去劝晋灵公。过了几天他就去训斥了主公一番。

"主公，你玩的时候多少也要有个分寸，怎么能拿弹弓打人呢？厨子再有错也不能把他弄死呀！"

晋灵公倒是也听话，觉得赵盾说得也有道理。但是一想到不能再玩了，心情就十分沮丧，于是他跟屠岸贾说："我只能玩最后一回了，以后就得听从管教，要不你帮我想想办法。"

屠岸贾是一个典型的恶人，他说："我家有个大力士可以当刺客，我们把这个老不死的给弄死，以后就不用受他管束了。"

从此以后，赵盾就开始了命垂一线的生活，不过他自己还蒙在鼓里。一天晚上，刺客来到了赵盾家，发现相府太简陋了，惊叹他真是一个大忠臣，自己不能杀这样的人。他跑到堂屋门口大叫起来："相国，你听着，有人派我来暗杀你，我可不能丧尽天良，但他还会再派人来，您要小心啊！"

说完，忠肝义胆的刺客就朝着大槐树撞了过去，连脑浆都撞出来了。真是一条好汉！

第二天，晋灵公发现赵盾竟然还活着。屠岸贾又说："我家有只猎犬十分凶狠，让它去咬死赵盾。"于是，他在家训练猎犬，把肉放在长得和赵盾一样的草人怀中，这只猎犬被训练成一见那个草人就会扑上去。

有一次，晋灵公叫赵盾去喝酒，顺势夸起了赵盾的宝剑，让他拿出来给自己瞧瞧。赵盾若是上当，在主公面前拔出宝剑，那可是犯了欺君之罪。幸好赵盾的卫士提醒了他，他这才想起这肯定是阴谋诡计。屠岸贾又放出了猎狗，赵盾的卫士飞起一脚当场就要了那条狗的命。但晋灵公还是派了武士去杀赵盾和他的卫士。幸好，那些武士中有一个也因为看不惯屠岸贾的这些把戏而临时倒戈，于是他救下了赵盾。之后赵盾和他的儿子只好逃出晋国去避难了。

故事看到这里，大家是不是觉得忠臣全面落败了呢？现在我们的主角要闪亮登场了，他叫赵穿，是赵盾的叔伯兄弟，也是晋灵公的姐夫。他听说了赵盾的遭遇后，胸有成竹地表示自有办法请他回来。

随后，赵穿就去见了晋灵公，一见面就跪下央求说："虽说我是主公的姐夫，可是赵盾得罪了主公，我们赵家的人也一同有罪，请主公先革去我的官职，再治我的罪吧！"

晋灵公表示："这是什么话，赵盾欺负我不知道多少回了，真叫我难受，可这和你无关，你只管放心。"

赵穿一看四下无人，就说："赵盾这个人正儿八经的，老是板着个脸，我一看他就生气。说真的，做了国君要是不能享点福，痛快痛快，那倒不如不做。"

他还随口问晋灵公："您知道齐桓公有多少老婆吗？"

晋灵公歪着脑袋想了想，说道："有十来个吧。"赵穿撇了撇嘴说："十来个算什么？他的后宫里满是美人。主公您正年富力壮，更应当做一番大事业，怎么不派人去搜罗美人呢？"

这话说得晋灵公眉开眼笑，他想赵盾要是像赵穿这样对自己，我早就听他的话了。

晋灵公表扬完赵穿还不忘记问道："派谁去找美人呢？"

赵穿说道："那谁比得上屠岸贾啊，他最会办事了，这样的人不重用，您还用谁？"

晋灵公听了赵穿的话，立刻吩咐屠岸贾出去搜罗美人。赵穿支开了屠岸贾，又派自己的心腹充当晋灵公的护卫，陪他在桃园里打鸟，趁机把晋灵公给杀了。大臣和百姓们一听昏君死了心里都非常痛快，赵盾也很快就回到了晋国。

【技法正名】

让我们来分析一下这一招制胜的说话技法——引水入沟渠。

讲到引水入沟渠的说话技法，我们会联想到一个成语"水到渠成"。这个成语的意思是，当水流到某个地方的时候便有了渠道，这个渠道指的就是水道。但是这个成语没有具体解释这个渠道是天然形成的，还是人工挖掘的。

为什么要提此问？因为引水入沟渠技法的"沟渠"不是天然形成的，这条沟渠是人工挖掘的，并且是为了让水流向指定方向、流进指定位置而精心设计的。这个技法的重点在于通过说话者的引导，将对话者的语言引向己方设计的交流点，一旦对话方进入该交流渠道，紧接着的谈话方向便会顺理成章地朝着设计好的渠道发展了。

再看赵穿，他与晋灵公对话的全过程就是引导谈话方向的典范，而引导的关键句在于："主公您正年富力壮，更应当做一番大事业，怎么不派人去搜罗美人呢？"这句话的意思是，晋灵公既是一方霸主，又年轻，自然有能力拥有更多的美女。但我们要注意问话之前赵穿的引导方式，他没有说"主公您正年富力壮，更应当做一番大事业，怎么能没有更多的美人呢？"而是强调了"搜罗"二字，只有这么说才能顺利地引出晋灵公反问他"派谁去"的下句，这才是引水入沟渠的关键。一旦晋灵公提问，便已水到渠成。

【五星评跋】

让我们从现今的视角给上述史料中的对白做一个综合评定。

赵穿借着晋灵公的思路去谈国君应该搜罗美人的事情，一步一步地引他进入自己的话局，逻辑性上评定为7分。

面对昏庸无道的晋灵公，赵穿以先谢罪再提议的方式，支开宠臣再杀之，策略性上评定为7分。

赵穿使用了先共情再反问的方法，先说赵盾无趣，接着用齐桓公有几个老婆的问题引起晋灵公的好奇，表达力上评定为7分。

在答应赵盾后，赵穿应该已经想好了大致的计划，给晋灵公下跪时已是胸有成竹，即兴度上评定为5分。

晋灵公死后，晋成公继位。赵穿虽说脑子机敏，但心眼不大，觉得自己功劳了得，于是想让赵盾给自己谋个官职，但赵盾没给，没过多久赵穿越想越郁闷便病死了，影响力上评定为4分。

因此，在满分为50分，每10分为一星的标准下，我们将赵穿刺杀晋灵公的故事评定为30分，三星。

【沙盘推演】

在现实生活中，什么样的人物会使用引水入沟渠的说话技法呢？一方面，在生活中该技法对任何想要达到自己传播目的的说话者而言都能使用；另一方面，在工作中该技法使用最多的职业当属那些用语言征服对象，以语言为工作手段的工种，比如销售员、律师、记者、主持人、公关人等。

我来举一个不带工种符号的例子。如果你想邀约一位朋友下周吃饭，你会怎么说？这便取决于你是真想请他吃饭，还是嘴上说说而已。

如果只是为了礼节，你并没有那么迫切想约他，甚至还期望他一时间不要给出肯定的答案，那么你应该说："等你方便时，我们一起吃个饭吧？"

这样的说法没有任何限制性条件，时间设置也很模糊。言下之意，你并没有完成引导方向的任务。面对你如此开放性的提问，对方怎么回答都行，客气一下，推辞一下也在情理之中。

如果你一心想要约对方见面，为了提高邀约的成功率，你得说："下周一或周二全天，我都有空，你哪天方便，我们一起吃个饭吧？"

更狠一点的话，你可以再加一句："如果这两天都没空，下周就任意挑个时间给我，你什么时候有空，我就清空自己的日程，恭候你。"

这种说法最大的特点在于，沟渠已经为对方挖好了，你要做的只是引导他进来。在此，我还得再强调一次，学习了这个说话技法后，要将它用在正道上。

甘罗拜相·寻找切入点

【钩玄提要】

关于切入点的问题，不仅说话时需要注意，写文章和做事情也得选准切入点。选对了切入点，往往会事半功倍；选错了切入点，那就得不偿失了。而需要进一步明确的是，选择切入点的做法不只是寻找切入点的入口，同时也是对切入点入口的尺寸、力度等一系列问题的探索，甚至有些对话的切入点需要传播者提前设计。

本节通过甘罗的故事，将为你讲述的说话技法与口语传播时切入点的定位密切相关。本节的史料取材于《史记·樗里子甘茂列传》。

说到中国历史上的一些神童，大家的第一反应往往是会称象的曹冲、会砸缸的司马光、会咏鹅的骆宾王，还有小时了了的仲永。

不过，本节故事要说的这位天才少年，他未必善于写诗作对，但他是一名政治奇才。这位刚刚过了黄口小儿年纪的"小鲜肉"，距离弱冠之年还差八岁，年仅十二岁就被封为秦国的上卿，也就是丞相。这位前无古人、后无来者的政界神童，就是甘罗。

【史料新说】

大家肯定会好奇，这位少年究竟何德何能，怎么就当上了秦国的丞相呢？其实最初看到史料的时候，我也和你有一样的想法。关于他的故事且听我一点一点地介绍。

所谓"将门出虎子"，甘罗的祖父甘茂，也是秦国一位著名的人物，曾担任秦国的左丞相。可惜晚年时，遭奸人诽谤陷害，最后客死他乡。甘罗或许是从小在爷爷的言行教诲下耳濡目染，故而聪明机智、能言善辩，非常善于跟人打交道。

爷爷甘茂去世后，十二岁的甘罗回到秦国，在丞相文信侯吕不韦的手下担任少庶子之职，少庶子的意思就是家臣。甘罗年纪小，也没什么工作和从政的经验，估计也就是打打杂、做做文秘等简单工作。

没过多久，吕不韦遇到了一件让他头疼的事。话说当时的秦国正不断扩张自己的疆土，实力越来越强大。燕王已经把太子丹送到秦国做人质，以此表示对秦国的信任和臣服。秦王嬴政和吕不韦商量，准备进一步派大将张唐到燕国去做国相，好跟燕国联合起来攻打赵国，扩展河间的疆域。

计划做得不错，没想到在张唐这儿卡住了。张唐找到吕不韦吐苦水，说："我当年为秦昭王攻打过赵国，赵国恨我恨得咬牙切齿，发了悬赏令，'谁要逮住张唐，就赏他百里方圆的土地'。现在大人派我去燕国，路上必定要经过赵国，这不是摆明了让我去送人头吗？"

张唐怎么说都不肯去燕国，吕不韦很郁闷，又拿他没辙。毕竟张唐说的话有道理，总不能强迫人家去送死。一时间吕不韦也想不出其他的解决办法。

这时甘罗发现了吕丞相有心事，主动问了起来："君侯，您最近看起来心情不怎么样，是不是有什么烦心事？"

吕不韦随口跟他吐槽了几句："刚成君蔡泽在燕国辛辛苦苦经营了三年，好不容易把太子丹弄到秦国来做人质了，眼看着可以展开下一步对赵国的围剿了。没想到，我亲自请张唐去燕国任丞相，他居然不愿去。"

甘罗一听，自己久等的机会来了，立刻说："大人，请派我去说服他。"

吕不韦简直不敢相信自己的耳朵，下巴都要脱臼了，说道："小屁孩走开！我堂堂文信侯亲自请他，他都不愿意，你一个小鬼怎么可能让他去呢？"

甘罗不慌不忙地回答："项橐七岁就做了孔子的老师，如今我已经年满十二岁，请您让我试一试，何必急着呵斥我呢？"

我在此给大家拓展一个小故事。甘罗提到的项橐，是春秋时代鲁国的一位神童。据说其学识特别渊博，曾经和孔子在路上相遇，有过一番对答。这个七岁的孩子说出来的话令孔子心服口服，不但二人结下忘年之交，甚至孔子还拜他为师。"三字经"中有一句"昔仲尼，师项橐"说的就是这个典故。可见，对于一小部分天才来说，才华和灵气跟年龄确实关系不大。不过，小时候是天才，长大依然是天才的好像也不多，这么想来你我也就心平气和了。

再说回甘罗。吕不韦听了他的话，心想死马当活马医吧，派这孩子再去见一回张唐也没什么损失，便同意了甘罗的提议。

甘罗一见到张唐，就问了他一个问题："张大将军，请问您与武安君相比，谁的功劳大？"

武安君是著名的秦国大将白起。伊阙之战，大破魏韩联军；伐楚之战，攻陷楚都郢城；长平之战，重创赵国主力。他在担任秦军主将的三十多年间，攻城七十余座，为秦国统一六国做出了巨大的贡献。

张唐想都不用想，便说道："武安君夺城取邑，不计其数，我的功劳怎么能跟他相比。"

甘罗又问："那范雎在秦国当丞相时与现在的文信侯吕不韦相比，谁的权力大？"

大家注意，范雎是与白起同时代的秦国丞相。

张唐说："范雎不如文信侯的权力大。"

甘罗追问道："您确定吗？"

张唐回答："肯定啊。"

大家都知道，吕不韦在秦国的地位一度如日中天，被秦王嬴政尊称为"仲父"，权倾天下，远超一个普通的丞相。

于是，甘罗接着说："当年范雎打算攻打赵国，武安君不同意，跟他杠上了。结果，武安君刚离开咸阳七里地就死了。如今，咱们文信侯亲自请您去燕国任相而您执意不肯，我可真不知道您要死在什么地方了。"

张唐听了这话，估计懵了好一会儿，才缓过神来。这话要是别人说也就算了，可偏偏甘罗就是吕不韦派来的，是他的家臣。遇上谁，这话里的信息可都得好好掂量掂量。

最后，张唐无奈地说道："行吧，我就听你的去燕国吧。"

我们分析一下，张唐心里肯定衡量了一番，反正左右都是死，估计途经赵国比面对吕不韦更安全点，这一点恰恰正是甘罗几句话点醒他的。张唐立刻让人整理行装，准备上路。

张唐的行期是定下来了，不过这事还没完。

就在同一时间，甘罗找到吕不韦又提了个想法："请借给我五辆马车，允许我在张唐赴燕之前先去赵国打个招呼。"

吕不韦有点拿不准了，这孩子能说服张唐已经很了不起了，怎么还要赶着去赵国替他打点呢？于是，吕不韦专程进宫跟秦王嬴政商量了一下这事。秦王听到一个十二岁的孩子居然说服了张唐，还主动请缨去赵国开路，便一口答应了他的请求，并正式召见了甘罗，派他出使赵国。如果说之前说服张唐，还只是甘罗的牛刀小试，那么即将迎来的就是他的高光时刻了！

甘罗出使赵国的消息很快传到了赵王耳朵里，赵国上下都有些摸不着头脑。甘罗为什么要特意来一趟赵国呢？是想替张唐求情，还是另有打算？他的目的究竟是什么？于是，一头雾水的赵襄王亲自到郊外远迎甘罗，想要探探虚实。

一见面，甘罗就问了赵王一个问题："大王听说过燕太子丹到秦国做人质的事吗？"

赵王表示："听说了。"

甘罗又问："您听说张唐要到燕国任相了吗？"

赵王表示："也听说了。"

甘罗接着说："燕太子丹愿意到秦国来，说明燕国不会欺骗秦国。张唐愿意到燕国任相，说明秦国也不会欺骗燕国。燕、秦两国互不相欺，没有别的原因，就是想攻打赵国来扩大河间一带的疆土。不如这样，大王主动送我五座城池，我去请秦王送回太子丹，再帮助强大的赵国攻打弱小的燕国。"

一个十二岁的孩子，跟堂堂一国之君会面，才一见面就开口讨要五座城池。请问，此时赵王的心里会怎么想？其实，冷静下来想想，这笔账并不难算。

选择一：不割地，要挨打，还成全了秦、燕联盟。

选择二：割地，不挨打，还能与秦国结盟，一起把燕国打一顿，弥补一点损失。

如果你是赵王，你会怎么选择呢？答案自然已经不言而喻。因为甘罗摆明了不是来跟赵王商量，而是来通知赵王的，是要给他一条活路走。

【技法正名】

甘罗短短几句话，不但化解了张唐的担忧，还兵不血刃地为秦国赢回了五座城池。这里面有一个特别的说话技法，叫作寻找切入点。

切入点是指进入某个事物的突破口。对于说话而言，寻找切入点是指寻找进入实质性对话的突破口。对于这个技法，我们需要回答以下两个问题：

第一，什么时候使用寻找切入点的技法？有时，在对话尚未开启时；有时，在对话已经开启后。无论对话是否开启，寻找切入点的说话技法都能使用，因为对话开启并不意味着对话就有意义，更不意味着这是说话者所需要的话题。

第二，为什么需要使用寻找切入点的技法？因为说话者如果采用生硬的进入对话的说话方式，极有可能会无法达到自己想要的传播目的，无法完成自己想要的传播效果。而通过寻找切入点的技法，可以顺利地突破对方对你布下的各种设防，开放式地倾听你接下去所说的内容。

再看甘罗。分析甘罗献出的这个名垂千古的计策后，我们经过仔细推敲发现，虽然事情发生的顺序是甘罗说服张唐前往燕国在先，游说赵国献出城邑在后，但我们完全有理由相信，甘罗在说服张唐之前就有了前去游说赵国的计策。只不过想要达成这个计策必须有一个前提，就是需要秦王嬴政知晓并派遣自己出使赵国。一旦这个前提条件不成立，他独自跑去赵国要求其献出领地是否会奏效，跑回来劝谏秦嬴王政送回太子丹是否会成功，这些都是问号。甚至有可能他已经等待了许久，终于找到了替张唐前去赵国打招呼的契机，才有了他等到的说服张唐前去燕国的机会。这就是甘罗为了出使赵国，苦苦寻找到的对秦王嬴政开口的切入点。

后续的结局，可以说是再自然不过了。赵王二话不说，亲自划出五座城邑给了秦国，这扩大了秦国在河间一带的疆土。秦王嬴政和吕不韦听取了甘罗的建议，很快把太子丹送回了燕国。赵国立刻有恃无恐地进攻燕国，夺得上谷三十座城邑，并将其中十一座分给了秦国。

短短几句话让秦国一兵不发，就到手了十六座城邑。秦王嬴政因此封赏甘罗做了上卿，并将原先属于他爷爷甘茂的田地房宅赐还给了甘罗。甘罗能在十二岁的年纪献出一条奇计，名垂后世，可谓"十二拜相一奇人，名载青史数千春。千秋古柏历沧桑，神童佳话传至今"。

【五星评跋】

让我们从现今的视角给上述史料中的对白做一个综合评定。

甘罗无论是在说服张唐，还是在向赵王讨要城池的对话中，既站在对方角度理性地分析了局势，又暗藏威胁，逻辑性上评定为9分。

甘罗借由说服张唐找到了出使赵国的借口，并且不费一兵一卒就达到了他扩展疆土的最终目的，策略性上评定为10分。

甘罗小小年纪，对话时却毫不怯场，有理有据，直截了当，表达力上评定为10分。

前后两段对话显示出甘罗早有准备，不但对前朝历史一清二楚，甚至对当前局势也了如指掌，很明显他做过了大量功课，即兴度上评定为5分。

甘罗作为著名少年政治家，经此一举名垂后世，近年来还有以他为主角的电视剧和动画片一度热播，影响力上评定为8分。

因此，在满分为50分，每10分为一星的标准下，我们将甘罗封相的故事评定为42分，四星。

【沙盘推演】

扪心自问，在日常生活中，无论是父母、爱人、朋友、同事、客户，他们有没有用过寻找切入点的说话技法呢？据我观察，这个技法被人使用的频率极高。

我们一起来看一段恋人之间的对话。有一次，在快餐店中我恰巧听到了下面的对话。男生拿出手机浏览着某电商网站，突然指着手机屏幕对女友说："这双球鞋，颜色真好看，款式也不错，应该是新品，我觉得配你的脚天衣无缝，下个月我买一双给你。"说到这里，女友自然挺开心，连我都暗自觉得这男生挺不错。

我以为事情到此结束了，谁知过了两分钟，男生猛地吼了一声："呀，这鞋居然有情侣款，感觉很不错呢！"

好在女友挺会接他的话，跟了一句："要不你也买一双？"

男生痛快地说道："好啊！那我现在就付款！"

当我又一次以为事情就此打住时，男生又嚷了起来："呀，女款断货，老板说来了会通知我，到时我给你补一双。"

好嘛！我都快笑喷出来了。所幸他女友来了一句："你也退了吧，要买我俩一起买，反正你买了也不能穿，得等我！"

听完上述对话，我一直在思索，本来男生为了想要得到一双新鞋，好不容易寻找到了开口买鞋的切入点，并为自己争取来了这双鞋。谁知他心眼太多，舍不得花钱为女友也添置一双，到头来落得两手空空。说不定时间长了，失去的就不止一双鞋了。

有时寻找切入点是需要付出代价的，就像甘罗那样得先花心思说服张唐，才能换来自己真正想要的东西。

赵匡胤释权·臆断可能性

【钩玄提要】

　　从理性上分析，口语传播没有到最后一刻，是无法准确获悉传播结果的。然而，无法准确获悉传播结果不等于传播者不能提前预判结果出现后的各种可能性。一个优秀的口语传播者必定是一个优秀的预判者，他不仅需要预判传播的结果，还要预判传播对象在传播过程中可能出现的各种言行表现，通过这些预判来提升自己传播的准确性。

　　本节通过赵匡胤的故事，将为你讲述的说话技法与口语传播时对结果的判断密切相关。本节的史料取材于《宋史·太祖纪》《续资治通鉴·宋纪二》。

　　"知否知否，应是绿肥红瘦。"李清照在《如梦令》里的一句绝唱，没想到在千年之后成就了一部万人空巷的热门电视剧。这部电视剧的播出能让我们一窥大宋这个文学大家辈出、文化艺术兴盛的王朝。相较于文治上的繁荣，不少人都会觉得宋朝在武学上落了下乘，积贫积弱是大家对宋朝的总体印象。谈到这个现象，就不得不提本节故事的主角赵匡胤了，更不得不谈他做的一件足以影响后世中国千百年的大事——杯酒释兵权。

【史料新说】

　　古人有云：天下大势，合久必分，分久必合。在经历了盛唐的大一统之后，五代十国这段历史上的大分裂必将由一个大人物来终结，这个人物就是宋太祖赵匡胤。能够完成大一统的人，必然是开了挂一样的角色，赵匡胤自然也不例外。

　　赵匡胤生于乱世之中，文武双全。武自不必说了，武将出身的他在追随周世宗柴荣征战的岁月里屡立战功，一步步升到了节度使的高位，那一套太祖长拳打得更是名扬四海。依我看来，乔峰大侠打遍天下无敌手，降龙十八掌的作用虽然功不可没，可他的武学基础——太祖长拳也忽视不得，聚贤庄一役乔峰正是靠赵匡胤自创的这套武功杀出了一条血路。凭借太祖长拳，宋太祖赵匡胤不论是群殴，还是单挑，都是人中之龙。

至于文略，赵匡胤虽是武将出身，却跟武圣关公一样酷爱读书。不仅是《春秋》，各色书籍他都喜欢认真研读，对书卷爱不释手。他深有体会地说过："宰相需用读书人。"他也说到做到，宰相赵普正是在他的鼓励下才变得手不释卷，得以"半部《论语》治天下"。

你看，这又是一个文武全才，究竟是成大事者能耐大呢，还是我主观倾向于挑这样的高手来写呢？我已经很难回答了，这至少说明每个人身上都有两面性，也都有潜力可挖。

之所以铺垫了这么多，是因为马上要讲到的这件事，可能是历代开国皇帝经历过的最传奇、最轻松的上位方式了——"陈桥兵变"。

后周显德七年（公元960年），大将赵匡胤率领大军北上抵御外敌。离开都城后，他们夜宿在距离开封东北二十公里的陈桥驿（今河南省新乡市封丘县）。所谓将在外，君命有所不受。赵匡胤兵权在手，又远离了都城的眼线，一切条件准备就绪，有心人筹备已久的兵变计划也就可以付诸实践了。

先是在当天晚上，赵匡胤的一些亲信在将士中散布言论说："当今的天子年幼体弱，不能亲自主政，一切大权都掌握在朝中的昏官手里。我们为国效力，抛头颅，洒热血，就算击破敌军，又有谁知晓我们的辛苦功劳？不如先拥立赵匡胤为皇帝，然后再出发北征，这样我们才有主心骨。"因为赵匡胤平时在军中素有威信，将士的兵变情绪很快就被煽动起来。

第二天，赵匡胤的弟弟赵匡义和亲信赵普见时机成熟，便授意将士拿了一件事先准备好的黄袍，披在假装醉酒刚醒的赵匡胤身上，并带着所有将士拜于庭下，拥立他为皇帝。众人呼喊"万岁"的声音几里外都能听到，这就是成语"黄袍加身"的由来。

写到这里，我又想起一件事。通读本书的读者会不会已经被每一节的写作手法养成了一种习惯，不讲几个成语典故，大家都会觉得少了点什么。

赵匡胤虽尽力装出一副被迫的样子，但在众人苦口婆心的劝说下，也就顺从了"民意"，半推半就地率领兵变的队伍回师都城开封了。

守备都城的主要禁军将领石守信、王审琦等人都是赵匡胤过去的"结社兄弟"，得悉兵变成功后便打开城门接应。陈桥兵变的将士兵不血刃就控制了都城开封。赵匡胤正式做了皇帝，轻易地夺取了后周政权，并以宋为国号，定都开封，改元"建隆"，史称"北宋"。

　　皇帝终究是天下第一美差。赵匡胤嘴上虽然说得好听，当上了皇帝肯定是美滋滋的。但身份的转变让他的心态也发生了变化，登基不久的赵匡胤想得最多的就是如何保住皇位。毕竟当时处于乱世，政权不停地交替，每隔几年就有新皇帝上位，每隔几年也会有旧皇帝被杀。最直观的问题就是唐末以来武将力量太大、割据势力严重，他自己也是节度使上位，当然怕别人用同样的方式把他推翻。

　　想来想去，他认为削弱武将的兵权才是良方。事实上这个套路已经被很多政客使用过，但这是个敏感的行为，一个不小心就可能会起反作用。聪明的宋太祖便用了一个极其高明的话术来达到自己的目的，真是让我隔了千年回头想想，也得竖起大拇指在说话技巧上给他点个赞。

　　北宋建隆二年（公元961年），也就是赵匡胤登基的第二年，皇帝的位置算是坐稳了。七月初九那天晚朝的时候，宋太祖把石守信等禁军高级将领留下喝酒。酒兴正浓时，宋太祖突然屏退侍从。

　　他叹了一口气，口吐苦衷："若不是靠你们出力，我是到不了这个位置的，为此我从心里一直念及你们的功德。但是，做皇帝太难了，还不如做节度使快乐和自在，有时候我整晚都睡不着觉啊！"

　　石守信等人一听感觉话里有话，连忙惊骇地问他缘故。

　　宋太祖继续说："你们还不明白吗？我这个皇帝的位置谁不眼红，谁不想要呢？"

　　石守信等人听了，连忙叩头说："陛下何出此言，现在天命已定，谁还敢有异心？"

　　宋太祖说："我当然相信你们这些兄弟没有异心，但是你们的部下如果想要荣华富贵，像你们对待我一样把黄袍强加在你们身上，即使你们不想当皇帝，到时候恐怕也会身不由己。"

　　这些将领知道自己已经受到猜疑，弄不好还会引来杀身之祸，于是连连磕头，含着眼泪说："我们都是粗人，没想到这一点，请陛下指引一条出路。"

　　宋太祖缓缓说道："人生在世，像白驹过隙那样短促。要得到富贵的人，不过是想多聚钱财，多多娱乐，使子孙后代免于贫困而已。你们不如把兵权交出来，到地方上去做个闲官，买点田产房屋，给子孙留点家业，快快活活地度个晚年。同时，多买些歌姬，日夜饮酒作乐，以终天年。我和你们再结为亲家，君臣之间两无猜疑，上下相安，这样不是更好吗？"

石守信等人见宋太祖已把话讲到这个程度，知道已再无回旋的余地。而且，宋太祖已牢牢控制住中央禁军，几个将领别无他法，只能俯首听命，表示感谢太祖恩德。

第二天，石守信等将领上表声称自己有病，纷纷要求解除兵权。宋太祖欣然同意，下令罢去很多高级将领的兵权，只选择了一些资历较浅、容易控制的年轻将领带兵，这样很好地解决了唐代以来武将乱国的隐患，大大加强了中央集权。

【技法正名】

赵匡胤作为中国历代皇帝中排得上号的大人物，在杯酒释兵权这件事情上集中展现了一个并不深奥，但使用起来难度颇高的说话技法，叫作臆断可能性。

臆断可能性，本意是指根据事物发生的概率，传播主体凭借自己的猜测做出判断。不知道大家注意到没有，这个概念中包含了两个部分的逻辑，并且看上去存在一定的矛盾性。

第一，传播主体凭借自己的猜测做出判断是一种主观行为，正因为如此，臆断一件事情的结果，往往被指代为错误的判断。

第二，根据事物发生的概率，这是一种客观推理，当各种可能被罗列后，谁也不能否定某一种可能不会出现。

于是，在这种客观规律下，略带主观的臆断会使对话方也没有充分的论据证明它不会发生，这往往会造成有苦难言的局面。这就是看上去矛盾，却又无力反驳的精髓所在。本节故事就存在这样的现象，在宋太祖赵匡胤与大臣的短短几句对话中，一共出现了三次臆断：

第一次：皇帝这个角色，谁不眼红，谁不想要？

第二次：你们部下将士当中，有人把黄袍披在你们身上，怎么办？

第三次：你们解甲归田，我和你们结为亲家，不是更好吗？

这三件事都是赵匡胤自己的臆断，可你又不能完全否定这些臆断的可能性。即使这些事情发生的概率很低，但毕竟存在发生的可能性，这就是石守信等人无力反驳的原因，只能听之任之了。对于赵匡胤而言，这个技法的最大妙处在于，面对这些功臣，他拿不出准确的证据说他们想要谋反，通过可能性的臆断能够很好地避免强加罪名于功臣身上的过错。

【五星评跋】

让我们从现今的视角给上述史料中的对白做一个综合评定。

通过一步一步假设情境的引导，赵匡胤把手下将领带到了一个无法反驳的境地，在逻辑性上评定为8分。

毕竟赵匡胤是天子，将领们是臣子，虽然赵匡胤选择了一种温和的方式来达到削弱武将势力的目的，但他利用了君臣身份上的不平等来达到目的，策略性上评定为7分。

从开始的担忧到引导将领自己询问解决方法，再把心中的答案直接道出，赵匡胤在表达上有紧有松，张弛有度，表达力上评定为10分。

可以看出整个对话全部是按照赵匡胤设计好的剧本来进行的，众位将领基本上没有任何反驳能力，也就没有给宋太祖太多即兴发挥的空间，只是在语气上需要现场拿捏而已，即兴度上评定为5分。

宋朝是中国历史上商品经济、文化教育、科学创新等高度繁荣的时代。后世虽认为宋朝"积贫积弱"，但宋朝民间的富庶与社会经济的繁荣完全不输给盛唐。这一切与赵匡胤这个开国皇帝在一开始就打下了重文轻武的国策密不可分。无论是好是坏，"杯酒释兵权"这件事在影响力上评定为满分10分，这是必须的。

因此，在满分为50分，每10分为一星的标准下，我们将赵匡胤释兵权的故事评定为40分，四星。

【沙盘推演】

在现实生活中，我们千万别因为听到"臆断"这两个字就马上否定这个技法的有用之处。我一直说技法是中性的，没有什么好坏之分，要看使用技法的人是谁。所有谋略都是这样，好人用谋可以救人，坏人使诈可以害人，因为技法是死的，使用它的人却是活的。

在我的印象中，我有过一次使用臆断可能性的技法礼貌地替自己解围的经历。

中国司机们如今早已习惯了上车系上安全带，甚至还会主动提醒坐在副驾驶位置上的朋友系好安全带。深圳管理得更严，后排座位上的乘客也必须系好安全带，不然就会被罚款、扣分。

可在早些年，包括司机在内的所有人都还不习惯系安全带，你若坐在副驾驶位置上主动系上安全带，就会显得有些尴尬。

比如，有一次，我就这么做了，我的朋友便嘲笑我说："哟，你和我认识多久了，那么长时间的朋友了，难道还不信任我开车的技术吗？"

尴尬了吧！放在今天就不会有这样的对话，可那是在十多年前。

于是，我便拿出了臆断可能性的法宝，回答："你误会了，你的开车技术我还会担心吗？你闭着眼睛开，我也不会忐忑。可是，你的技术没问题，但我又不能保证马路上别的司机技术都跟你一样。我系安全带不是防你，而是防他们。"

这么一说，他不但没有不高兴，反而夸起我来，说我不愧是他的挚友，因为他深知存在马路杀手的可能性。

谁都知道，说话技法并不是万能的。我一直提醒自己不要由于自己正在讲授这门课程而夸大它的作用。但我们更不能因技法不是万能的，就对它心存藐视。因为世界上有什么东西是万能的呢？

卫平占卜·话接平行线

【钩玄提要】

在日常对话中最怕什么？最怕对话的人永远听不明白对方在说什么，这会导致两个人的对话像一个平面内的两条平行线，永远不相交。但是，这个逻辑反过来则不一定成立，也就是说有些高明的传播者，为了达到某种传播效果，故意使用说话技法，在对话的过程中避免与对方的话题有交点，使对话始终保持平行发展的趋势。

本节通过卫平的故事，将为你讲述的说话技法与口语传播时话题的衔接密切相关。本节的史料取材于《史记·龟策列传》。

提到龟仙人，估计不少人想到的是日本漫画《七龙珠》里那位搞笑的老头。日本人对于龟似乎是挺崇拜的。其实，不只是日本，大部分受过古代中国文化影响的东亚国家，对于龟都有类似的态度。

在中国，人们对于龟当然也保有特殊的情感。《礼记》中记载的四灵，分别是龙、凤、麒麟和龟。麒麟是百兽之王，龙是百鳞之王，凤是百禽之王，龟是百甲之王。问题是这四种灵兽里，你是不是只见过龟？中国人认为龟长寿，它的寿命可以与天地比较，所以贺寿的祝词中就有"龟鹤遐龄"的说法。史学家刘向说："只有超过一千岁的龟，经历的足够多，才能判断吉凶祸福。"

但是，中国人对待龟也有贬义的态度，因为它遇到危险时会将肢体缩进壳里，所以龟也被赋予了胆小怕事、认怂等意味。

【史料新说】

本节故事将从春秋时代的宋国国君宋元公说起。

有一天，宋元公从梦中惊醒，连忙叫宋国的博士卫平前来觐见。

宋元公对卫平说："我刚才做了一个梦，梦见一个长脖子的男人穿着刺绣黑衣，坐在车上对我说：'我是长江之神的使者，奉命前往黄河，却在泉阳被一个叫豫且的人用渔网给抓了。我听说你很仁义，所以就请你来帮忙救我！'博士，你说这个怎么推解？"

卫平神神叨叨地拿出一堆工具和符咒，各种测算之后回答宋元公说："卦象表示……算了，说多了你也不懂，我就直接报答案了。那是长江之神的使者，是一只龟，你赶紧去救它吧！"

于是，宋元公命令泉阳令立刻清点户籍，寻找那个叫豫且的渔民。说来很神奇，这只龟还真的被泉阳令找到了，并被送到了宋国都城商丘。据说专车送这只神龟到商丘的时候，天象十分离奇诡异。

当神龟被送到宋元公面前的时候，龟甲看上去润泽如玉。它看见宋元公后立即伸头向前爬了三步，然后缩头倒退回了原地。

宋元公问卫平："这神龟爬了三步，又退回原地，是什么意思？"

卫平回答："这只通灵的神龟上前三步是在感谢你解救了它，后退是希望能够尽快离开！"

宋元公点头说道："这还不好办？江神的使者不能扣留，赶紧派人护送神龟出发去黄河。"

卫平赶紧上前一步，低声对宋元公说："龟是四大灵兽之一，天下至宝，别人梦寐以求的占卜神器。这可是通灵神龟，河神使者，比一般的长寿龟厉害无数倍。得到这种灵兽就能成为天子，我可没有听说过要将天上来的灵兽送还的道理。你用它的龟甲做占卜器具来占卜一切事情，都会得到准确的回答。这样一来，所有人都会对你俯首称臣啊！"

宋元公听完，面露难色，说道："按照你的说法，这可是河神的使者。它向我托梦是因为我仁厚贤明，要是我听了你的话，那我和叫作豫且的渔夫有什么分别？只不过是渔夫贪图它的肉，我贪图它的神力罢了。而且杀神使的事儿，你居然叫我来干？你不厚道啊！我决定要放走它。"

卫平听到这里，立即阻止说："你有没有听过一句话，叫作大恩不言谢？老天送你这种极品灵兽，你还要还回去？你觉得老天会怎么看待你这么没出息的行为呢？再说了，这只神龟是个神使，在咱们国境内被渔民抓捕受辱，等它回到河神身边，若据实禀报，咱们宋国说不定就要被河神惩罚了，什么水患、虫灾、瘟疫等都来了。你放了它倒是仁义了，整个宋国怎么办？"

宋元公听完气不打一处来，反驳说："咱们在神龟出差的路上劫持使者，难道不凶暴吗？咱们还要夺走它作为自己的宝物，难道不强横吗？夏桀、商纣都是凶暴强横的君主，自己被杀，国家也灭亡了。我要是听了你的意见，不就变成了那样的人吗？到时候黄河、长江就是商汤、周武，一定会来惩罚我的。这么干才会让宋国面临灾祸呢！赶紧的，把这只神龟送走！"

卫平连连摇头说道："不是这样。遇到神龟这样的事情，高兴还来不及，你竟然在担心这些。天地之间，大山就是石头堆着石头才如此高大的，是不是很危险？但是它没有坍塌吧。事情往往不像它表面显示出来的那样。有的人看起来老实忠厚，实际上却是个喜欢欺诈别人的家伙；有的人看起来面貌丑陋，却是个体恤百姓的地方官。

"春夏秋冬四季，我们根据冷热加以区别，所以我们让植物和庄稼春天种、夏天长、秋天收、冬天藏。做人、做事也是一样，面对事情有时要仁义，有时必须凶暴。凶暴要有凶暴的目标，仁义要有仁义的时机。

"以前人类愚昧不堪，圣人一代代地教会了我们认识白天黑夜、种植畜牧、采桑纺织、筑城为家、结婚繁衍、登记造册、分配田宅、设置官吏……不对野兽凶暴，如何驯服？不对树木凶暴，如何砍伐？不对农作物凶暴，如何嫁接？不对蚕桑凶暴，如何织布？不对罪犯凶暴，如何治理？很多凶暴的行为是事业的起点，是建立规范的开始，也是教化发展的开端。美玉制作的盒子，本出自深山；亮如明月的珍珠，本出自深海。圣人得到了这个贵重的宝物，才成为了圣人。因为得到宝物这个过程并不凶暴，凶暴的是凿玉的人，凶暴的是杀蚌取珠的人，这和您今天得到神龟的局面，难道不一样吗？"

理解这段大道理可能有点费神，宋元公想了一下，回答说："虽然有人说臣子进谏是国家的福分，臣子阿谀是国家的灾祸，但你不断进谏的行为并不一定就是国家的福分了。

"因为灾祸不会无故降临，福气也不会无故到来。夏桀、商纣时期，这两位暴君身边都有进谗言的乱臣，他们教国君做一些无道暴戾之事，引导国君暴露内心的阴暗面，让夏桀、商纣变得骄横傲慢、贪得无厌、好高骛远、贪婪凶狠，最终忠诚正义的人无法得到重用，这才导致国破身灭，自己也被天下人所耻笑。我们宋国处在中原，四周诸侯林立，国力不强，办事要是不小心谨慎，分分钟就会被灭掉。你现在说的话，很像是那些奸臣所讲的！"

卫平摇头说道："《春秋》中记载了过去夏朝、商朝灭亡的故事，用来警示后人。你倒好，不向商汤、周武看齐，却把自己比作夏桀、商纣。再者，黄河之神再贤明，估计比不上昆仑山吧？长江之神再包容，估计比不上四海浩荡吧？即使如此，我们还是去昆仑山里挖美玉，还是去大海深处采珍珠呢！当这些宝贝出现在世界上时，为了争夺这些宝贝，很多人会使出杀人、发动战争等各种凶暴的手段，可见获取宝贝的办法向来就是凶暴的。

"夏桀、商纣最大的问题在于他们做任何事情都依靠凶暴的手段，这才是他们灭国的根本原因，因为他们忘记了治理国家需要用仁德。商汤、周武如此仁德的君王，灭亡这些暴君的时候用的也是凶暴的战争手段，不是吗？所以即便没有商汤、周武两位帝王，也会有其他人受不了夏桀、商纣的暴政去推翻他们，因为这就是时势所向。他们遵从了时势，被后世赞颂至今。今日老天送您神龟就是时势，它这次出差实际上就是为了圣人才出差的，不然怎么会偏偏落难在宋国，还给您托梦？为的就是把自己送给贤明的君主啊！您因为害怕而不敢接受，这是违背天意，简直就是逆天而行啊！"

宋元公听完，似乎突然开了窍、想通了似的，拍手称赞。

于是宋元公对着太阳两次拜谢，留下了神龟。他挑选黄道吉日斋戒，命下人杀了白色的野鸡、黑色的羊用来祭祀，并把血浇在神龟身上，随后把神龟宰了，用它的龟甲做成了占卜的器具。

据说，从此以后宋国用它进行占卜，结果往往都十分准确，宋国的将士打仗也变得神勇，无人能敌。宋国藏有如此贵重的占卜神器的消息在各诸侯之间不胫而走，其他诸侯都认为宋国的强大是仰仗了神龟的力量。

【技法正名】

这一次卫平劝说宋元公的故事，虽然十分离奇，也有不少迷信的成分，但是不妨碍我们总结其说话技巧，它叫作话接平行线。

话接平行线的说话技法得从我们上学时学习的平面几何说起。什么是平行线？在同一个平面内，永不相交也不重合的两条直线，叫作平行线。

将这个概念移植到说话的技法中，是为了凸显以下两个要素：

第一，在同一个平面内，两个人想要把对话延续下去，尤其是处于回答的一方，必须保证话题在同一个语境内。如果对话风马牛不相及，就没有了谈话的必要。

第二，既然在一个平面内，为什么又要将谈话不相交或不重合呢？这才是该技法的重点。因为有时候一旦回答和提问相交或重合，该话题就会由于碰撞导致谈不下去或被终止，而其中谈不下去的一个原因就是回答方无法用自己的逻辑说服对方，所以话接平行线这个技法，看似是在说同一件事，实际上完全用的是两种不同的逻辑。

在上述对话过程中，表面上卫平和宋元公好像都在说是否宰杀乌龟这件事，但实际上，两个人完全不在同一逻辑上对话。宋元公反复强调占有和宰杀神龟的行为违反了仁德，而卫平说服宋元公的逻辑却是一切皆是天意和时势，完美避开了说服不了对方时同一逻辑的正面交锋。

【五星评跋】

让我们从现今的视角给上述史料中的对白做一个综合评定。

对于唯物主义来说，卫平的理由显得有些可笑，但是至少在当时还能自圆其说。他把宝物等同于利益，而将利益会引发暴力冲突这个事情看得很透彻，逻辑性上评定为6分。

卫平利用各种实例，努力说服宋元公得到神龟只是天意，让宋元公深深体会到出门不捡就算丢的真谛，策略性上评定为8分。

卫平从最初谈话和宋元公不在同一个频道，转到运用宋元公的夏桀、商纣事例来印证自己的论点，逐渐在谈话中占据上风，表达力上评定为8分。

虽然卫平自己深信的逻辑从一开始就没有改变，但是随着对话的平行延伸，最终他依靠强大的即兴捕捉能力，在宋元公的谈话内容中找到了突破口，利用商汤灭夏、武王伐纣也是用了暴力手段夺取天下的事实，引出暴力获取利益是圣人也会做的事情的核心论点，即兴度上评定为9分。

对于自然科学了解不够充分的古人，我们无法苛求他们有更多唯物论的观念。但今天我们应该明白，这只神龟号称天下事情尽知，却无法知道自己要被宰掉，还向凶手托梦求救，这也是矛盾重重，除非神龟故意想要献身。连孔子在看过这个故事后也说，神龟即使再神，也没算到自己将成为一只空壳的命运，影响力上评定为6分。

因此，在满分为50分，每10分为一星的标准下，我们将卫平杀龟的故事评定为37分，三星半。

【沙盘推演】

在现实生活中，话接平行线的说话技法被使用的机会随着科技的发展，比过去要多得多。比如有一次上海刮大风，很多小区的树倒了，压坏了业主的私家车。在微信群里，我看到有的业主在不断地责备物业："我想请问，从法律上讲，树倒了，压坏了我的车，物业要不要赔？"

又有其他业主跟着说："别管那么多，如果树倒了，正好砸到了人，物业还敢说自己不用负责吗？"

紧接着，此起彼伏的讨伐声在群里飘荡着，我是一直在观察着物业经理的表态。他回答道："物业一定按照相关规定，在大风预警期间不间断地巡逻和检查，力争避免出现财产损失和人员伤亡的情况。业主如果需要联系保险公司理赔，物业会提供相应的证明。也希望业主能够监督物业的工作，给我们提出宝贵的建议。"

你也许会说，物业这段话说了等于没说。但我要说，并不一定。因为在这个时候，物业必须说些什么，但又不能火上浇油，所以基本上没有什么回答能够马上平息风波。在这种情况下，这样的表态是唯一的方式。

有时候，生活中的平行不是对你置之不理，而恰恰是对你太过用心。

第九章

策略防备：

遇事可以讲气度，坚守原则不含糊

章首语

口语传播中的策略是指根据人与人之间的交流和沟通的形势发展而制定的言语准则；策略防备是指利用所制定的言语准则来避免对方通过言语输出给自己带来不利影响。

俗话说，害人之心不可有，防人之心不可无。在人际交流中，这条准则同样适用。于是，如何制定策略进行防备就成了一个技术活。在日常生活中，人与人之间的简单对话，尤其是不涉及利益问题的交流，完全可以轻松对待，不必处处使用说话技法。但当某些对话牵涉到大是大非，尤其传播者不仅代表自己，还代表着团队的利益时，提前设计对话过程中的防备策略显得尤为重要。

赵括其母·被迫守底线

【钩玄提要】

有时，底线就是原则；有时，底线仅仅是确保自己安全的一道防线。由于身处特定的历史时期，在本节故事中的底线事关生死，它也就变成了确保自己能够存活的生命线。而在现今的社会中，因交流不慎出现危及生命安全的可能性并不多，这时的底线便成了人际交流中确保自身不受牵连的警戒线。

本节通过赵括的故事，将为你讲述的说话技法与口语传播时底线的设防密切相关。本节的史料取材于《史记·廉颇蔺相如列传》。

春秋、战国时期诞生了数不胜数的成语，大家知道有哪些成语和战国时期的赵国有关吗？

比如"围魏救赵"，说的是齐国大将田忌、孙膑发兵进攻魏国首都，迫使魏国围困赵国都城的部队回撤的经典战略。

比如"完璧归赵"，说的是赵国名臣蔺相如出使秦国，机智地看穿了秦王的贪婪，又将和氏璧安全带回赵国的故事。

还有一些成语中没有"赵"字的，比如"负荆请罪"也与赵国有关，这个故事被改编成了传统戏曲《将相和》。

另外，在之前的章节中已经专门介绍过的一个人物连带出的成语"毛遂自荐"也与赵国有关，有兴趣的读者可以回过头去再看看。

【史料新说】

在这一节的故事里又会出现三个与赵国有关的成语，大家可以一起期待一下。

在赵国的历史上，有两位将军位列"战国四大名将"，他们是赵国的廉颇和李牧，其他两位是秦国的白起和王翦。在赵国除廉颇、李牧以外，还有一些著名的将军，比如乐乘，他和前文提及的乐毅是同族亲戚。还有一位将军，叫作赵奢，他算是我们这节故事的半个主角。

赵奢原本只是负责征收税赋的小官，主要的工作大概类似如今税务局的专管员。在征收税赋的过程中，他依照律例处死了平原君手下九位拒不缴纳税金的财务人员，并直言规劝平原君"国家税收取之于民，用之于民"的道理，普及了"依法纳税"的重要性。平原君深有感触，于是将赵奢推荐给了赵国国君赵惠文王。从此，赵奢就成为了管理全国财政税赋的官员，赵国的税法也变得公正合理起来。

你们一定以为赵奢是一个典型的内政好手，很遗憾，很多事情并非"你以为你以为的就是你以为的"！因为你看到的现象，永远不是事物的全貌。

公元前270年，秦国进攻韩国，大军驻扎在阏与，战况危急。于是，韩王向赵国求援救兵。赵惠文王知道后召集将领们商议救援的问题。廉颇和乐乘都面露难色，表示道路狭长，距离太远，很难救援。

只有赵奢回答："路遥远，地险窄，就像两只老鼠在通道里打架，谁猛谁就一定能赢！"

赵惠文王非常认同赵奢所言，便派遣他领军救援韩国。一点不错，这就是我们常说的"狭路相逢勇者胜"的由来，从中衍生出了本故事中的第一个成语"狭路相逢"。这场战斗以赵军大胜而告终。战后，赵惠文王赐赵奢为"马服君"，从此赵奢在官位上与廉颇、蔺相如平起平坐。

公元前266年，赵惠文王去世，太子即位，史称赵孝成王。公元前262年，秦国再次攻打韩国，韩国决定割让上党郡给秦国，向其求和。上党郡的守将冯亭拒绝投降秦国，随后做了一个影响非常恶劣的决定，他要将自己控制的上党郡共计十七座城池拱手献给赵国。这根本就是一个要激怒秦国，想把夺地之恨转移到赵国的阴险计划。

然而，赵孝成王却非常开心，认为遇上了"捡钱包"的好事。著名的"战国四公子"之一的平原君赵胜也支持赵孝成王的想法，于是赵国决定接收上党郡的十七座城池，平阳君赵豹极力劝阻也没用。赵孝成王接收了上党郡，并派遣大将廉颇驻守在长平。这个行为果然激怒了秦国，秦国不久后便发兵进攻赵国长平的驻军，触发了历史上著名的长平之战。太史公司马迁用"利令智昏"来评价平原君赵胜的行为，形容看到了好处便丧失了理智，这便是与赵国有关的第二个成语的由来。

长平之战在公元前262年这个时间点上轰轰烈烈地开启了。

驻扎在长平的廉颇的能耐可是不一般，秦军根本占不到半点便宜，便故意向赵国传言："秦军上下犹记当初狭路相逢的赵国名将赵奢，听到他的名字就感到害怕。如今赵奢虽然已经去世，但是整个赵国的所有将军中，他们也就担心赵奢的儿子赵括一人而已，如果这个将门虎子决心子承父业，秦国就麻烦了。"

赵孝成王听到传言后，大脑一抽风，立即决定启用赵奢的儿子赵括为将军，以替换前线的主将廉颇。听到这个消息，重病中的蔺相如急忙劝诫说："大王怎么能只凭借虚名就任用大将？这和用胶水粘死了调弦钮再去弹琴一样，根本不知道变通。赵括这个年轻人，充其量只是读过他父亲的著作而已，根本不会灵活运用他父亲的战术思想。"

蔺相如的修辞手法用得是炉火纯青，可赵孝成王根本听不进去，仍旧坚持要任用赵括为大将军。

此时赵奢的遗孀也就是赵括的母亲，也前去劝说赵孝成王放弃启用赵括的打算。这真是不容易啊，自己的亲生母亲也来"拖后腿"，可想而知赵括得有多不堪重用。

她说："大王，虽然我儿子赵括从小就学习兵法，谈论战局、策略，而且认为天下没有人能比得上他，但是他根本不懂打仗。曾经有一次他和他的父亲讨论布阵的方法，连他父亲赵奢也没能难住他，但是难不住归难不住，他父亲觉得这个孩子不懂打仗。我问过丈夫是什么原因，他表示战争是关系到士兵死活的大事，可这孩子却表现出轻松、容易的态度，以后不任用他做将军也就算了，要是任用他，他必然是毁掉赵国的那个人啊！"

然而赵孝成王似乎并没有打算改变主意，于是赵括的母亲继续说道："当初他父亲赵奢还是将军的时候，亲自伺候他吃喝的人有十几个，被他认为是可靠兄弟、靠谱朋友的有百来个，国家和显贵们赏赐的财物，他都用来接济军队里的官吏和下属。从上任的那天起，他根本无暇理会自己家里发生了什么事情。

"如今我的儿子赵括平地而起、陡然显贵，马上就要面向东方接受拜见，下属、官吏却没人敢抬头看他的脸色，怎么会有人替他卖命死战呢？国家赏赐的财富全都被他藏在家里，天天查探便宜、性价比高的农田、房产，能买的就直接买，眼都不眨。大王你看看这和他父亲有什么相似之处？父子两个人虽有血脉，但为人完全不一样，大王一定不能派他领军作战啊！"

赵孝成王不耐烦地说道："你就别管了，我自有决定。"

写到这里，我觉得赵孝成王更像赵括的亲爹，护犊心切。赵孝成王的回答彻底激怒了赵括母亲："如果大王一定要让他带兵打仗，日后出事，我可以不受株连吗？"

赵孝成王点头答应了赵括母亲的请求。

如此，赵括顺利地成为长平赵军的总大将，上任伊始就全盘改换了廉颇设定的军令和方针，替换了大量的下属和官吏。秦国主将白起探听到情报之后大喜过望，诈败撤退，然后切断了赵军的补给线，还将赵括的部队分割成了两截，使其军令难以传达。

四十多天后，绝望的赵军自杀式突围，赵括战死，五万赵军战殁，四十万赵军投降，却被秦军全部活埋，长平之战致使赵国几乎灭国。赵括的母亲因为有言在先，并没有受株连。整个故事形成的就是与赵国有关，却是赵孝成王最不愿意看到的第三个成语——"纸上谈兵"。

【技法正名】

赵国差不多完了，赵母在大义灭亲的说话方式中，用到了什么说话技法才使得自己成功保命呢？它叫作被迫守底线。

被迫守底线这个技法，从名称上不难理解，但我需要在讲解时为你好好梳理一下其中的逻辑关系。

首先，"被迫"的做法，谁都知道不是说话的人心甘情愿想这么干，而是没有办法，不得已而为之。但仅知道这一点没有用，你得知道他在被迫之前做了什么。关于这个技法，说话的人在被迫守底线之前，并不是在消极地守株待兔；相反，他使出了浑身解数去积极应对，最后迫于无奈只能选择守住底线的做法。也就是说，在被迫这么做之前，他尽力了。那么，究竟是什么原因造成的被迫呢？这个我们就不用去追问了，因为问题不同，原因也各不相同。

其次，"底线"的意思是最低限度，也就是达到了自己可以承受的临界点。于是我们不得不多问一句，为什么要守住底线呢？原因很简单，当你用尽一切办法也没法换来自己想要的结果，说干了口水，能用的技法都用了，也无济于事时，还能怎么办？只能用最后一招——至少你得保全一样东西，到底是什么东西呢？这个因人因事而异，有些人保命，有些人保钱，有些人保工作。

再看赵括母亲，一开始她费尽口舌将赵括与赵奢进行对比，试图阻止赵王任用赵括，结果赵王抛出一句话——你别管了。赵王都这么说了，赵母还能怎样？败局已定。于是，赵母选择了守住保全自己性命的底线。

【五星评跋】

让我们从现今的视角给上述史料中的对白做一个综合评定。

赵括的母亲根据儿子与其亲爹在做将军上的行为差异，得出儿子完全和他父亲不是一类人的评价，知子莫若母，逻辑性上评定为9分。

赵括的母亲对赵王先是摆事实、讲道理，晓之以理、动之以情。当这些都没有办法说服赵王的时候，她只能表达出"别牵连我"的最低要求，策略性上评定为8分。

赵括的母亲在她提出的各种要求都被驳回之后，无奈之下向赵王提出了保住自己性命的要求。往往最后说出的底线要求才是核心内容，关键是让自己活了下来，表达力上评定为9分。

赵括的母亲痛陈利害，希望自己和儿子都能安全，皆大欢喜，但看起来这个心愿并不能达成。这段对话显然在说之前用心思考过，即兴度上评定为5分。

思想僵化、利令智昏、不知变通、纸上谈兵，都足以被当作"不靠谱"的理由，千万要引以为戒。同时，在如今社会，人们依旧需要坚定地做到不信谣、不传谣，影响力上评定为9分。

因此，在满分为50分，每10分为一星的标准下，我们将赵括母亲劝诫赵王的故事评定为40分，四星。

【沙盘推演】

在当下，很多人的生活状态都不太"走心"，他们每天生活在"都行""可以""没事儿"的状态中。与之相对的，有些人持另外一种态度，他们不愿意被人影响和牵连，所以他们的状态是"不关你事""不关我事"。

既然提到了现实生活，我可以拿出被迫守底线的经典句型分享给读者："不听老人言，吃亏在眼前""你现在不听我说的，到时哭都来不及""等到那一天，你可别……"

至于这个"你可别"后面的内容，就得根据你的需要来添加了。如果一时间实在想不出什么具体的内容，你也可以说"等到那一天，你可别赖我头上"。

因为篇幅所限，我没法为读者一一举例。其实，在我们身边，被迫守底线的说话技法被运用到的机会数不胜数。

比如，小孩犯了错，在老师面前怎么都不承认，在成年人换着花样地威逼利诱下，小孩实在没招了，最后会说上一句："老师，我可以告诉你实话，但是你不能告诉我的爸妈。"底线是什么？就是别让父母知道。

又比如，在讨价还价的过程中，买方和卖方都特别容易使用这种说话技法。买方经过反复的压价，最后压到没法再压的价位时，会看似漫不经心地说上一句："好了，我不再压你的价格了，你说这个价就这个价，但是你一定要保证这个东西在质量上没有任何问题。"底线是什么？就是质量要好。

换到对立面，卖方呢？卖方经过严防死守，千方百计不愿意降价，妥协了一点，又妥协了一点，妥协到不能再妥协时，会非常认真地说上一句："这是最低价格了，你可以去市面上看看，如果还有比这个更便宜的，我白送给你，再低你卖给我吧。"底线是什么？就是绝不能再便宜一分钱。

这就是说话技法的本质，来源于生活，又回归于生活。

子韦观星・捍卫知情权

【钩玄提要】

传播者通常会进入一个传播误区,认为自己说什么话属于自己的权利,与别人无关。表面上看这似乎没错,我们一旦深究就会发现,传播者说什么话,以及是否说话,跟别人的权利也有着紧密的联系。如果传播者所获悉的信息与别人的知情权有关,且因为传播者的隐瞒造成别人无法知道或延迟知道相关信息,而这些信息的缺失或延迟又给别人带来了一定程度的损失,那么传播者的表达就不仅仅涉及自己一个人了。

本节通过子韦的故事,将为你讲述的说话技法与口语传播时知情权的保护密切相关。本节的史料取材于《史记・宋微子世家》。

在这节故事的开始,我想先跟大家探讨一个问题:如果你发现身边的朋友即将遭遇无法避免的不幸,你是说,还是不说?如果他不是你的朋友,而是亲人,抑或是上司,那你的选择又会是什么?你可能会说,我又不是神,怎么可能预测到未来的幸与不幸。虽然这个假设有点玄乎,但是大凡有这种想法的,说明科学学得比历史多。在中国古代,玄学是流行文化。在这种玄之又玄的背景下,本节故事要说的就是这样一个关于是否应该坦诚的故事。

【史料新说】

春秋时期,宋景公在位之时,宋国接连遇上了天灾人祸,被折腾得元气大伤。宋景公很是忧虑,自己明明已经很努力地治理国家了,算得上是一个贤君,但宋国的运气似乎总是不太好,他感觉一定是哪里出了问题。

人一旦产生了这种感觉,就会觉得发生什么事都很奇怪。比如,早上你刚扶一位老奶奶过了马路,结果回头自己被电动车撞了;下午在办公室你刚把在地上捡到的钱包还给同事，结果晚上回家途中自己的手机丢了。如果总是这样，正常的人都会变得不正常。既然用正常的逻辑无法解释，宋景公便开始遍寻能人异士，特别是找到了擅长天文星相之道的方士，并封了他们一个官职，让他们住在楼阁上观察天象，希望能从天象里获得方法，帮助国家避开灾祸。

其中有一个人，名叫子韦。传说他非常厉害，夜晚观察星相天气的变化，白天则拿着历书分析、推算。传说中的他不但能预见未来，还能推知往事，所言极为准确。宋景公奉他如神明，以上礼相待。但子韦既不穿戴华贵的衣服，也不吃特别珍奇的食物。子韦的生活过得非常简朴，他还跟宋景公表示只要遍行德政，实行仁义之举，就能天下祥和，也能使黎民受到教化。宋景公非常尊敬他，不仅让他担任了宋国的司星官，就是观察天象的国师，还让他兼任宋国太史，可以说他是位高权重。

虽然宋景公请来了这么厉害的司星官，但并没阻止坏事的发生。根据《吕氏春秋》和《史记》中的记载，有一天，子韦很郑重地把宋景公请到观星台，指着天边一颗红色的星星，跟景公说："国君，你看到那颗星星了吗？那是荧惑守心。"

景公一听"荧惑守心"就懵了，随即问道："什么意思？"

子韦回答："就是你要倒大霉了。"

这里我必须岔开去解释一下"荧惑守心"。中国古代就已经发现了火星，人们眼睛中看到的火星荧荧似火。火星的亮度因为受气候的影响常有变化，而且它在天空中运动的时候，有时从西向东，有时从东向西，情况复杂，令人迷惑，所以古人把它叫作"荧惑"。名字听上去很优雅，它有"荧荧火光，离离乱惑"之意，所以火星也叫荧惑星。

自古以来，人们就对天象充满了重视和敬畏，历代君王更是对荧惑星的变化非常关注，常常将其与自然灾害、朝代更替、帝王生死关联起来。其中一种叫作荧惑守心的天象被认为是大凶之兆，这种天象比较罕见。"心"说的是二十八星宿中的心宿，心宿有三颗星，分别代表太子、天王和庶子。如果荧惑星停留在心宿附近迟迟不离开的话，这种天象就叫荧惑守心。古人认为它代表了皇帝可能驾崩、丞相可能下台等灾祸会发生。

古籍记录中有过二十多次荧惑守心的现象，其中很多都与帝王有关，如秦始皇、汉高祖、汉灵帝、晋武帝、晋惠帝、梁武帝，古人认为他们的死亡与这个天象有关。

让我们再说回那个倒霉的宋国。春秋时期，周天子分封诸侯，各诸侯的封地分别对应着不同的星宿。其中，心宿的位置正好对应着宋国。此时出现"荧惑守心"，不就是冲着宋景公去的吗？宋国的国君要大难临头了。

可是，子韦如此直接地告诉他的国君，真的好吗？

子韦先把"荧惑守心"的来龙去脉跟宋景公交代了一番，然后说："荧惑是天罚，国君你可能会有灾祸。"

宋景公当场又懵了一回，问道："有没有什么办法可以破解？"

子韦说："办法倒是有，我们可以把这个劫数转移给宰相。"

景公立刻急了："宰相是替我治国的，移给他，他不就死了吗，那不行。"

子韦说："还有个办法，可以转移给百姓。"

景公摇头说："你这都是什么破办法，老百姓死了，我还当哪门子国君呢？"

子韦毕竟专业好且能力强，又想了想，说："我还有个办法，可以把你的这个灾转变成灾年，也就国家倒点霉，老百姓多吃点苦，但你和宰相都不用死。"

景公说："灾年也不行，百姓都吃不上饭了，哪有国君为了活命而害自己百姓的！行了行了，你别说了，算我倒霉，命该如此，就顺其自然，让我来承担这个大凶之兆吧！"

子韦一听，一声不响地走了。

过了一会儿，他又返了回来，向景公拜了两拜，说："恭喜主公！天虽然高高在上，但能谛听地上的声音。你刚才说了三次大善之言，上天必有三赏。现在荧惑星必移三舍，为你延寿二十一年！"

景公兴奋地问道："什么？"

子韦说："不要不相信你的耳朵，三次善言，天赏三次，荧惑星也会迁徙三次，一舍七星，一星一年，三七二十一，所以延寿二十一年。我现在跪在下边等着，如果荧惑不迁徙，我请一死！"

那天晚上，火星果然移了三舍，而宋景公也果然好人有好报。"荧惑守心"这件事发生在他在位的第三十七年，也就是公元前480年。直到二十七年后，宋景公才去世，比子韦推算的还多活了六年。司马迁评价他"景公谦德，荧惑退行"，意思是景公这个人德行非常高，连火星都给他让路。

【技法正名】

我并不是认可测算，而是想说子韦对于宋景公如此直言不讳，究竟是对，还是错呢？这里他用了一个说话技法，叫作捍卫知情权。

有人会认为捍卫知情权就是实话实说。如果真那么简单，我也就不会在这里用一节完整的内容来谈这个技法了。关于说实话这件事，应该视具体情况而定：有些实话你可以不说，这是你的选择权；但有些实话你必须得说，你不得不说。换句话讲，就是你没得挑。

真有那么严重吗？

我们先来看一款条文：1946年联合国大会通过了决议，将知情权列为基本人权之一。这条信息一公布，你就知道我为什么要在"知情权"前面加上"捍卫"这个动词了。因为这个权利早在几十年前，就已经被联合国重视了。

广义层面的知情权是指一个人具有知道和获得相关信息的自由和权利，而获得这些信息的渠道包括官方和非官方两种。本来一个人好好地拥有这种权利，但因为某些原因，这些信息被你掌握在了手里，你却拒绝告诉他。无论你是出于善意，还是恶意，你侵犯了他人的知情权是不争的事实。这就是在无权隐瞒的前提下，只要对方具备知道这件事的权利，你必须告诉他的原因。

再看子韦，作为国家级的司星官，他有义务将看到的天象如实地告诉自己的君主，即使冒着生命危险，子韦也必须如实说，因为这是他的责任。幸好，宋景公的善良和仁德为他带来了好运。

当然，同样的事件发生在不同的人身上，往往会得到不同的结果。史上最著名、也是最严重的一次"荧惑守心"导致了一名宰相的自杀。

西汉汉成帝绥和二年（公元前7年）春天，朝廷报告发生了"荧惑守心"。结果大臣纷纷认为这一天象变化的后果应该由宰相来承担，有的大臣甚至在进言时直接指责宰相"上无恻怛济世之功，下无推让避贤之效"，并劝他赶紧自杀。汉成帝为此还写了一封长长的诏书，历数了宰相当政以来的种种错误，并把造成国家各种糟糕局面的成因全甩锅到了这位宰相身上，至于宰相该如何承担这个错误，汉成帝让他自己好好想想。宰相最后自杀而亡。

这可能是中国历史上唯一一个因为天象而自杀的宰相。得到宰相的死讯后，汉成帝龙颜大悦，为宰相举行了隆重的葬礼，还亲临致祭。他认为灾星已退，自己有望长命百岁了。可笑的是，就在当月汉成帝便突然中风瘫痪，勉强拖了一个月之后，依旧翘了辫子。

【五星评跋】

让我们从现今的视角给上述史料中的对白做一个综合评定。

子韦的表达虽然没有什么特别经典的辞藻，但句句干净利落。在被君王一次次地否定后，又一次次地跟进，逻辑性上评定为8分。

从谋篇布局上看，子韦并没有通过表达操纵或诱导君王做出选择，而是每次被君王否定后，又给出进一步的解决方案，策略性上评定为6分。

子韦说话从不遮遮掩掩，即使让君王绝望，也没有招致宋景公的责备，这份言辞中的坦诚是他说话的最大法门，表达力上评定为8分。

纵使有再强的观星能力，子韦也猜不透宋景公的心思，面对君王接二连三地否定自己的提议后，他总能想出下一步棋的走法，即兴度上评定为9分。

不同时代有不同时代的文化，把夜观星相放在今天，估计很多人不会认同子韦向宋景公提出的星宿结论。但此一时彼一时，作为历史文化中的苍劲一笔，影响力上评定为7分。

因此，在满分为50分，每10分为一星的标准下，我们将子韦对话宋景公的故事评定为38分，三星半。

【沙盘推演】

今天的技法与其说是一种说话技法，不如说是一种口语传播的责任。当然凡事不能绝对化，我们可以在规则允许的范围内变通。

曾有一则新闻报道，一个高考生的父母在他高考期间遭遇了车祸，不幸离世，为了不影响他的情绪，全家人将消息瞒了他两天。对于这则新闻事件，有人举双手赞成，有人却嗤之以鼻。反对的人觉得即使是高考，也不应该重于父母的生命，家里人不应该剥夺孩子的知情权。

我认为，要具体分析一下。如果因为瞒了孩子两天，让他错过了与父母相见的最后一面，我个人觉得是不应该的。但倘若父母的死亡已成既定事实，即使孩子当下就知道了也改变不了什么，我觉得是否可以延迟告诉他真相的时间，是可以商榷的。

有一次，我的一位同事的家人被查出患上了重症，他在反复挣扎了几天之后问我："我应不应该把真相告诉他？告诉他吧，我又怕弄巧成拙，影响了他平静的心情。"

我想很多人都会有这样的想法，因为出发点是善良的。我对他说："你的家人有对自己身体状况的知情权，从根本上讲，你无权隐瞒。但必须告诉他和选择一个恰当的时机告诉他，这两件事并不冲突。你可以选择在一个合适的环境下以一种合适的表达方式来告诉他，这样可以把对他的情绪伤害降到最低。"

以上就是我给他的建议。你发现了吗？这段对话又一次证明了我过去说过的观点，说实话也是需要技巧的。至于什么算是合适，需要根据具体情况再做分析。总之，但愿你我问心无愧。

主父偃献策·褒贬皆个性

【钩玄提要】

有极强的个性究竟是不是一件好事？这个话题一定可以成为一道辩题，因为它存在正反两方的可辩性。在口语传播过程中又是否应该彰显个性？这个问题也不会有一个准确的答案。通过自己的语言充分地传递自身的个性并没有什么过错，毕竟所有的传播效果由传播者自己承受，只要在这个过程中别因自己的个性伤害到传播对象便好。

本节通过主父偃的故事，将为你讲述的说话技法与口语传播时个性的展现密切相关。本节的史料取材于《史记·平津侯主父列传》。

有这么一句话，叫作："做人，没法让所有人都喜欢；做事，没法让所有人都满意。"任何事物存在的两面性都会导致一部分人对你的看法不同于你做事的本意和初衷。正所谓，你有你做事的原则，他有他判断的标准。

不过，有一个人的处境有点特殊：自己家里人不喜欢他，可能是他做事违背了家风；自己邻居不喜欢他，可能是他伤害了邻居的感情；自己国家的人不喜欢他，可能是他损害了国家的利益；别的国家的人也不喜欢他，可能是他损害了别人的利益。很多人就会说这也太神奇了吧，你怎么不说只要会喘气的都不喜欢他呢？别说，还真的有这么一个人，他就是本节故事的主人公主父偃。

【史料新说】

主父偃是齐国临淄人。临淄在今天的山东省淄博市东北，因临淄水而得名。他早期学习的是纵横家学说，说起来他也是鬼谷子的徒子徒孙，晚年时候才开始学习《周易》《春秋》以及诸子百家的学说。他在故乡齐国的读书人中间可谓"臭名昭著"，谁都不待见他，不待见他也就算了，他们还联合起来排挤他，导致他在齐国待不下去了。主父偃家中贫穷，别说接济，就算借贷都没人肯借给他，可见其人缘之差。

无奈之下他只好去了北方的燕国、赵国、中山国，打算换个环境生存。可惜各地都没有人待见他，连做别人的幕僚、宾客都没有门路。直到汉武帝时期，他认为各个诸侯国都不值得待了，便入函谷关，求见大将军卫青。

卫青估计是他这辈子遇到的唯一的好人，多次向汉武帝推荐主父偃，但汉武帝不肯见他。他身上的盘缠很快花完了，主父偃陷入了十分困窘的境地，他只能孤注一掷，决定向汉武帝上书。就是这次上书，早上递进去，傍晚他就得到了召见。

上书的内容是这样的："皇帝陛下，见信好！明君不会厌恶深切的谏言，而会多方明察；贤臣不敢逃避沉重的惩罚，而会直言错误。因此，能够使国家得到好处的政策才不会被埋没，功名才得以流传万世。我现在就不敢隐瞒自己的忠诚，不会逃避死亡，冒昧地向皇帝陈述我愚昧的想法，希望皇帝能赦免我的罪责，稍微考察一下我的想法是不是靠谱。

"《司马法》这本书里说：'国家虽然巨大，如果喜好用战争处理问题，就必然灭亡；天下虽然太平，如果无视战争带来的风险，就必然危险。'现在天下平定，皇帝演奏《大凯》的乐章，春天、秋天都举行游猎，诸侯借此春天锻炼士兵，秋天整备武器，用来表示牢记战争。况且愤怒是悖逆的德行，锋利的武器是凶恶的东西，打仗是最差的一种处理问题的方式。古代君主只要发怒则必然杀人，尸横遍野，而圣明的君主对待愤怒这种情绪都很慎重。

"那种致力于用武力取胜之人，最终没有不后悔的。秦始皇凭借兵威吞并与之交战的国家，一统天下，功业可与夏、商、周开国之君相比，但是他不肯罢休，还要发兵匈奴。李斯劝诫说：'不可攻伐，匈奴没有城邦居住，也没有堆积如山的财物，他们像候鸟一般地迁徙，得到他们也无法控制。轻装上阵则军粮短缺，万事俱备则物资巨大。即使得到匈奴的土地也无利可图，奴役匈奴百姓也无法守护他们。战胜他们就只能杀死俘虏，这不是为民父母的君王该做的事情，使中原疲敝，只为内心愉快而攻打匈奴，可不是个好政策。'

"秦始皇不听，派遣蒙恬攻伐匈奴，土地虽然开阔了千里，但都是盐碱地，不生谷物，然后调发几十万人去守卫黄河以北地区，让他们在风沙中待了十几年，死了无数人也没有再前进一步。难道是人马不足，兵戈不锋利吗？根本就是后勤条件不足。天下百姓都在种粮草，从黄县、琅邪出发，送到北河地带，花费三十钟的粮食才能送过去一石粮食。"

此处,我需要说明一下:秦代1钟=6石4斗,因为1斗=0.1石。送过去1石粮食需要30钟,也就是192石粮食,路途上所消耗的粮食是所送达的粮食的192倍。这就是成语"一石几钟"的由来。

主父偃在上书中继续写道:"男子再怎么努力种田,也无法满足粮食需求;女子再怎么努力织布,也无法满足军队需求。百姓疲惫不堪,孤儿寡母、老弱病残得不到供养,沿路饿死的人绵延不绝,大概就是这个原因,天下人才背叛了秦朝。

"汉高祖刘邦平定天下,攻取边境土地,听说匈奴就在山谷之外,也想攻打。御史大夫也劝阻说:'不能打匈奴,他们的习性如同猛兽聚集、众鸟飞散一般,追逐他们就像捕捉影子一样,凭借陛下的盛德攻伐匈奴,太危险了。'刘邦也没听从,于是向北进军到代郡的山谷,导致汉军遭到平城被围困的危险。刘邦后悔了,于是派遣刘敬与匈奴缔结和亲之约,此后天下人民才渐渐忘记战争的痛苦。

"所以《孙子兵法》写道:'发兵十万人,日耗千金。'秦朝聚集民众,屯兵几十万,虽然歼灭了敌人,但与匈奴结下的是深仇大恨,这种结果不足以抵偿全国的战争耗费。朝廷国库空虚,民间百姓疲惫,这种扬威国外心中欢乐的事情,绝对不是完美的。匈奴难以控制,并非现在才这样,他们在路经之处劫掠不停,并以此为职业,是其天性使然。各朝各代都不用法律道德去看待他们,不采用正确对待匈奴的态度,这是我最大的忧虑,也是百姓感到最痛苦的事情。

"战况一久必然生变,做事艰辛,思想就变,不但百姓产生背离天子的想法,军官之间也会相互猜疑,甚至与境外势力勾结,我说的就是秦国的赵佗、章邯那样的人。这是秦王朝政令无法推行的根本原因,因为大权已经被这样的人所掌握。所以《周书》上写道:'国家的安危在于君王的政令,国家的存亡在于君王的用人。'希望皇帝您仔细考察这个问题,深思熟虑,不要出现错误。"

和主父偃同时上书的人中,有一位叫作徐乐,还有一位叫作严安。三人同时被召见,汉武帝说道:"你们平常都跑到哪里去了?为什么我们相见会如此之晚呢?"

随后,汉武帝将三人任命为郎中,其中主父偃因为多次觐见陈述政务,一年之中连跳四级升为中大夫。

此时的主父偃又向汉武帝献出了一个非常重要的计策,他说:"古代诸侯的土地不超过百里，强弱形势难以颠覆。现在的诸侯竟然可以拥有几十座相连的城池和上千里的土地。一旦天下形势宽缓，他们则容易产生骄傲奢侈的行为；形势一旦紧张起来，他们又可能依靠自身实力联合周边势力反叛中央。如果我们使用法律条文来削减他们的土地权益，那么他们就会做出反叛的决定。不过现在诸侯王的子女都挺多的，有的甚至有十几个，父亲的爵位和封地只有嫡长子能继承，其他兄弟姐妹虽然也是骨肉，但是没有尺寸之地立足，那么他们怎么会做到仁爱孝亲呢？

"陛下应该下令让诸侯王推广仁德，具体而言，诸侯王应该让自己的孩子都分得父辈的封地领土，同时国家赏赐他们爵位为侯。这样一来，这些人一定会很高兴。重点是皇帝用这种方式推行仁德，实际上诸侯王的领地在下一代就会面临切割再分配，这样不用削减他们的封地，就能削弱诸侯的实力。"

这就是中国历史上非常著名的"推恩令"。

在尊立卫青的姐姐卫子夫为皇后和揭发燕王刘定国的乱伦行为的事情上，主父偃都是有功劳的。但是这也让朝中大臣都很害怕主父偃的这张嘴，不少人为了拉拢主父偃而向他行贿，主父偃累积的受贿财物超过了千金。

有人劝说主父偃做事不要过于嚣张跋扈，主父偃的回答竟然是："我束起头发游学四十载，志向无法实现，父母不把我当儿子看，兄弟也没有人肯收留我，宾客、朋友抛弃我，我穷得太久了，我活着享受不到顶级规格的宴席，那就让我死的时候享受顶级规格的刑罚吧！"

翻译成现在的大白话，大概就是：你懂啥，我吃的苦比你吃的饭还多，我要么流芳千古，要么干脆遗臭万年！

元朔二年（公元前127年），主父偃向皇帝告发齐王刘次景也有乱伦行为，于是汉武帝就任命他为齐相去监督齐王。主父偃回到故乡齐国，把兄弟姐妹、宾客、朋友都召集来，散发了大约五百金的钱财，说道："当初我贫穷时，兄弟不接济我，宾客不待见我。现在我做了齐国丞相，你们之中居然有人不远千里来迎接我，现在我宣布和你们所有人绝交，请不要再踏进我家的大门！"

翻译成现在的大白话，就是：过去你们对我爱理不理，今天我让你们高攀不起！

随后在王宫中，主父偃告诫齐王不要继续做出扰乱后宫纲常的事情。齐王非常害怕，想起之前燕王被主父偃告发后的结局，于是就找了个机会自杀了。

当初主父偃游历的时候，也去过赵国和燕国，而今赵王一听他的名字就吓了个半死。想想这个主父偃：去过燕国就告发燕王乱伦，燕王被处死了；回到齐国就告发齐王乱伦，齐王自杀了；就剩下我赵国了，这家伙是不是也要告发我点什么事情，来报复我呢？于是，赵王先下手为强，给皇帝上书检举了主父偃收受贿赂的行为。

汉武帝看到赵王的信后，又看到有官员来报告齐王自杀了，于是他也认为主父偃是想报复齐王而逼死了他，便交代官员审问主父偃。主父偃承认了收受贿赂的行为，但是不承认逼死了齐王。

汉武帝一时心软并不想诛杀主父偃，但是老臣公孙弘出来说道："齐王毕竟是皇室子孙，现在自杀了，连后代都没有留，封国只能取消变成郡县。这个事情不是小事，不管怎么说主父偃和这个事情是有直接关系的。皇帝你不下手，难以交代。"

于是，汉武帝判处了主父偃死刑，并诛灭其族。当初主父偃做大官的时候，门下幕僚宾客千人之众，族灭的时候，除了一个叫作孔车的人来帮他收尸下葬，其他人谁都没有出现。汉武帝后来听说了这件事，认为孔车是个厚道的人。

【技法正名】

不讨人喜欢的主父偃死于刑场，而在他的故事里也藏着一个说话技法，叫作褒贬皆个性。

个性是什么，谁都懂，但谁又都说不太清。"个性"这个词来自拉丁文，是指个人的心理面貌。说白了，就是属于你内心独一份的东西。

为什么会出现褒贬皆个性呢？原因不难解释，因为个性是你个人的东西，既然不是普遍性的东西，就必然有人喜欢，有人不喜欢。无论你说这个人的个性多么好，总有人不喜欢甚至讨厌这种个性。

在说话的过程中，人很难长时间地掩盖自己的个性，总会在不经意间流露自己的内心面貌。当你的听众正好喜欢你的个性，那么你所说的话会得到他的认同，甚至是高度认同，因为很有可能他和你是一样的人。如果正好相反，对方不喜欢你言谈举止中流露出的个性，那么结果可想而知。所以，当因个性式的表达换得某种认同后，我们每个人都别太得意，要时刻准备着，当听众换了一批人之后，结果就有可能大相径庭。

再看主父偃，故事中他的表达最能彰显的就是说话的个性，而且他从来不掩盖这一点。他的那句"我活着享受不到顶级规格的宴席，那就让我死的时候享受顶级规格的刑罚"，入木三分地体现了褒贬皆个性的说话技法。

【五星评跋】

让我们从现今的视角给上述史料中的对白做一个综合评定。

除了唯一肯把他引荐给皇帝的卫青，没有任何一个人帮他说好话，没有任何一个人愿意帮他开启仕途，单凭一封"面试材料"，就让汉武帝破格录用，文辞中引经据典不说，还显示了深思熟虑的辩证关系，逻辑性上评定为8分。

一年之内连升四级，一句话打破了帝王与诸侯之间的权力纠葛，一纸"推恩令"成为皇帝削藩的法宝利器，大一统的中央集权开始建立，策略性上评定为10分。

主父偃的故事是古代版的"要么流芳千古，要么遗臭万年"，也是古代版的"过去你们对我爱理不理，今天我让你们高攀不起"。对很多人来说，他的这些话听上去都非常解恨，但这些也是他灾祸的开始，表达力上评定为8分。

"面试材料"经过深思熟虑才写出来，相信"推恩令"的计划也在他心中推演过很多次，即兴度上评定为5分。

主父偃在历史上因为"推恩令"的建议可谓影响力巨大，掩盖了他一辈子就一个推荐人、一辈子就一个收尸人这样一种悲催到没朋友的人生，影响力上评定为9分。

因此，在满分为50分，每10分为一星的标准下，我们将没朋友的主父偃的故事评定为40分，四星。

【沙盘推演】

在现实生活中，说话因个性分明而导致结果不尽如人意的事件每天都在发生。

在写本节内容之前，我正在回复学员给我的一段留言。这位学员刚参加完一场演说比赛，她很失望地给我发来一条语音消息，说："林老师，让您失望了，我没能进入决赛，半决赛被淘汰了。可我的演讲是精心设计过的，从初稿时的自我分量太重，到尽量去个性化，还特意加了一些能够引起大众评审共鸣的内容。不知道为什么，在大众评审这一关还是失分了。"

其实，一听到有大众评审这个环节，我就知道她晋级的保险系数降低了，因为她的个性太分明。我回答她说："你想多了，好的演说不是为了讨好大众，演讲者一定会有自己的个性色彩，这份个性中难免会触及一部分人的利益，个性越强结果可能越会走向两个极端。但凭我的经验，大众评审的高分不会给杀伤力特别强的选手，所以优秀的演讲永远不会出现在比赛中。因为对于结果的追求，使得选手会藏起大部分自我的真实写照。否则，他们就是在赌一把。"

说话就是如此：没有个性，太过平庸；有了个性，褒贬不一。我们没有必要去迎合谁，只要不伤害对方，个性的彰显也无可非议。

李广难封·讷言而敏行

【钩玄提要】

　　这些年来，听过太多人表达了一种观点：少说多做。这样的表述真是委屈了每个人的这张嘴。认为多说有问题的人，从一开始就把说和做变成了一对矛盾对立的行为。我们扪心自问，多做就一定好吗？少说就必然对吗？两者之间根本没有什么逻辑关系可寻。如果非得从中找出点什么，较为客观的观点应该是：说做同步，相辅相成。

　　本节通过李广的故事，将为你讲述的说话技法与口语传播时言行的配合密切相关。本节的史料取材于《史记·李将军列传》。

　　　　林暗草惊风，
　　　　将军夜引弓。
　　　　平明寻白羽，
　　　　没在石棱中。

　　这是唐代诗人卢纶所写的一首边塞诗，描述的就是本节故事的主人公飞将军李广的事迹。在之前讲述冯唐的故事的那节中，我们已经提到了"冯唐易老"的典故，本节便来说说剩下的半句——"李广难封"。

【史料新说】

　　李广一门世代都精通弓术，而且也是名门之后，因为李广的祖先叫作李信。熟悉本书的读者还记得截至目前唯一的一个五星评价，讲述王翦的故事的一节中那位只率领三千人就俘虏了派出刺客荆轲的主谋——燕太子丹，并且和秦始皇夸下海口说二十万人就能灭楚的小将军吗？他就是李广的祖先——秦将李信是也。

李广是陇西郡成纪县人，即今天的甘肃省平凉市静宁县人。公元前166年，匈奴攻破萧关，即今天的宁夏固原市，威胁汉境，李广作为良家子弟应征入伍，抗击匈奴。汉代的良家子弟，是指有一定资产不在七科谪之中的普通老百姓。

所谓"七科谪"，就是七类人，分别是：犯了罪的官吏、杀人犯、入赘的女婿、经商者、曾经经商者、父母做过商人者、祖父母做过商人者。这七种人是征兵令下达后，必须入伍的人，可见汉代重农轻商的程度。

进入部队的李广，因为弓马娴熟，屡立战功，在战场上像开了挂一般斩杀了许多匈奴兵，凭借军功被封为中郎，他的堂弟李蔡也被封为中郎。兄弟俩出任武骑常侍，年薪八百石。

李广曾经作为汉文帝的随从出行，经常冲锋陷阵、挥军杀敌、格杀猛兽，是一个存在感超一流的家伙，连汉文帝都评价他说："可惜你没生在高祖刘邦那个年代，不然封个万户侯真是小事一桩。"

汉景帝即位后，李广出任陇西都尉，后改任骑郎将。汉朝发生七国之乱时，李广时任骁骑都尉，跟随周亚夫进攻吴楚叛军，他在昌邑城之战中夺取敌军军旗，扬名天下。但是当时的梁孝王私自把将军大印授予李广，导致李广没有得到朝廷的封赏，而是被调任上谷太守一职，上谷也就是今天的河北省张家口市怀来县。

那里几乎每天都有匈奴人来劫掠，李广也毫不含糊，每天都领军出战对抗匈奴。这导致主管外交事务的官吏公孙昆邪哭着向皇帝汇报说："李广才气无双，仗着自己有本事，次次在上谷和匈奴正面杠，这么下去迟早会死在前线。"

为此汉景帝把李广调任为上郡太守，上郡就在今天的陕西省榆林市东南。从这个时期开始，李广不断地在边境地区被调任，每到一个地方都以奋勇作战而出名。也不知道是李广自带诱敌增益，还是什么别的原因，总之他去哪里，匈奴就打哪里。他任上郡太守时，匈奴大举入侵上郡。皇帝给李广派了一名宦官"蹭经验"。这名宦官带了几十名骑兵在前线附近"浪荡"时，遇到了三名匈奴士兵，他们本想干掉对方，却被三名匈奴士兵回身放箭射伤，几十名骑兵几乎全灭。宦官拼命逃回，李广见此情形说道："你们运气太差了，遇到的是匈奴的神箭手！"

说完，李广亲自带领一百骑兵出营追击。三名匈奴士兵的马匹弄丢了只好步行，于是他们很快就被李广的部队追上了。李广命令骑兵散开，从左右两翼包抄，自己拿了弓箭射死两人，活捉一人。

他们刚刚捆绑好俘虏，就见到了远处数千匈奴组成的队伍，双方都吓了一跳。李广的队伍没有想到遇上了匈奴主力，而匈奴队伍以为遇上了汉军的诱敌队伍。匈奴队伍立即排下阵型，严阵以待，李广制止了自己的军队打算逃跑的想法，说道："我们距离军营几十里，现在逃跑根本不可能逃出对方的追击，我们要装作闲庭信步，对方也不敢轻易进攻！"

于是，李广带领一百骑兵前进到匈奴军阵前一公里的地方，命令大家下马、解鞍。士兵都吓疯了，纷纷说道："将军，你疯了吗，如果敌人进攻怎么办？"

李广回答："敌人没有直接进攻，说明对方也有疑惑，我们就将计就计，做出拒绝逃跑的行为，这样敌人就会相信我们是诱饵，不敢进攻我们。"

话刚说完，匈奴军阵中有一位骑白马的将领出现在阵前，指挥大军。李广立即与部分骑兵突然袭击，射死了他。随后，李广再次回到自己的队伍中，卸下马鞍原地休息。直到黄昏，匈奴部队始终不敢进攻。等到天黑，担心受到夜袭的匈奴部队竟然全部撤离，李广及其队伍得以在次日安然回到军营。之前，汉军军营因为不知道李广的去向，所以并没有派出士兵接应。

几年后，等到汉武帝登基，朝廷里的大臣都认为李广是名将，于是李广顺利升迁为未央宫的卫尉。名将程不识调任长乐宫的卫尉。这两位大将都是从边疆无数次血战中屡立战功才得以升职的，但是两人的做派却明显不同。

李广行军打仗，纪律比较松散，也不排布阵势，喜欢靠近水草丰茂的地方扎营，士兵都觉得生活上比较便利。队伍晚上不设置巡夜，大家安心休息，将军帐内的规矩文书也一切从简。但是李广会在晚上远远地设置哨兵，这样的安排使得他的部队很少遇到什么问题。

程不识却严于治军，对军队的编制、行军、队列、驻扎、阵势要求非常高，夜里必须有人打更巡夜，文书簿册的记录必须清楚明确，各种条目规定很繁杂。很多士兵无法得到足够的休息，可以说是枕戈待旦，不过他们也没有遇到什么问题。

所以，在汉朝边境这两位名将中，匈奴更害怕李广的谋略，士兵也愿意跟随李广，而不太愿意跟随程不识。

汉朝为了剿灭匈奴，将主力部队埋伏在马邑城周围，用马邑城作为诱饵引诱匈奴单于进军。李广任骁骑将军，顶头上司就是赫赫有名的韩安国。但是这次围剿因匈奴单于识破了计谋而宣告失败，大家都没有战功。

四年以后，李广被正式提拔为将军，率军出雁门关进攻匈奴。当时的匈奴军势极大，不仅击败了李广的队伍，还生擒了李广。因为匈奴单于很早以前就听闻了李广的事迹，吩咐手下说："我要活李广，不要死将军！"

李广被俘后，受了重伤，无法骑马，被放在一张大网里，架在两匹马中间送往匈奴大营。李广假装死去，偷偷观察，突然抓住机会抢夺了一位匈奴士兵的良马，并夺取了他的弓箭，狂奔逃离。匈奴追兵有几百名，李广且战且退，射杀多人，终于遇到汉军残余部队才得以躲入关塞之中。等李广回到京城，执法官根据军法以人马损失惨重、将领被捉的罪名，判其斩首。李广通过上缴财物免除了死罪，被贬为平民。

李广赋闲在家数年，与灌婴的孙子灌强关系很好，经常一起去打猎。一天夜里李广带着一名随从外出，野餐喝酒之后回家经过霸陵，霸陵的县尉也喝高了，就大声呵斥李广，并扣留了他。

随从说道："这可是前任将军李广！"

霸陵县尉答道："笑话！现任都不好使，何况前任。"

这种桥段，是不是让我们想起了"不作不死"之类的"千古名言"？

匈奴再次入侵辽西，太守被杀，韩安国因兵败而被降职到右北平（今内蒙古自治区宁城县）。皇帝召见了李广，要求他出任右北平太守。李广表示，要求和霸陵县尉一起上任，但是李广不是心慈手软之人，到了驻地，就把霸陵县尉给杀了。

匈奴听说"大汉飞将军李广"就任右北平，好几年再也没敢在右北平挑事。

有一次，李广打猎时把石头当成了老虎，一箭射入了石头中，这个故事被卢纶写成了诗流传千古。作为将军，他把得到的赏赐全部分给部下，饮食与士兵相同，虽然拿大汉的最高俸禄二千石超过了四十年，但是家中并没有多少余财。李广身材高大，射箭技术高超，他的子孙没有超越他的。而他说话不多，言语迟钝，业余时间的消遣竟然是比试射箭。

李广带兵时，士兵没有喝上水，他自己就不喝；士兵没有吃到饭，他自己就不吃。打仗的时候，李广从不轻易放箭，直到确认绝对不会失手才放箭，这也是他曾经被俘虏和打猎时射老虎被老虎伤到的原因。但他一旦出手，敌人必定落马倒地。

汉武帝元朔六年（公元前123年），李广被升为后将军，跟随卫青出塞，征讨匈奴。此战大捷，不少人都因为战功而升迁，但是因为作战安排问题，这些好处都轮不到李广的队伍参与。

汉武帝元狩二年（公元前121年），李广带领四千骑兵，张骞带领一万骑兵，分别出征匈奴。出发几百里后，匈奴左贤王的四万大军包围了李广的队伍，李广的士兵开始害怕起来。于是，李广要求自己的儿子李敢带领敢死队出阵杀一波。李敢与几十骑兵飞奔而出，冲入匈奴大军，分别从匈奴大军的左右两翼突围回归本阵，并且高呼："匈奴敌军很好对付啊，根本不用害怕！"

汉军士气终于稳定了下来，李广指挥队伍排出守备力最高的方圆阵，面向外侧抵御攻击。匈奴大军箭如雨下，四千汉军损失过半，对射过程中汉军储备的箭矢也耗费很大。李广命令士兵拉满弓、不放箭，保持待击发状态，自己使用强弩射杀了匈奴部队中的副将，箭无虚发，惊惧之中的匈奴队伍开始散开。

夜幕降临，李广的士兵面无人色，只有李广泰然自若，冷静地指派军中事务，大家都被李广感染，军队的士气重新鼓舞起来。第二天，张骞才带领军队赶到，左贤王的军队选择撤退，李广的部队几乎全军覆没，不得不收兵回朝。张骞因为迟到按律当斩，但通过花钱赎罪被贬为平民，而李广功过相抵，没有得到任何赏赐。

此时，我们就不得不提及当初和李广一起出道的堂弟李蔡了。汉景帝时期，李蔡就得到了最高俸禄二千石；汉武帝时期，他成为代国的丞相。公元前124年，就是李广被俘的那次作战，李蔡因为军功从轻骑将军的职位被汉武帝封为乐安侯。公元前121年，李蔡接替公孙弘成为汉朝丞相。

真是货比货要扔，人比人要死。李蔡的才能远远不如李广，名气也远远小于李广，但是官位上升到三公之列，李广却不得封侯，官位最高也没有超过九卿。不只是李蔡，连过去李广的手下部将，也有人被封侯。

李广曾经私下和术士王朔聊天说："汉朝从和匈奴交战开始，每次战争我都参加，可是手下部将才能只有中下档次的都被封侯了，并且人数不下几十人，而我李广比他们都强，却没有得到半点功劳，为何？是不是我的命里就不能封侯呢？"

王朔回答："你先想想，你这辈子做过的最不道义的事情是什么吧？"

李广回答："我做陇西太守的时候，羌人叛汉，我诱降了八百人，但我欺骗了他们，将他们全部正法了。目前我做过的最不道义的事情，大概就是它了。"

王朔略加思考后，答道："因果啊，让人倒霉的业障里，我觉得没有比杀死已投降的人更严重的了。这就是你不能封侯的原因。"

汉武帝元狩四年（公元前119年），大将军卫青、骠骑将军霍去病一同领军出征匈奴，李广多次要求随军出征。汉武帝认为他年纪大了，就没有同意他的请求，但是汉武帝禁不住李广的死磨硬缠，最终答应让他任前将军，随军出征。

领军出塞后，卫青捉拿的俘虏供出了单于驻扎的地方。卫青立刻带领精兵追逐单于，却命令李广和右将军合军一处，从东路进军。

李广考虑到东边道路迂回绕远，而且路程中环境恶劣，缺少补给，大军难以行进，就亲自请求说："我的职务是前将军，如今大将军您却让我迂回出击。我从少年时代就与匈奴作战，直到今天才有机会与单于正面作战，请允许我作为前锋，与匈奴决一死战！"

卫青出征前就受到皇帝的特别提醒："李广年纪大了，运气也不太好，让他与单于作战，我担心他无法俘虏单于。"当时卫青的死党公孙敖刚刚失去爵位，卫青想让公孙敖与自己一同进军，希望借对匈奴作战的机会，帮好兄弟获得战功，重新得到封赏，就没有同意李广的请求。

李广也不是傻子，他知道卫青的打算，再三请求卫青收回成命。然而，卫青最终还是拒绝了他的要求，并把一纸"服从军令"文书丢给了李广。恼怒的李广连"再见"都没说一声，就前往军部，按照军令和右将军汇合。他从东路出发，因为没有向导，导致时机延误，没有按照要求的时间到达进攻发起的地点。

卫青被迫独自向匈奴单于发起进攻，没能成功俘虏单于，只好收兵。返回的路上，卫青在沙漠中遇到了李广的部队。卫青派副官携带补给和酒送给李广，并询问战机延误的原因，好向皇帝汇报。李广负气说道："部下们没有罪责，都是我的错，我这就去卫青大将军的帐前受审！"

到了卫青的帐前，李广对自己的部下说："我从少年从军算起，与匈奴交战共七十多次，如今终于和卫青大将军一同进攻匈奴，却被要求迂回绕路，这还不算，偏偏就这次迷路了。难道这不是天意吗？我已经六十多岁了，不愿意再受刀笔之吏的羞辱。"

说完，李广拔剑自刎。他部下所有将士无不失声痛哭，百姓听闻，不论男女老少也都伤心落泪。

【技法正名】

为了飞将军李广，我费心劳力写了这么多，故事中呈现给我们的说话技法叫作讷言而敏行。

孔子说："讷于言而敏于行。"它的意思是说话可以谨慎一些，甚至迟钝一些也没关系，可是行动一定要敏捷。

本节这个技法出自孔夫子的这句话。但请你记得，孔子不是在否定口语传播的重要性，只是在用这种对比的方法告诉你，不能光说不做。不然，孔子自己怎么说了那么多流传后世的话语呢！

讷言而敏行是有代价的，因为要通过行动了解一个人，所花费的时间比通过口语传播了解一个人要漫长得多。当然，它的优势在于往往行动之下更能见人心。很多人认为，言和行让人挑一个，一定挑行。可是你别误会，生活不是让你从言行中只能选其一，你完全可以既有行动力，又有表达力。千万别钻牛角尖，说自己一定要做一个少说多做的人。

讷言而敏行是说，语言已经迟钝了，行动一定要弥补语言的缺陷，履行语言的内容。

再看李广，李广天生就是一个说话较为迟钝的人，平时话也不多。但他有一个优势——言简意赅，表达的内容就是行动的指南，并且做得还很不错。

【五星评跋】

让我们从现今的视角给上述史料中的对白做一个综合评定。

李广追杀匈奴的时候，使用的疑兵计策可以说是从实践中得到的真知，杀敌的同时又能保命，逻辑性上评定为10分。

读完全文你就能发现，这是一个完全不考虑语言技巧的人，不管是自己扛下所有延误军令的罪责，还是自刎前的独白，策略性上评定为3分。

李广希望卫青任命自己为前锋的时候，阐述了自己有几十年的对付匈奴的战斗经验；临死之前自白的时候，表达的还是自己拥有几十年的对付匈奴的战斗经验；面对自己无法封侯时的不解，仍旧表达的是自己有几十年的对付匈奴的战功却不被认可的疑惑，表达力上评定为4分。

李广在领军风格方面，显示出了因地制宜的临机应变，去除烦冗的事务，解放士兵压力，利用扩大侦察哨兵的工作区域，换取军队主战力量的充分休息。对于冷兵器时代的作战，这些似乎也算是立竿见影的趋势判断，即兴度上评定为9分。

王昌龄的"但使龙城飞将在，不教胡马度阴山"，可谓荡气回肠，充满幽怨。太史公对李广的评价更是著名的"桃李不言，下自成蹊"。如果李广做得好，说得也好，就不会让我们留下如此多的遗憾，影响力上评定为9分。

因此，在满分为50分，每10分为一星的标准下，我们将飞将军李广的故事评定为35分，三星半。这个分值多多少少有点眷顾李广戎马一生的传奇经历。

【沙盘推演】

在现实生活中，讷言而敏行的利弊非常清晰，一来这样的表达方式可以大大提升说话者的权威性，二来这样的表达方式也会相应地减少一个人的亲和力，所以凡事各取所需，看你要什么。

之前，我在微信中看到了一条朋友圈更新，挺有意思的，因为是熟人，所以即使被她看到了也没有问题，就拿出来和大家分享一下。

这位朋友是位女性，她在朋友圈中发了几张夜半三更自己一个人换车胎而老公站在旁边看着的照片，照片底下是一连串的点赞，朋友们都评论说她能干。她却留言说："原本想活成英雄怀里的公主，不曾想却活成了公主们眼中的英雄。"

这句话让我乐了很久，但也让我思考了很久，为什么会有如此的自我调侃和对生活的无奈呢？也许就是因为她太能干了，不仅干了自己的工作，还干了她老公的那一份。

那时候，她就应该对着丈夫调侃一句："你是我的英雄，所以轮胎交给英雄换。"

当然，为了周全，我得再说一句，谁说女性就不能换轮胎呢？也许这就是她想要的生活。

苻健埋祸·避免后遗症

【钩玄提要】

人际交流中的口语传播正如两人对垒，因为每个人只有两条手臂、两条腿，只要你主动进攻，必定会有破绽出现，只看对方能否找到这个破绽而已。口头语言也是如此，没有什么话是完美无缺的，只要传播者开口表达，对于不同的传播对象就会出现不同的心理体验。为了最大程度地给传播之后的自己留下说话的空间，传播者必须考虑当次表达的后续影响。

本节通过苻健的故事，将为你讲述的说话技法与口语传播时避免不良后果密切相关。本节的史料取材于《晋书·苻健载记》。

本节属于第十章连续内容之前九大章的压轴篇，我们一改往日的风格，讲一个从头至尾靠说话影响了自己一生功过的人。

【史料新说】

在中国历史上，皇帝一直被视为受命于天，拥有着至高无上的权力。虽说都是九五至尊，但是不同的天子当皇帝的水平却千差万别。有的名垂千古，被称为一代明君；也有的荒淫无度，遗臭万年。

本节要说的这位皇帝有点特别，他不是非常有名，却以会说话而著称。他靠着这张嘴，不仅在年轻时保住了性命，甚至还因此当上了皇帝。登基之后，又因为乱说话而招来了杀身之祸，这在中国历史上可以算是绝无仅有的。

十六国是中国历史上非常混乱的一段时期，它上承西晋，下接南北朝，再往下就是隋唐了。这一百多年间，政权更迭频繁，战火硝烟不断，前后建立了二十多个国家。其中成汉、前赵、后赵、前凉、北凉、西凉、前燕、后燕、前秦、西秦、后秦等十六个国家实力强劲，因此这段时期被史学家称为十六国。

苻健的父亲苻洪是西部一个少数民族氐族的酋长，勇猛威武，善于骑马射箭，又有谋略，非常会打仗。苻健是苻洪的第三个儿子，据说他母亲梦到一只大熊后怀上了他。看多了史书的朋友都知道，那些母亲梦到龙、虎、凤凰而受孕生下的人物八成都有主角光环。苻健自然也不例外。加上他从小在父亲身边长大，耳濡目染后性格非常勇猛，射箭骑马都是一把好手。更难能可贵的是，苻健不仅仅四肢发达，脑子也不错，很会做人。《晋书》上记载，他"好施，善事人"，特别大方，会做人，会说话，人缘极好。的确，一般人缘好的，没有不会说话的。

这时候，父亲苻洪因为战功卓著，很受当时的后赵皇帝石虎的重用，石虎封了他各种听起来很厉害的称号，什么车骑大将军、雍州刺史、略阳郡公以及其他各种公、爵，让他位列三公。

但是大家不要忘记，历史上的皇帝最怕的是什么？功高盖主！你越有能耐，越容易被皇帝忌惮。尤其是在当时兵荒马乱、三不五时就改朝换代的时期，要是所有的军队将士都听你的，皇帝的位子还能坐稳吗？何况这个石虎生性暴虐又多疑，一边对苻洪礼遇有加，一边也非常提防他，暗地里决定斩断苻洪的羽翼。最简单也是最毒辣的一招——斩草除根，他决定从苻洪的儿子下手。

苻洪的大儿子和二儿子就这样陆续被秘密杀害了，而苻健在几个兄弟中更是以勇猛能打而著称，岂不是更加危险？这个时候，他的主角光环闪现了。《晋书》中是这么说的："苻健甚为石季龙（石虎）父子所亲爱……阴杀其诸兄，而不害健也。"

由于苻健嘴甜会做人，残暴的皇帝一家子都非常疼爱他，再怎么有坏心，都舍不得杀这孩子。苻健就这样靠着自己的八面玲珑和嘴上抹了蜜的本事，逃过了一劫。

几年之后，父亲苻洪去世了，苻健掌管了父亲的队伍，野心也渐渐大了起来。此时，天下的局势还是一片混乱，后赵已经不行了，南方的东晋比较强大。苻健表面上向东晋的朝廷示好，暗中却决定先乘乱拿下关中，自己称王。

这一仗还没开打，苻健就先好好发挥了一番自己的口才。他派遣自己的弟弟苻雄，以及被害兄长的儿子苻菁，兵分两路，先行进攻潼关和河东，自己则跟在弟弟身后渡河西进。

分别时，他拉着大侄子的手，既慷慨激昂又深情款款地说了这样一番话："这场仗要是不成，你战死河北，我战死河南，咱们叔侄俩一起在黄泉相聚吧。"

各位看看这调兵遣将的意图，分明是派弟弟和侄子去吸引火力，但苻健居然能把这番计划说得这么感人肺腑，好似同生共死一样。不过，苻健这番壮烈的离别之言还是非常有效的，大侄子苻菁此后一路血战到底，攻城拔寨，还俘虏了敌军大将，所到之处敌军无不投降。最终，叔侄三人成功会师，顺利攻下长安，建立了前秦。

当然，我们不否认苻健原本就骁勇善战，但他的这番话术绝不亚于他的作战能力，甚至有过之而无不及，足以让人为他搏命打出一个天下来。

大家不禁会问，苻健明明从小就这么会说话，怎么可能因为乱说话而惹来杀身之祸呢？是啊，人都是会变的。时代在发展，或许是权力改变了一个人，总之他的这张嘴渐渐就从一个极端走向了另一个极端。

苻健自从占据长安以后，说起话来和以前就截然不同了，对身边人越来越不客气，也不加任何掩饰。有几位跟他常年征战的将军没揣摩到他想称帝的意图，傻乎乎地称呼他为大都督、秦王，苻健顿时怒不可遏，指着他们呵斥说："我的官位高低，你们懂什么！"

大家顿时都不敢再说什么了，默默地按照他的意愿，顺水推舟地把他推上了帝位。

等到正式当了前秦的皇帝以后，苻健更是开始恣意妄为，甚至出口伤人。有一位从许昌前来投降苻健的将军名叫张遇，他带着自己的继母韩氏一起来到长安。这韩氏可能年纪不算太大，风韵犹存。不知怎么就被苻健看上了，苻健将她纳入后宫，还封她为昭仪。你说娶了人家的后妈本来也不算什么大事，最多让张遇心里有些疙瘩。但苻健偏偏要当着众人的面，指着张遇说："看见没，这位现在是我儿子了。"

一次两次也就算了，这皇帝仿佛大脑宕机了，管不住这嘴，非要见一次说一次。张遇还没法当面翻脸，这换了谁心里能好受？满腔的屈辱渐渐就累积成了怒火，张遇暗中筹划造反，还联系上了其他同样对苻健不满的大臣。他不但打算宰了苻健，还准备把重要的城池献给东晋。

可惜的是，最后由于计划败露而功亏一篑。这位管不住嘴的皇帝虽说捡回了一命，但因为实在招惹、得罪了太多人，全国各地纷纷起兵造反。

为了把一干叛军镇压下去，苻健的大儿子在战场上中箭而亡。如此大动干戈之后，苻健元气大伤，生了一场大病。他在宫中静养之际，又有人发动了叛乱。

这人不是别人，正是当年被他一番话感动得豁出性命为他夺取天下的大侄子苻菁。虽然，最后苻菁政变失败，但苻健也因此彻底一蹶不振，没过多久就一命呜呼了，当时他才年仅三十九岁，在位仅仅四年。

【技法正名】

没几年的光景，这位皇帝的人生就经历了大起大落，从舌灿莲花到祸从口出，从万人敬仰到众叛亲离，一把好牌打得稀烂。在这个罕见的反面案例中，有一个非常重要的说话技法，叫作避免后遗症。

本节的说话技法是笔者从说话者的失误操作中反向总结出的一个说话技法。"后遗症"是医学上的一个名词，意思是病情好转后遗留下来的某些损伤。用在口语传播中，主要是指说话的时候似乎没有出现问题，在话说完了之后的一段时间，出现了某些有害于说话者的损伤。

那么，问题也随之出现了。

第一，为什么说话的当时没有损伤呢？原因多种多样，可能因为说话者拥有权力，也可能因为说话者拥有财富，等等。

第二，话说完了之后的一段时间是多久？可能是一两天，也可能是一两年，甚至更久。而越久越可怕，因为说话者自己都已经全然没有了印象和警戒。

我讲避免后遗症的技法就是为了给说话者提个醒，不要图一时的痛快，说话的时候嘴上没把门儿的，一旦伤害了别人，这种后遗症很难自动恢复。

再看苻健，明明是一个非常善于说话的人，但在拥有了无上的权力之后，说话就开始随性而为了，不顾及他人感受的表现非常明显。是可忍孰不可忍，当语言对他人的伤害积聚到了一定的程度，狗急了都会跳墙，更别说坐在对面的那个活生生的人了。

【五星评跋】

让我们从现今的视角给上述史料中的对白做一个综合评定。

苻健虽然娶了张遇的继母，但在公开场合不顾对方感受，肆意称呼他为儿子，逻辑性上评定为0分。

称帝之后，苻健说话嚣张跋扈，得罪了一干曾为他流血流汗的老臣，甚至招来杀身之祸，策略性上评定为0分。

话语出口往往有其想表达的内容，但苻健说那些毫无意义的侮辱对方的语言，只是为了图一时的口舌之快，表达力上评定为 0 分。

一而再、再而三地满口胡言，这种随意的确与即兴有关，但是很随性，即兴度上评定为 0 分。

苻健之死虽有他自己的原因，但在当时动荡频繁的乱世大环境下，其结局似乎不可避免，对之后的历史走向也没有太大的改变，只是留下了一个我不说就少有人知道的故事，影响力上评定为 1 分。

因此，在满分为 50 分，每 10 分为一星的标准下，我们将苻健称帝的故事评定为 1 分，零星。本书的首位零星选手出现了，至此，《历史教你说话》算圆满了：五星选手有过，零星选手也有过。把零星放在第九章压轴，是想告诉大家一个道理：人生的上限可能因人而异，但人生的底线所有人都必须认真守住。

【沙盘推演】

在现实生活中，避免后遗症这个技法更多地应该放在心里，时刻牢记，难得的是在你非常占理的情况下，还能有心做到这一点。就以本书同名的音频节目为例，因为大家都能看到节目后台的留言，所以我就拿这些不是秘密的对话来做一个分析。

就在本节内容完成的前一个月，本书同名音频节目后台有听众留言，原话是这样的："对故事的讲述太随意了，不够严谨，应尽量忠于原著，尽量引用原话。"

看到这段评论，我的第一反应是想解释一下为什么我要采取音频中的讲述方式。这位听众口中的"随意"，恰恰是我思考了很久，也磨合了很久后，才定型的模式。可是，我知道自己一两句话根本解释不清楚，甚至可能越解释越让对方没有好感，产生更多的不良反应。再加上仔细阅读了对方的留言之后，我觉得他是在好心提出自己的看法，何况他有这个权利。

于是，我留言说："期待您能分享您的解读，谢谢您的建议。"

结果，过了两天，对方回复我说："谢谢您的大度，我说话随意了，虽没有恶意，但缺乏尊重。"

正如我判断的那样，这位听众是善良的，所给的建议也是善意的，最重要的是我的不辩解避免了因为辩解可能引起的后遗症，还获得了一位好心的听众。

第十章

人物连载…

一波未平一波起,长江前浪也是浪

章首语

　　本章是全书的最后一章，与以往九章有所不同的是，之前的九章中每一节都介绍了一位历史人物，而第十章讲述了两位历史人物的故事。总有一些历史人物，因其丰满的人生经历，即使只选取其中一段也无法用一个篇章概括完整。为了给读者呈现较为完整的人物形象，第十章的写作以连载的方式为大家推出这两位主角，并从口语传播的视角对他们进行观察，他们的故事是本书在写作过程中无法绕过去的内容。

　　在此，借助章首语做一次澄清：由于全书篇幅的关系，历史上还有许多优秀人物尚未纳入本书中，这并不意味着他们的口才不够优秀，只是篇幅有限，实在无法面面俱到，请各位读者见谅。

苏秦合纵（上）·充实素材库

【钩玄提要】

口语传播特别容易让人理解成嘴皮子上的功夫。诚然，想把话说精到，嘴上的功夫绝对少不了，但我们绝不能忽视了前期准备。准备越是充分，未来表达时就越有底气，这种准备就是传播信息的积累。口才言语组织涉及两个部分：言语组织的内容和言语组织的形式。说话技法在聚焦于言语组织形式的同时，千万不能忽视了背后信息的储备。

本节内容通过苏秦的故事，将为你讲述的说话技法与口语传播时信息的积累密切相关。本节的史料取材于《史记·苏秦列传》《战国策·苏秦以连横说秦》。

故事写到第十章已经快收尾了。在前面的章节中，每一个故事都为大家介绍了一位或因口才成功，或因口才失败的人物。从某种角度而言，无论好坏，他们的生平事迹和语言技巧都是万里挑一的。但是有一个人，我一直不敢轻易提及，因为他的个人经历非常坎坷，他的社会关系非常复杂，更因为他凭借自己的口才和谋略，左右了整个中原大地的历史进程。

在做了充分的准备之后，我计划用三节的篇幅来介绍他的生平，可想而知他的分量之重。他就是战国时期身佩六国相印的著名纵横家苏秦。

【史料新说】

公元前3世纪，苏秦出生在周朝的都城洛阳。苏秦长大后离开了洛阳，"东事师于齐，而习之于鬼谷先生"。他去东方的齐国见了世面，然后拜在一代宗师鬼谷子的门下，潜心钻研纵横之术。

鬼谷子是我的偶像，精通百家学问，是当之无愧的千古奇人，我会专门在下一本书中介绍他。他开创的纵横术强调万事万物必须合乎阴阳，趋利避害，取长补短。我们常说的合纵连横，就脱胎于纵横术。

战国后期，秦国一家独大，没有哪个国家可以单独抗秦。"合纵"即"合众弱以攻一强"，就是许多弱国联合起来抵抗秦国，以防止秦国的兼并。"连横"即"事一强以攻众弱"，就是投靠秦国去进攻另一些弱国，以达到兼并土地的目的。

当时和苏秦一起跟着鬼谷子学习的，还有一个叫张仪的魏国人，日后两人将合纵与连横两个相生相克的军事外交策略，在各自的政治舞台上发挥到了极致，彼此也成为了一生心心相印的对手。

苏秦从鬼谷子那里完成学业下山之时，正是他意气风发的时候。他的第一选择就是报效祖国，于是他回到洛阳，去拜见周朝天子周显王。但是苏秦以前的名声实在是不好，满朝文武都说他是个骗子，没等他说几句话就把他赶走了。

当时的周朝早已名存实亡，苏秦并不气馁，转身西行，直奔秦国。按照当时秦国的霸主地位，他很自然地建议秦国通过连横来称霸。苏秦在拜见秦惠文王的时候，第一次施展了自己的口才。

苏秦说："大王的国家，西面有巴、蜀、汉中的物产用于贸易，北面有胡地的貉子、代地的良马可资利用，南面有巫山、黔中作为屏障，东面有崤山、函谷关这样坚固的门户。秦国本身更是土地肥美、人民富足、战车万辆、战士百万、沃野千里、财富丰足。"

这就是《战国策》中的名篇《苏秦以连横说秦》的开场白，苏秦游说的方式就是全面地分析了秦国在地理、物产、国力、军备等方面的绝对优势，然后称赞一番秦惠文王的英明，建议他出兵吞并天下，这样的一番说辞看似胜券在握。

但是秦惠文王却说："我听说，鸟在羽毛没有长满的时候，不能飞上天；法令不完备的时候，不能轻易惩治犯人；道德不够深厚的时候，不能够驱使百姓；制度不符合民心的时候，不能烦劳大臣。现在您老远跑来，在朝廷上开导我，我想还是改日再听您的教诲吧。"

秦惠文王也用了一个排比的手法，婉拒了苏秦。原因就在于当时的秦惠文王刚即位不久，他还是太子的时候，曾经触犯了商鞅的禁令，随后两人结下了梁子；后来他当上了王，变法成功的商鞅威望极高，又影响了他的统治于是，他干脆就把商鞅五马分尸了。简而言之，当时的秦惠文王羽翼未丰，位子还没坐热，心里非常害怕这些口才了得的思想家。

虽对秦惠文王与商鞅的过节缺乏了解，但苏秦依然不依不饶，不断地给秦王上书，试图说服秦王。时间一天天地过去，苏秦穿的衣服也磨破了，身上的盘缠也用完了，无可奈何的他离开了秦国，一路向东又到了赵国。毫无意外，落魄的苏秦在赵国又吃了闭门羹，原因很简单，当时的国相奉阳君不喜欢他，怎么看他都不顺眼。估计苏秦自己也纳闷，怎么天底下不喜欢自己的人那么多。无处容身、落魄不堪的苏秦只好回了老家。

那个时候的苏秦倒霉到什么程度呢？《战国策》里说他是"形容枯槁，面目犁黑"。

十几年前，我在给我国第一个心理情感类电视节目做旁白的时候，常会说到两个高频词汇——"晴天霹雳""万念俱灰"，用它们来形容苏秦当时的心情再合适不过。

出师未捷，家人嫌弃，人生跌入谷底，苏秦长叹道："妻子不把我当丈夫，嫂子不把我当小叔，父母不把我当儿子，这都是我的过错啊！"

年少时的虚度光阴让他吃尽了苦头。此时，苏秦强烈的自尊心一下子涌了上来。他把自己关进了小黑屋，闭门不出，在半夜里打开所有的书箱，翻遍所有的藏书，终于找到了一本《阴符》，传说这是姜子牙写的一本奇书。苏秦如获至宝，没日没夜地伏案苦读，反复研究体会，读到昏昏欲睡的时候，就用锥子刺自己的大腿，鲜血一直流到脚跟。这就是大家熟悉的成语"悬梁刺股"中"刺股"的由来，可见苏秦对自己下了多大的狠心。

闭门苦读整整一年，苏秦终于茅塞顿开，大呼一声："我终于知道说服那些君主的方法了！"于是，他收拾行囊，重整旗鼓，再次出发了！

【技法正名】

大家读到这里，是不是还没看出有什么说话的技法？让我来认真地告诉你，苏秦刺股苦读的故事，正是所有想要提升口语传播技巧的人必须掌握的一个本领，叫作充实素材库。

简单来说就是，如果你没有足够的知识积累，即使嘴皮子再溜，也说不出令人信服的道理。

在此，我需要对充实素材库做一个解释：首先，素材包含的面很广，它可以扩展到所有信息，而不仅仅是那些被人们验证过且正确的知识；其次，素材库就是我们的大脑。充实素材库，是指填充和丰富我们大脑中的各种信息，然后我们才能将这些纷繁复杂的信息在大脑中进行整合，处理成我们需要的内容，再通过口头语言输出。

再看苏秦，这里正好借助他的故事来为口才验明正身。由于《历史教你说话》整本书都在借助历史故事中的人物谈论如何说话的问题，所以很容易让大家进入一个误区——把所有的注意力集中在口才言语的组织上。这一点没有错，但只要我们进一步推敲，就会发现一个问题：组织什么呢？这个问题的答案告诉我们，口才了得的人不仅嘴皮子功夫厉害，他还需要十足的说话内容，这就是上述提到的素材库。如果张嘴之前，你的素材库是空的，就像苏秦求学于鬼谷子和锥刺股之前的状态，那么纵使你有千般能力，说出的语言也会苍白无力。说到底，说话还是内容的事，技巧是让它的呈现形式变得更加优美。

对于充实素材库的说话技法，我相信在任何年代、任何情境下，我们都深有感触。有这么一副最为经典的劝勉联，大家一定都听过，叫作"书到用时方恨少，事非经过不知难"。它表达的主要意思就是理论知识与实践能力的不足给人生带来的困境。口才同样如此，说话能力不仅包括对说话技法的掌握程度，更包括了张嘴说话的一个关键前提——你究竟有什么东西可说。

【五星评跋】

让我们从现今的视角给上述史料中的对白做一个综合评定。

苏秦试图说服秦王的过程中，虽然罗列了秦国在各方面的优势，却没有提到一点关于如何征服天下的策略，逻辑性上评定为5分。

秦惠文王刚刚即位，又对和商鞅一样的口才达人心存防备，苏秦没有了解说服对象的背景就贸然出动，无功而返，策略性上评定为5分。

毕竟是鬼谷子老师的学生，在说话流畅度上苏秦没有任何短板，但是初出茅庐还缺乏有效的实战历练，表达力上评定为7分。

一开始苏秦口若悬河，但被秦王几句话怼回去之后便哑口无言，缺乏临场应变能力，即兴度上评定为3分。

苏秦与秦王的对话对天下局势没有任何改变，最多就是在他的经历上多加了一笔而已，影响力上评定为2分。

因此，在满分为50分，每10分为一星的标准下，我们将苏秦劝说秦王的故事评定为22分，两星。这都是看在他将来的出色表现上给的分数，让我们一起期待吧。

【沙盘推演】

每次讲座完毕,总有一些年轻的家长围着我追问孩子的口才培养问题。通常我也会很礼貌地回答各种疑惑,比如,家长们需要做些什么,到哪里才能找到正规有效的辅导班。

但事实上,小孩子很难谈得上有口才,因为口才是需要在头脑中建立素材库的,没有素材的口才就是自娱自乐。年龄过小的孩子所学的口才,从专业的视角考量,应该是口才学习的预科部分,能够让他们流畅地表达内心的想法,已经算是一种"好口才"了。如果没有前期的积累,也谈不上未来的收获。

电视栏目《朗读者》其中一期的卷首语是:"用最朴实的语言表达最细腻的情感,用最诚恳的声音诉说生命的厚重。"

我想告诉你,为什么有人能用朴实的语言来表达,有人能用诚恳的声音来诉说?因为他们有内容、有故事。所有的技法到了最后都会返璞归真,化有形为无形。可在这之前,我们必须丰富自己,读万卷书,行万里路。

苏秦合纵（中）·勾勒全景图

【钩玄提要】

如果仔细观察一个人的说话习惯，你会发现有人喜欢在口语传播中抓住细节不放，有人喜欢在口语传播中梳理基本脉络，也有人喜欢在口语传播中描绘未来愿景，还有人喜欢在口语传播中勾勒事物全貌。这都属于个性化的表达方式，而一个优秀的口语传播者一定要有管理自己个性的能力。在准确的时机采取准确的表达方式，这才是学习口才的目的。

本节通过苏秦的故事，将为你讲述的说话技法与口语传播时对说话对象特征的描述密切相关。本节的史料取材于《史记·苏秦列传》。

上一节我们讲到公元前3世纪，出生于洛阳郊外的小镇青年苏秦，游历四方拜鬼谷子为师，学习了纵横之术，准备大展宏图，却接连在周、秦、赵三国碰了一鼻子灰。他回到老家后又遭家人鄙视，一气之下闭门不出，找到了一本奇书《阴符》，不惜半夜用锥子刺自己的大腿来振奋精神，一年之后茅塞顿开，再次出发。

【史料新说】

有了前车之鉴，这一次苏秦没有选择大国，而是来到了相对比较弱小的燕国，但因为之前的坏名声，他足足等了一年才见到燕王。有首歌曾经唱道："等待，是一生中最初的苍老。"多浪漫的歌词啊，只是苏秦不会有这个闲情雅致。

人生哪有那么多个一年可以用来等待，此时的苏秦早已脱胎换骨，当机会来临，面对燕国国君燕文侯的时候，他胸有成竹，侃侃而谈。

"大王，燕国东边有朝鲜、辽东，北边有林胡、楼烦，西有云中、九原，南有滹沱河、易水。燕国的国土纵横两千多里，有兵甲几十万人，战车六百辆，战马六千匹，储存的粮食足够用好几年。南有碣石山、雁门山的肥沃土地，北有红枣和板栗的收益，百姓即使不耕作，光是这红枣、板栗的收获也足够富裕了。这就是所谓的天赐宝藏啊！"

这些话语听起来似曾相识，在第一次试图说服秦王的时候，苏秦也是这样仔仔细细地把秦国的优势细数了一番，但是仅仅这样是不够的。

苏秦继续对燕王说道："燕国百姓可以安居乐业的真正原因，大王您知道吗？那是因为赵国在我们的南面挡住了秦国，秦国和赵国总共打了五次，彼此削弱对方的实力。如果秦国要攻打燕国，就要翻山越岭，相隔几千里，即使攻克了燕国的城池，秦国也没法守住它。但如今，如果赵国要攻打燕国，不到十天，几十万大军就会挺进到东桓（今河北省石家庄市东北）驻扎，用不了四五天的时间，就到燕国的都城了。所以说秦国攻打燕国，是在千里以外打仗；赵国攻打燕国，是在百里以内作战。不忧虑百里以内的祸患而重视千里以外的敌人，再没有比这更错误的策略了。因此，我希望大王与赵国合纵结盟，然后再把各国联成一体共同抗秦，这样一定可以保住燕国的大好江山。"

大家发现了没有，这一次，苏秦除了摆事实、讲道理，还客观地分析了燕国在国与国政治格局下的优劣，先让燕王沾沾自喜，然后再让他居安思危，最后为他指出了合纵六国、一劳永逸的方案，从心理上一举攻破了燕王的防线。

心悦诚服的燕王说："您说得太对了！我的国家弱小，西边紧靠着强大的赵国，南边的齐国也是强国。请您一定要用合纵的办法确保燕国安全无事，我愿意以举国之力帮助您。"

于是，燕王赞助了苏秦车马钱财，风风光光地把他送去了赵国。

不同于弱小的燕国，赵国的国力强盛，并不惧怕秦国，而上一次苏秦游说赵国未果，这一次的运气又会怎么样呢？当年非常厌恶苏秦的赵国奉阳君，此时已经死了。

没有了奉阳君的阻拦，苏秦直接在宫殿里见到了国君赵肃侯。有了燕国的成功经验，苏秦这一次更加游刃有余。他说："大王，请允许我分析一下赵国的外患。假如赵国与齐、秦两国为敌，那么人民就得不到安宁……如果依靠秦国攻打齐国，人民也不会得到安宁；假如依靠齐国攻打秦国，人民还是得不到安宁。您如果能听我的忠告，燕国一定会献出盛产毡裘狗马的土地，齐国一定会献出盛产鱼盐的海湾，楚国一定会献出盛产橘柚的园林。"

获得割地和享受权力正是"春秋五霸"不惜一切代价去追求的。这一段，苏秦向赵王详细分析了战争对于赵国有百害而无一利，反而是和平对赵国有百利而无一害的道理。然后，苏秦话锋一转，开始描绘秦国一统天下的过程。

"秦国如果攻下轵道（今陕西省西安市东北），韩国的南阳（今河南省温县、邢丘、武陟一带）就危在旦夕；如果秦国夺取韩国，包围周都，那么赵国就要拿起武器自卫；假如秦国占据了卫地（今河南省濮阳市），攻取了卷城（今河南省原阳县），那么齐国一定会向秦国俯首称臣。既然秦国的欲望已经得逞，那么它一定会发兵向赵国进犯。假如秦军渡过黄河，越过漳水，那么秦、赵两国的军队一定会在邯郸城下作战了，您一定不想看到这个局面吧？"

由于对各国地形以及战略位置的了然于胸，苏秦为赵王推演的秦国统一天下路线图，完全合乎情理。想必此时的赵王眼前已经浮现出秦国铁蹄踏进自己国土的场面，吓出了一身冷汗。

苏秦乘胜追击，继续说道："当今天下，在崤山的东面没有比赵国更强大的国家。赵国国土纵横两千多里，军队几十万人，战车千辆，战马万匹，粮食可食用好几年。西有常山，南有漳水，东有清河，北有燕国。燕国本来就是个弱小的国家，不值得害怕。所以当今天下，秦国最忌恨的莫过于赵国，我想您也一定明白这个道理。"

上面这段话，苏秦的厉害之处在于他将赵国国力分析得十分透彻。赵国你虽然强大，但没有强大到足以无视秦国，反过来却会被秦国惦记。赵肃侯戎马一生，非常清楚现在的和平局面是不稳固的，他也急于寻找一种比打仗更为有效的方法。

"我听说当初尧没有几个部下，舜没有得到过一寸的封地，却能拥有整个天下；商汤、周武的谋士不足三千，战车不足三百辆，士兵不足三万，却能成为天子。所以，一个贤明的君主要知己知彼，这样不费一兵一卒，胜败存亡的关键所在，早就了然于胸了。"

苏秦讲完了现在的局势，又点出了过去帝王的成功之道。这个时候，苏秦和他伟大的合纵策略第一次完整地登上了历史舞台。

"我研究过天下的地图，各诸侯国的土地五倍于秦国，士兵十倍于秦国。我私下为大王考虑，不如使韩、魏、齐、楚、燕、赵结成一个整体，对抗秦国。六国彼此约定：'假如秦国攻打楚国，那么齐、魏就分别派出精锐部队帮助楚国；假如秦国攻打韩国、魏国，那么楚军就切断秦国的后援，齐国就派出精锐部队去帮助韩、魏。以此类推，一国有难，五国支援。假如有的诸侯国不照盟约办事，其他五国的军队便联合起来共同讨伐他。'如果六国按照我这样的方法共同抵抗秦国，那么秦国一定不敢从函谷关出兵侵犯六国了。这样您的霸主事业就成功了！"

真正厉害的纵横家，不仅仅会发现问题、提出问题，还必须要有切实可行的解决方案才能够让人心悦诚服。这一次，苏秦用自己的智慧和学识，真正地为六国找到了一条和平抗秦的方法。金庸先生写在《九阳真经》里的一句话，非常适用于苏秦指点江山的气度："他强任他强，清风拂山岗；他横任他横，明月照大江。"

听完苏秦由浅及深、完美无缺的合纵方案之后，赵王立刻说道："自从我即位以来，从未听过能使国家长治久安的策略。如今您有意使天下百姓得以生存，使各诸侯国得以安定，我愿意倾尽举国之力帮助您。"

又一个举国之力！于是，赵王为苏秦准备了一百辆豪车，两万两黄金，一百对白璧，一千匹锦绣，让他用其来游说各诸侯国结盟。

此刻的苏秦成为了燕、赵两国的代言人，苏秦佩六国相印的传奇，也从这一刻开始了！

【技法正名】

之所以苏秦在结束闭关再出发之后，可以游刃有余地说服那些原本不搭理他的君王，完全是因为他在上一节提到的"充实素材库"的基础上，使用了另一个进阶的说话技法：勾勒全景图。

通俗一点讲，就是给你画一个饼，上面那些细致的纹理和发亮的芝麻让你觉得自己一定可以吃到。

勾勒，是一种绘画的技法，指用线条画出大致的轮廓。我们小时候都享用过勾勒的好处，会在勾勒完毕的图画中填充各种颜色，所以勾勒不是填实，它既替你完善了结构，又给你留了活动的空间。"全景图"，自然不用多做解释，表示不是景物的某一个截面或部分，而是景物的全像。

说话中的勾勒全景图，指代通过简单易懂的语言，描绘出事物的大致情况。这是需要准备和练习的，原因是：第一，搭建留有思考空间的框架，不容易把握火候；第二，通过浅显易懂的表达，描绘出事物的全貌，更不容易做到。

再看苏秦，回想一下上一节的技法"充实素材库"，这为苏秦成功勾勒全景做了前期准备，没有长年累月的学习和积淀，想要轻松地完成全景图的勾勒，几乎是不可能的。无论是对燕国还是赵国，苏秦的充分准备都帮了他大忙。基本上他都是从发现问题开始，到最后给出了具体的解决方案。然而，其中还要把握好分寸，碍于时间的限制，必须究其重点；又得考虑到自我价值的体现，避免当局者过河拆桥。苏秦并没有详述方案的诸多细节，只是勾勒了合纵抗秦的大致面貌，这就是他用刻苦努力的完美结果。

【五星评跋】

让我们从现今的视角给上述史料中的对白做一个综合评定。

在苏秦依次说服燕王和赵王的过程中，摆事实、讲道理、提问题、帮解惑，从心理上让高高在上的君王一步一步信服他的说法，逻辑性上评定为10分。

有了之前在大国吃闭门羹的经验，苏秦先是说服了小国燕国，有了燕王的背书后，直接拿下了大国赵国，这样由易到难、由浅入深的做法，策略性上评定为10分。

在当时没有任何科技手段可以借助的情况下，苏秦洋洋洒洒地把燕国与赵国的国情分析得一清二楚，同时又对天下大事了如指掌，一口气将自己的思想阐述完毕，这些体现了他极高的智慧与口才，表达力上评定为10分。

这样强有力的表达方式，非一朝一夕可以训练而成。面对苏秦完美的演讲，任何人都没有能力来反驳，所以也无须再做过多的即兴发挥，即兴度上评定为5分。

苏秦拜六国相印，正是从这里开始的。此后因为他合纵抗秦，足足影响了中原历史超过半个世纪，至今仍为我们所津津乐道，影响力上评定为10分。

因此，在满分为50分，每10分为一星的标准下，我们将苏秦慷慨陈词的故事评定为45分，四星半。

【沙盘推演】

在现实生活中，勾勒全景图的说话技法有诸多好处，所以人们会在不同场合屡屡使用它。

比如，国际一流球队每每在选帅的过程中，都会面试若干位名帅。那时不管你多么有名，当你面对球队的CEO（首席执行官）和董事会时，都必须勾勒出未来成为教练后三到五年间球队建设的全景图。

你发现了吗？职务越高，管理的权限越大，勾勒全景图的技法就会显现得越有用，因为你有权力和能力看尽全景。即使是小学、中学里的班干部竞选，勾勒全景图也成为了参与竞选的学生讲述自己未来成为班干部后如何管理班级的重点技能。

再让我们来看一段房地产销售员的话："先生和女士，虽然目前你们只有两个人，这套五居室对于你们来说是大了点，但这套房子买来是自己住的，未来十年基本不会出手。在这十年间，你们会有自己的孩子。二胎开放了，白领阶层经济条件又允许，生第二个宝宝的可能性也很大。两位工作忙，需要老人住过来帮着带孩子。先生平时在家里还需要有个自己的书房，这么一来五居室就正好了。"

以上销售员的描述语言使用的就是典型的勾勒全景图的技法。将夫妻俩未来十年的生活中出现的人口增长和房间的使用情况简单地讲解了一遍，仿佛是他自己的生活一般。

分析完技法和实战，苏秦的故事还将继续。他提出的合纵六国方案虽说天衣无缝，但是他心中一直隐隐觉得不安：自己在这里说服六国合纵，难道秦国就不知道吗？当年鬼谷子老师教了自己如何合纵，也教了别人如何连横。如果现在秦国突然出兵，而六国尚未结盟，岂不是功亏一篑？这个时候，他脑子里想到了一个人的名字，那就是张仪。

连横创始人张仪和合纵大师苏秦的恩恩怨怨，由此便拉开了序幕。预知后事如何，请听下回分解——苏秦智激张仪，使秦十五年不敢迈出函谷关。

苏秦合纵（下）· 轻拍弹力球

【钩玄提要】

人际交流必定发生在两个或两个以上的人之间，传播者与传播对象也可能时刻互换着并不固定的角色身份。从传播者的角度考量说话这件事，本身就是一种顾此失彼的行为。对于有些语言传播效果的评判必须从传播对象的视角进行观察，因传播对象的不同导致对传播者表达内容的感受不同，必定会直接影响传播的最终效果。

本节通过苏秦的故事，将为你讲述的说话技法与口语传播时言语的力度密切相关。本节的史料取材于《史记·秦本纪》《史记·苏秦列传》《史记·张仪列传》。

史诗巨片"苏秦三部曲"即将迎来大结局，和所有的三部曲电影一样，最终将有更多人物登场和更意想不到的结局。

【史料新说】

话说苏秦接连成功游说了燕国和赵国，正一步步实现着自己的合纵大计。就在这个时候，却传来了秦国攻打魏国的消息。

公元前333年，犀首率领秦军向魏国发起了进攻，势如破竹。"犀首"就是犀牛的角，以此作为人物的号，说明此人是一个非常难得的人才。他姓"公孙"，单名一个"衍"字，是魏国人。那么，魏国人为什么要代表秦国去攻打自己的祖国呢？

虽然公孙衍是魏国人，但是他并没有得到魏王的重用。而当时的秦惠文王却非常看好他，公孙衍也苦于没有用武之地，便立刻投奔了秦国。秦惠文王登基不久就杀了得罪过他的商鞅，他又瞧不上声名狼藉的苏秦，于是重用了公孙衍。到了秦国之后，公孙衍就献上了自己的投名状，亲自带兵攻打魏国，第一次出兵就占领了河西，接着还俘虏了魏国的大将龙贾，杀了八万多人，魏国实在是扛不住了，只能割地给秦国向其求和。魏国割让的阴晋（今陕西省华阳市）地区，是公孙衍的家乡。五十多年前，魏国名将吴起正是在这里以区区五万士兵打败了秦国的五十万大军。

苏秦合纵六国尚未成功，后院就起了火，如果再让秦国这么打下去，苏秦只好回家种田去了。就在此时，他的老同学——鬼谷子老师的另一个得意门生——张仪，找上门来。

《史记》中有这么一句话："苏秦自以不及张仪。"就是说苏秦一直觉得自己比不过张仪，就好像读书的时候，总有人每天和你一起玩耍，但是考试就是比你考得好一样。然而，苏秦在赵国混得风生水起的时候，找上门来的老同学张仪竟然是一副落魄相，就好像以前调皮捣蛋的学生毕业后成了互联网新贵，遇到失业的老班长上门应聘。

张仪是怎么混成这个样子的？又为什么在这样一个关键的时间点找到了苏秦？接下来两个人又会发生怎样的故事呢？这还得从几个月前说起。

张仪和苏秦一样，毕业之后游历各国，却得不到贵人的赏识，不得已只能寄居在楚国宰相家里做一名门客。

有一天，宰相邀请了很多高官在家里一起喝酒，喝到高兴的时候就拿出了珍藏的古董——一块美玉给大家开开眼。大家你传我，我传你，最后这块美玉竟然不翼而飞了。有钱人聚在一起，主人掉了东西，所有人自然把目光转向了最穷的那个人——门客张仪。于是，张仪就被抓了起来，并遭到严刑逼供。一顿暴打之后，张仪始终都不承认是自己偷了东西，最后遍体鳞伤地回了家。

回到了家里，妻子看见被打得不成人形的张仪，心疼地说："夫君，不要出去做辩士了，安心在家里种田不好吗？"

张仪听后，却指了指自己的舌头，问道："你看看，我的舌头还在吗？"

妻子赶忙回答道："在啊。"

"嗯，那就够了，相信我，我一定可以出人头地的。"对于自己的口才，张仪还真不是一般的自信。

楚国是待不下去了，赋闲在家的张仪就想去投奔在赵国飞黄腾达的苏秦，可是他穷得连路费也凑不出。就在这个时候，张仪遇到了一个贵人。两人相见恨晚，无话不谈，贵人就跟他说，去赵国找苏秦吧，钱的事不用你操心。

于是，贵人陪着张仪长途跋涉来到了赵国，在苏府门外请求拜见。张仪原本以为自己可以受到苏秦的热情款待，结果苏府大门紧闭，他们一连好几天连个人影也没见到。

"他这个人就是这样，忙起来什么都不管不顾的，没事儿，我们再等几天。"张仪只好这样安慰自己。终于有一天，苏秦派人来请张仪一聚。当他来到苏府，想象中他乡遇故知的画面并没有出现。

苏秦非常冷淡地对他说："你先在院子里稍等我一会儿。"

然后，苏秦就一直忙这忙那，张仪就这么干站着，一直等到太阳晒到了头顶，苏秦终于开了口："好久不见，别来无恙？吃点东西吧。"

曾经一起学习的伙伴如今客气得令人伤心。等了那么久，肚子也饿了，张仪正准备饱餐一顿，结果发现自己桌上的是给用人吃的饭菜，再看看对面的苏秦，山珍海味应有尽有。

可想而知，此刻张仪的气不打一处来，但是他已经好几天没吃上饱饭了，也顾不得面子，大口大口地吃了起来。对面的苏秦也自顾自地吃着鲍鱼，喝着鸡汤，二人就这样不声不响地吃着，整个屋子里只剩下吧唧嘴的声音。

吃了好一会儿，苏秦突然冷冷地说道："想不到啊，以你的才能居然会落到如此地步。可惜我也帮不了你什么忙，大家兄弟一场，就留你吃顿饭吧！"

这一刻的张仪实在是忍无可忍，他放下碗筷，转身含着泪离开了苏府。回到客栈的张仪，又羞又恼，心想苏秦啊苏秦，你今天负了我，他日必将百倍报复你。这时候，贵人又给张仪指了一条路，告诉他当今天下只有去了秦国，他才可以洗刷这个奇耻大辱。于是，贵人又拿出了一笔钱，帮张仪购置了车马，换了衣服，准备了干粮，再次护送他去了秦国。

贵人一路帮张仪打通了关系，张仪终于见到了秦惠文王。有时候，人与人之间的关系就是那么微妙，看不上苏秦的秦惠文王，却深深地被张仪的才学所折服，立刻把他留了下来，与他一起商议讨伐诸侯，破坏苏秦合纵计划的对策。

此时，秦军在公孙衍的率领下，先后又攻下了魏国的三座城池。张仪趁机献计，建议秦惠文王趁魏国忙于南线应战，出其不意，从北线进攻其腹地。公元前329年冬，秦惠文王采纳张仪的计谋，派兵自河西穿越黄河，攻占魏的汾阴（今山西省万荣县境内）和皮氏（今山西省河津市）。魏国腹背受敌，再次向秦国割地求和。秦惠文王大喜，于是更加器重张仪。

张仪在秦国站稳了脚跟，正准备报复苏秦的时候，那位贵人却提出要离他而去。张仪再三地挽留，不解地问道："我能够有今天，全仰赖您的帮助。现在正是我要报答您的时候，为什么您要在这个时候离开我呢？"

没想到，贵人摇了摇头，说出了真相："先生此言差矣，真正在背后帮助您的人，是苏秦啊！苏先生担心秦国攻打赵国，破坏合纵联盟，认为除了您没有谁能掌握秦国的大权，所以激怒先生，派我暗中帮助您，这都是苏先生谋划的策略。如今先生已被重用，请让我回去复命吧！"

此时张仪终于恍然大悟，长叹一声，说："好一个苏秦！原来他的心里一直有我！这些权谋本来都是我读书时学习过的，然而我却没有一丝的察觉，我还是没有他高明啊！麻烦您回去替我转告他，就说他苏秦一日在赵国，秦国就一日不会攻打赵国！"

真是一对相爱相杀的欢喜冤家。有了张仪的暗中保护，苏秦继续踏上了游说六国的旅程。接着他又凭借自己深厚的知识积累和开阔的大局观，从不同的角度成功说服了韩宣王、魏襄王、齐宣王、楚威王，佩戴上了六国相印。他回到赵国后，赵肃侯封了他为武安君。于是，他派人把合纵盟约送给秦国，迫使秦国十五年不敢出函谷关。

因为篇幅的关系，我就不再展开详细叙述了，但苏秦说服每一位国君的对话，都是字字珠玑，令人叹为观止。有时间的话，大家可以去阅读一下《史记·苏秦列传》，对他会有更深刻的认识。

在苏秦的故事即将结束之前，我再给大家讲一个小故事。合纵成功后，苏秦自楚北上，向赵王复命，一路上声势浩大，堪比帝王出巡。路过老家洛阳的时候，之前瞧不上苏秦的几个亲戚、嫂子也匍匐在地上，不敢抬头。苏秦感慨万千地说："同样的一个人富贵了，亲戚敬畏他；落魄时，连亲戚都瞧不起他，更不必说一般人了。假使我当初在洛阳有二顷良田，现在又怎能佩戴六国相印呢！"

但风水轮流转，三十年河东，三十年河西。合纵成功之后的苏秦，依然用他的三寸不烂之舌周旋在各国之间，大权在握却也滋生出了更多的欲望，一路上得罪了很多人，最后被人刺杀，也没有留下全尸。

一千多年后，宋代的王安石留下了这样一首诗，足以概括苏秦荡气回肠的一生，我们一起来细细品味吧。

已分将身死势权，
恶名磨灭几何年。

想君魂魄千秋后，

却悔初无二顷田。

【技法正名】

苏秦的故事到这里就告一段落了，但是有关他的极致口才的小故事，我相信还会继续出现在未来读者对历史资料的翻阅中。在本节故事中，苏秦只不过说了几句话，却直接影响到了张仪的人生走向，甚至是"战国七雄"的政治格局。在苏秦智激张仪的过程中，他运用了一个非常有技术含量的说话技法，叫作轻拍弹力球。

轻拍弹力球这个行为动作很简单，很多人小时候都玩过，无须我在这里多做解释。但这个说话技法的使用要点，需要我来做一个分解说明。

第一，你拍打的对象是弹力球，不是实心球。这一点非常重要，因为它意味着这是一个可以在拍打后反弹起来的对象。如果是实心球，无论你怎么拍打，它都不会反弹起来，你对它所做的都是无用功，所以你在拍打前必须确认对象是否具有反弹的能力。

第二，对于弹力球的拍打分量需要说话者小心把握，你是在轻拍它，而不是往死里猛击。其中的区别在于轻拍的行为完成了拍打的动作，能够起到让对方反弹的效果，但不至于让对方因为你的过度发力而产生心理上的反感，导致他拒绝合作或者反弹过猛而伤到你。

再看苏秦，久未谋面的苏秦对张仪总共才说了几句话，而且都是不温不火的话。鉴于张仪对苏秦的期待，他在大失所望的同时，又被苏秦刺激到了自尊心。我们仔细分析一下苏秦的拍打方式：一方面，苏秦并没有使用侮辱性的语言，最重的一句话也不过是"想不到啊，以你的才能居然会落到如此地步"；另一方面，之所以苏秦的口头刺激能够达成目标，是因为他和张仪同窗多年，深知老同学的本领和好强的性格，他知道张仪是一个受了刺激不仅不会放弃，还会努力反弹的人才，他才会选择用此说话技法。

【五星评跂】

让我们从现今的视角给上述史料中的对白做一个综合评定。

苏秦短短的三句话就把自认为能力高于自己的张仪刺激得发愤图强，话不在多，字字诛心，逻辑性上评定为10分。

苏秦知道张仪的能力和当时的处境，所以下了一盘非常大的棋，派人暗中跟随、帮助张仪，最后让张仪在秦国做了自己的内应，可谓深谋远虑，策略性上评定为10分。

很多时候，滔滔不绝并非最好的表达方式，在合适的时间、合适的地点，掷地有声地说出简短的几个字，比起长篇大论更有力量，表达力上评定为10分。

高手对决，胜败在一瞬间，但更重要的是之前长时间的积累和训练。在这一次交手过程中，苏秦占据天时、地利、人和，无须太多随机应变，即兴度上评定为5分。

张仪去了秦国，影响了秦王的判断，让苏秦获得了合纵六国的宝贵时间，十五年内各国之间都没有再爆发大的战争，此后张仪在秦国又将连横战略发展到了极致，影响力上评定为10分。

因此，在满分为50分，每10分为一星的标准下，我们将苏秦智激张仪的故事评定为45分，四星半。

【沙盘推演】

苏秦对于张仪的种种刺激，正是成就张仪纵横家事业的起因。虽然教育的最佳方式是鼓励而不是否定，但被教育的有效方式通常会有两种，一种是正向鼓励，一种是反向刺激，具体实施中得看你的对象更适合哪种方式。无论是上司对下属、家长对孩子、老师对学生，只要条件成熟，都可以使用上述两种方式中的任意一种。

为了祭奠一下苏秦，我就拿自己作为现实案例分析的对象，来讲讲我大学时期的经历。在记忆中，我的大学生活过得比较顺风顺水，各个科目的成绩都挺好，在班上基本上都名列前茅。但有一门课程让我遭遇过滑铁卢，这门课程是我们系主任教授的《小品写作》。每次回课时，他都会对我说："你写得不好，你的作业使我提不起兴趣。"

让我不理解的点在于他还是我的高中校友，难道他是在"大义灭亲"？因为我不觉得我写得有多么糟糕。

在学期末时，他拿着我的成绩单跟我说："你要经得起我的批评，你现在才一年级，大学还有三年。"之后的三年，我一直拼搏努力，并且始终觉得我俩气场不和。

直到毕业那天，在最后一次的论文辅导课上，他对小组内其他同学的论文都提出了明确的修改意见，对我却只说了一句话："你的论文，我很放心，不用大做改动，只要调整一个细节就好。"

在毕业那天，我从他的手中接过了优秀毕业生的荣誉证书。那一刻，我方才明白，他似乎是在用一门课程的低分，激励我不敢懈怠地走过了大学四年，最终获得了满满的收获。现在想来，当时他对我说的那句话，便是典型的轻拍弹力球。好在他只拍了一次，却让我弹了四年。

商鞅变法（上）·勘探三生愿

【钩玄提要】

在人与人的交流中，想要清晰地了解对方的诉求，传播者必须在对话过程中想方设法去探索对方的真实意图。很多时候，因为彼此之间存在心理距离，对方不可能在谈话之初就主动暴露自己的真实想法。传播者需要在人际互动中采取有效的手段深度挖掘这些想法，与此同时做到准确地接收对方的反馈信息，以免让对方产生被侵犯了隐私的不良感受。

本节通过商鞅的故事，将为你讲述的说话技法与口语传播时对传播对象的想法的深度探索密切相关。本节的史料取材于《史记·商君列传》。

秦灭六国，这是大家都知道的结果。那么秦国一统天下，谁又是奠基人呢？对于这个人选，我相信很多人都有自己的见解，我也不例外。在我的心目中，我认为在秦灭六国这件事情上，居功至伟的人应该是著名的政治家、改革家、思想家、演说家商鞅。

再考大家一个问题，商鞅这个举足轻重的人物，他的姓氏是什么？如果你认为他姓"商"的话，你是不是太小看我出的这道题了？我怎么会在全书收官人物身上出一个谜底就在谜面上的题目呢？

【史料新说】

商鞅，是卫国国君侧室生的孩子，所以也叫"卫鞅"。要是你认为他姓"卫"，我只能说你又中圈套了。有些历史常识的小伙伴大概已经有些眉目了，既然是诸侯王的孩子，那么他的姓氏应该是周朝的贵族姓氏——"姬"姓。

如果你这么猜，我想说你已经猜对了一半，商鞅的祖先确实姓姬，不过商鞅却姓公孙，所以商鞅本名叫作公孙鞅。叫他商鞅，是因为商是他的封地；叫他卫鞅，是因为卫国是他的出生地。听起来是不是有些复杂呢？但再复杂也得说一下，因为这有利于你对下文的阅读。

这个出生在卫国的公孙鞅，却没有在卫国做事，而是去了魏国，在国相公叔痤手下当差。公叔痤是一个公私分明的人，在他垂暮病重的时候，特地对魏国国君魏惠王说道："如果我的身体无法康复，撒手人寰，请一定要把全国的政务交给我的手下公孙鞅！要是大王不愿意任用他，请务必把他杀了！不要让他到别国去效力。"

俗话说，"人之将死其言也善"。可是公叔痤就不是这样的人，他到死都够狠。魏惠王听完后，答应了公叔痤的要求，随后离开了。

公叔痤随后立即传唤了公孙鞅来到身边，对公孙鞅说道："我向魏王推荐了你作为下一任国相，可我觉得魏王不会接受这个建议。我本着为国家先考虑，建议魏王要是不任用你，就杀掉你，所以你赶紧跑路吧。"

估计公叔痤说这段话时内心很纠结，但我相信这个时候的公孙鞅心中一定不明白这到底是什么套路，心想：你这老头，前脚效忠国家，后脚就背叛国家，向我通风报信，你说你脑子里咋想的？

于是，公孙鞅对公叔痤说："没事儿，魏惠王既然压根不采纳您的推荐，又怎么会采纳您无端杀掉我的建议呢？您安心养病吧。"

公孙鞅就留在了魏国没有离开，而魏惠王在离开公叔痤的时候确实跟手下表达了意见，说公叔痤确实已经病入膏肓，老糊涂了，居然让他把全国的政务交给公孙鞅，简直可笑。

无论如何，虽然公孙鞅没有因为老上级的临终进言丢掉饭碗或者性命，但是聪明的他也明白，在魏国估计是没有机会了，毕竟国君不认为自己是个栋梁之材。终于有一天，公孙鞅打听到秦国的秦孝公发布了招贤榜，寻求天下有才能的人帮助秦国恢复当初秦穆公时代的威名霸业，于是公孙鞅决定前往秦国。

当时的秦国因为地处偏僻，又不参加中原诸侯的会议，渐渐被其他六国疏远。而且当时的很多人认为秦国属于不开化的落后地区，他们将其视为西戎一类。中国古代对于边远地区的部落、族群，按照方位有统一的称呼：东夷、南蛮、西戎、北狄。堂堂周天子下的诸侯王秦国，居然都被划为西戎一类，可见其国力确实有点上不了台面。

公孙鞅打动了秦孝公信赖的大臣景监，接着便受到了秦孝公的亲自接见。这次会面用了很长时间，据说秦孝公在这个过程中都要睡着了。结束之后只对推荐人景监说："你推荐的家伙大言欺人，不足以任用！"

景监生气地询问公孙鞅发生了什么事情。公孙鞅回答："没什么呀，我用尧、舜等五帝的治国之法和大王交谈，看起来他无法领会，麻烦你再安排一次会面。"

好脾气的景监在几天后，又安排了一次公孙鞅和秦孝公的会面。这一次公孙鞅的表现还是让秦孝公很不满意。景监又询问公孙鞅发生了什么事情，公孙鞅回答："没什么呀，我用禹、汤、文、武四位帝王的治国之术与大王交流，看起来他还是无法领会，麻烦你能不能再安排一次会面呢？"

于是，老好人景监只能再安排一次了。

这一次会面，秦孝公看上去比较开心，对景监说："这人还不错啊，但是我需要再找机会与他深谈一次！"

看到史料中的这句话后，会让人觉得这三个人到底是怎么一回事？一个心真大，一个脸皮厚，一个记忆力还有点问题。

景监看到了转机，便连忙问公孙鞅发生了什么事情。公孙鞅回答："没什么呀，我和大王聊了聊'春秋五霸'的治国方针，他挺有兴趣。"

公孙鞅第四次与秦孝公的面谈持续了好几天，在这个过程中秦孝公不但表现出非常大的兴趣，还不自觉地把坐垫往前挪了又挪。会谈一结束，秦孝公立刻宣布任命公孙鞅全权主持秦国的变法工作。

景监非常疑惑地询问公孙鞅："为什么大王的态度前后差别如此之大？你给他吃了什么药？"

公孙鞅回答："没什么呀，之前我和大王谈帝道、王道之术，大王认为时间太长了，等不起，他要自己在位的时候就能看到秦国强大，所以我介绍了富国强兵之术，大王非常满意。不过很遗憾，用这样的办法，秦国的德行就完全不能和殷、周建国时期媲美了。"

秦孝公虽然内心支持公孙鞅变法强国，但是总有些担心别人议论自己，于是伺机询问大家的看法。

公孙鞅直接说道："别犹豫，犹豫是干不成事情的。再说了，厉害的新事物本来就会被世俗非议，见识独到的人起初肯定会被人嘲笑。"

公孙鞅没有要停下来的意思，继续说道："愚昧的人即便干成了大事，都不知道事是怎么成的；聪明的人还没做，就能知道未来的发展；普通人只能分享成功的结果，但是绝对不能和他们一同谋划开局。所以，考虑至高道德的人不和世俗同流，成就称霸大业的人不与凡人合谋。圣人能使国家富强，何必循规蹈矩？能让百姓得利，何必纠结礼制？"

秦孝公听完立刻表态："说得好。"

秦国的旧贵族大臣甘龙，代表反方发言了："胡说！圣人不去改变民俗而是加以引导，聪明人不去改变礼制而是教育民众顺应礼制，沿用成功的规矩治理国家，官员习惯，百姓也不反感，变什么法！"

公孙鞅立刻反驳说："是啊，凡人习惯老习俗，书生拘泥老规矩，他们也只能做到奉公守法而已，指望他们谈改革就是搞笑。'三皇'统一天下，礼制都不相同；'五霸'割据一方，法制也各不相同。聪明人应该制定规矩，愚蠢的人才被规矩束缚。"

秦国旧贵族之一的杜挚，也代表反方发言说："谬论，谬论！没有足够多的好处就不能改变规矩，没有十倍以上的效果就不能变更礼制。被证明是成功的规矩照做不会错，谁敢说变法以后不出乱子呢？"

公孙鞅驳斥说："沿袭老规矩就一定能成功吗？真要如此，沿袭老规矩、老法度的夏朝、殷商怎么会灭亡？周武王难道不是变革了殷商的老规矩才统一天下的吗？变更老规矩的人不能被责难，因循守旧的人也不能被赞扬。治理国家一成不变就是自取灭亡，想要有利于国家就要不断进步！"

秦孝公听完说："好了，我已经没有疑虑了，秦国必须推行变法！"

最终，秦孝公颁布了变法的诏书，并任用公孙鞅为左庶长，全面负责秦国的变法改革。商鞅变法成就了秦国的飞速强盛，一统天下的发令枪终于鸣响了。

【技法正名】

在本节的史料故事中，公孙鞅使用了一个非常了得的说话技法，叫作勘探三生愿。

"勘探"是地质学工程中的重要工作方法之一，它的手段很多，包括钻探、坑探、物探、化探等，目的是查明地质及矿产等情况。笔者在说话技法中使用"勘探"一词，主要是为了表达出层层深入到传播对象的内心世界的意思。

"三生愿"中的"三生"是佛教用语，指代前生、今生和来生。用在这里，表明这个愿望不是普通愿望，而是被久久地埋藏在当事人的内心深处。这种愿望不会被挂在嘴上，也不容易被人轻而易举地发现，你不拿出点勘探精神，基本上感受不到，也发觉不了。

再看商鞅，他通过与秦孝公四次耐心的对话，才最终发现了秦孝公的真正诉求。一方面，这体现出商鞅锲而不舍的探索精神；另一方面，每一次探索必须有所深入，不能原地踏步，这样才能接近本质，看清说话对象内心深处的三生夙愿。

商鞅从尧、舜说到禹、汤、文、武，从"春秋五霸"说到富国强兵，每一次对话都大步迈进，最终发现了秦孝公的心愿。这才有了最终大刀阔斧地推行变法革新的可能。

【五星评跋】

让我们从现今的视角给上述史料中的对白做一个综合评定。

通过四轮会面，商鞅摸清了秦孝公内心的真实想法，针对这个诉求他制定了强国富民的方针政策，逻辑性上评定为9分。

面对改革中遇到的困难和反对势力的辩驳，商鞅逐一击破，坚定了秦孝公的信心，扫平了国内的阻力，策略性上评定为9分。

商鞅充分利用对手谈话中的弱点，适时地提出反例驳斥，在整个对话中完全占据了上风和主导地位，果真做到了"你们听我说就可以"的模式，表达力上评定为10分。

如果说商鞅与秦孝公的四次面谈是稳扎稳打、谨慎探索，那么他面对旧贵族势力的反对意见，则是旁征博引、令人信服，字字句句都强势碾压对手，即兴度上评定为8分。

商鞅变法是秦国富强的根本所在，奠定了秦国武力征服天下的物质基础，也造就了中国的第一个大一统王朝，影响力上评定为10分。

因此，在满分为50分，每10分为一星的标准下，我们将商鞅与秦孝公四轮面谈以及驳斥变法反对派的故事评定为46分，四星半。

【沙盘推演】

在现实生活中，那些意识到说话重要性的口语传播工作者，通常在对话中都是勘探高手。为什么这么说？从上述我为你所做的技法解析中不难发现，勘探三生愿的行为必须具备事先的充分酝酿，使用者需要做好大量的对话构想，为自己的层层深入做好博弈的准备。

一次，我在接受上海某杂志的采访时，记者从我的学历背景问到专业所长，从兴趣爱好问到工作经历。作为一名口语传播工作者，从对方的提问与归纳中，我可以分明地感觉到记者的采访技巧。

在采访即将结束前，他问我："林老师，在我对您有限的采访时间中，我了解到您的本科主修口头语言，博士主修传播学。将这两者结合后，有了目前在口语传播领域的专业建树。让我感受最深的是您很幸运，因为能够把兴趣和工作相融合的人都很快乐。那么，您在未来的专业发展中，最大的愿望是什么？"

你听出来了吗？这位记者的总结式提问完整地表述了他层层勘探的收获，梳理了双方对话的逻辑后，提出了终极问题，直指我的三生愿。

面对这样用心的记者，我当然很解风情，回答道："您做了那么多铺垫，事实上这才是采访的重点。语言是人类存在的一个标志，如果能够通过语言焊接起时代与时代的断点，联系起人与人的思维，这就能达成隔空同步，实现无缝对接。我们需要重新认识语言，致力于积极表达。我也深深地感谢那些历史人物留下的对话，它们让我能够跨越千年与他们一一照面。"

商鞅变法（下）·理得换心安

【钩玄提要】

口头语言的传播毕竟不是自己一个人的事，当涉及另一方或另几方时，你基本无法左右对方的表现。除了表达的内容和形式、态度和技法，有时也得依靠一些运气，这是很多教科书不曾提及但又无法回避的问题。然而，在说给别人听的同时，你永远是自己的第一位听众。在传播者尽了自己最大的努力后，其他的就留给一份心安了。

本节通过商鞅的故事，将为你讲述的说话技法与口语传播时理由的陈述密切相关。本节的史料取材于《史记·商君列传》。

"这家伙就是个刻薄寡恩之人，当初用帝王之术游说秦王，这些理论根本不是他的信仰，全是口中的浮云而已。依靠秦王宠臣的推荐得势，一上位就对秦王的亲戚用刑，还用卑鄙的方式欺骗了魏国公子，不听忠臣的规劝，更加证明了他的寡恩，我看他编纂的开拓边塞、发展耕战的著作和他的真实行为类似。他最终以谋反罪被杀，简直是罪有应得。"

这段话出自《史记》的作者司马迁，而他所说的人就是商鞅。在中国历史上，评价褒贬不一、毁誉参半的人有很多，其中商鞅尤甚。虽然他帮助秦国强大了起来，但是历史上的商鞅到底干了些什么事情，让太史公笔笔如刀地写下如此严厉的评语呢？就让我们一起再次走进商鞅的故事。

【史料新说】

上一节我写到商鞅说服了秦孝公决定变法，而本节给读者呈现的故事得从秦国变法已经一周年的时候开始。

此时在秦国，跑去向有关部门诉苦说新法律不人性、不方便的百姓已经达到了上千人，商鞅的变法遇到了巨大的阻碍。也就在这个时候，秦国的太子触犯了新法。商鞅认为百姓不守法，是因为有特权阶级不守法，虽说无法处罚太子，但他按照律例处罚了太子的老师秦国公子虔，还将太子的另一位老师公孙贾处以了黥刑。秦国的百姓看到如此显贵的人都被上刑，于是纷纷闭嘴，不再诉苦了。

在新法施行十周年时，秦国路不拾遗、天下无贼，百姓丰衣足食，都乐意为国而战，社会秩序很好。那些当初说新法不人性、不方便的人们变了口风，都来首都夸奖新法好，新法妙，新法呱呱叫。

商鞅却立刻命令将这些曾经搬弄过是非的人，移送到秦国的边境地区去戍边，自此秦国再也没有任何人敢议论法律法规了。

新法施行了十三年时的秦国已经统一了国内的度量衡——统一了计量物体的长短、容积的大小、物体的轻重的标准。秦国的国力大大提升，于是秦孝公将首都迁到了咸阳。

新法施行了十四年后，秦国公子虔又触犯了律例，被施行了劓刑，削掉了鼻子。

新法施行了十五年后，周天子把祭祀用的肉赐给秦孝公以表彰其功绩，各国诸侯都来祝贺，再也没有人看不起秦国。

新法施行了十六年后，魏国被齐国打败，魏太子申被齐国俘虏，还折损了大将庞涓。

新法施行了十七年后，商鞅终于对秦孝公说："该趁这个机会进攻魏国了，相信他们刚刚败于齐国，必然会向我们求和，我们就趁机霸占魏国的黄河、崤山的险要地区，把这里当作进攻其他六国的跳板。"

秦孝公接受了商鞅的建议，发兵进攻魏国。此时的商鞅做了一件非常没有道义的事情：他欺骗魏国公子昂，说自己对魏国还有感情，不如大家见面叙叙旧，定个和平条约各自回家算了。讲义气的公子昂相信了商鞅的话，前来会盟。酒席中商鞅翻脸不认人并且俘虏了公子昂，还趁机派兵彻底击败了魏国的军队。魏王不得不割让领土给秦国，迁都大梁。做完这件龌龊的事情，再也没有人愿意和商鞅做朋友了。

魏王后悔地说道："当初就应该听公叔痤的话，要不然任用他，要不然就杀了他！"

秦孝公因为这个功劳而把於地、商地的十五座城赏给了商鞅，这就是他的名字"商鞅"的来历。

此时的商鞅功绩彪炳，秦国也是法制严厉，很多贵族都特别忌恨他。有一位正直的大臣赵良求见商鞅。商鞅见到赵良后，对他说道："我能见你是因为孟兰皋的引荐，既然他很推崇你，那么咱们交个朋友如何？"

如果是普通人，见到权倾朝野的商鞅主动要求结交，早就接受了。可是，赵良很有智慧，却回答："我不敢接受，孔子曾经说，只有结交贤才，才能吸引受到人民爱戴的人来投奔；把不靠谱的人聚集在身边，即使称霸天下，有才能的人也会离开这个人的。我觉得我这个人不靠谱，还是别和您结交比较好。我还听说，不在其位但占据其位叫作贪位，没有盛名却享受盛名叫作贪名。我要是成为您的朋友，我怕贪位、贪名这两条都跑不了，所以我想咱们还是别结交了吧！"

商鞅好像从这段话里听出了什么，就问赵良："看起来，先生对我治理秦国有不满意的地方？"

赵良回答说："能听反对意见叫作聪，能自我反省叫作明，能自我克制叫作强。舜帝曾说只有知道自谦的人才会被人尊重，您直接按照舜帝的说法做不就好了吗？何必问我是不是有不满意的呢？"

赵良对商鞅很不留情面，商鞅有些不甘心，继续说道："当初秦国被人蔑称为西戎，我改变了秦国的习俗，教化了百姓，国力增强，宫殿雄伟，你自己说说看，我治理秦国和百里奚相比，谁更有才能？"

赵良回答道："一千张羊皮比不过一块上好的狐狸腋下的皮值钱，一千个人的附和奉承不如一个人的仗义执言。周武王允许百官直言进谏，所以国家昌盛；商纣王不准大臣议论则导致国家灭亡。如果您不反对周武王的做法，那么我接下来说的话，您不能惩罚我，答应不答应？"

商鞅立即回答："听着顺耳的话如同花朵，忠实坦诚的话如同果实。逆耳忠言如良药，阿谀奉承会是恶疾。如果先生愿意直言进谏，那就是我的良药，我愿意拜你为老师，可是你为什么不愿意和我交往呢？"

赵良听到商鞅这么说，把在心里憋了很久的话一股脑儿地说了出来："百里奚是楚国的乡巴佬，听说秦穆公贤明想去拜见，因为没有路费，就把自己卖身为秦国人的奴隶，穿残破的衣服喂牛。一年后秦穆公才知道这件事情，硬生生地把百里奚从喂牛的仆人提拔到万人之上的相国，整个秦国没有人敢埋怨。

"百里奚作为秦国宰相六七年，东征郑国，三次拥立晋国国君。一次出兵救援故乡楚国，在秦国实施仁政，教育百姓，连少数民族都来进贡，晋国贵族由余为此敲门投奔。

"百里奚出门再累也不坐车，再热也不打伞，在城中进进出出从不带随从、护卫。他的功劳被记录在书里，流传于后世。他去世的时候，无论男女都流泪悲伤，孩子也不唱歌谣，农民悲伤得连劳动号子都喊不出来，这就是百里奚的功德。

"您见到秦孝公，靠的是近侍权臣景监的推荐，和百里奚怎么比？

"您在秦国做宰相，不为百姓谋福利，而去造宫殿，和百里奚又怎么比？

"您对太子的老师用刑，对百姓采用严酷的刑律，这种积累怨恨、祸患的事情，和百里奚更怎么比？

"教化比命令更让人民信服，学习贤良比酷刑教育更有力量。您用酷刑管理国家的行为，根本谈不上教化人民，和百里奚还怎么比？

"您在自己的封地里，面南背北做土皇帝，处罚贵族阶级，和百里奚能比吗？

"《诗经》里说，老鼠和人都具备肢体和躯干，要是人没有礼法和老鼠有什么区别，还不如赶紧去死。您让我怎么夸您比百里奚强呢？

"《诗经》还说，得人心者兴旺发达，失人心者崩溃灭亡。您现在做的这些事，没有一件是得人心的事。您每次出门，都配有数十辆车和身强力壮的随从。这些随从全副武装、手握长矛、寸步不离地跟随，没保镖您敢出门溜达一圈试试吗？

"您现在就如同清晨的露水一样危在旦夕，到底想不想活得久一点？如果您想长命百岁，赶紧把封地还给秦国，去偏远地区浇菜种地，不问世事；让秦王多重用贤能之人，按功赐爵；让百姓敬养老人，抚育孤儿，父兄互爱。这样您才能保住卿卿性命。要是您贪图封地的富裕，在乎权倾朝野的快感，持续压迫百姓，积聚怨恨，一旦秦王没法罩着您，整个秦国想收拾您的人还少吗？您丧命的日子就同抬脚那样迅速地到来。"

面对赵良的劝告，商鞅完全听不进去。即使听进去了，谁又肯放弃眼前的一切呢？五个月后，秦孝公病逝了。太子即位，公子虔立刻以商鞅造反的罪名捉拿商鞅，商鞅不得不逃去边境。黄昏时他打算投宿旅店，却被伙计告知："商君的新法规定，没有证件不能入住，否则我们也要被定罪。"

商鞅哀叹："真是木匠戴枷，自作自受啊！"于是，他越过国境线逃去了魏国。魏国人憎恨他靠耍奸计欺骗了魏国公子昂，夺取了魏国的土地，不但不肯接受商鞅，还把他遣送回了秦国。

最终，新登基的秦惠文王在广场上把商鞅处以车裂的极刑，并将其满门抄斩。

【技法正名】

商鞅"终于"死了。而赵良一番中肯的言辞，给我们展示了一个说话技法——理得换心安。

有一个成语叫作"心安理得"，它的意思是由于当事人觉得自己的言行有道理，所以心中特别坦然和安逸。我能找到这个成语的出处，但我无法找出当初创作者为何要用先"心安"，再用"理得"的排序方法来设计这个成语。因为从逻辑上看，"心安"无法在先，它也没法换来"理得"，凭空的坦然和安逸是很难出现的，除非你是一个唯心论高手。

想来想去，只有一种可能成为这个成语这么排序的理由，那就是口语传播时读起来顺口。本节的说话技法试图恢复它原有的逻辑，只有当事人言行有了道理，才能换来心底的坦荡。在上述史料中，赵良并没有说服商鞅，最后商鞅的下场也正如赵良预料的一样。读者也许会疑惑，没有说服别人的技法算作什么技法？这里需要郑重其事地说明一点，传播分为很多种形式，有人际传播、群体传播、组织传播、大众传播，还有自我传播。说服他人是一种说话技法，而说服自己也是成功说服的一种表现，并且很重要，很多人往往没法过自己这一关。

赵良一定知道商鞅的强势态度，但作为一名良臣，无法说服难道就不说了吗？聪明一些，只要确保自己的命不搭上，即使不成功，说还得照样说。赵良就是这么做的，先迂回反复，在得到商鞅即便自己直言，也不会受到惩罚的应承后，才大胆进言。他表达的内容句句在理，纵使商鞅不能照办，也能换得作为良臣的一份心安，这就是典型的"为了别人好，说给自己听"。这个技法和本书讲晁错那节"在其位谋其言"的技法还是有所区别的，一个是为了心安，一个是视死如归。

【五星评跋】

让我们从现今的视角给上述史料中的对白做一个综合评定。

赵良从道德、行为、礼法、隐患、心态、局势上做了详尽的分析，指出了商鞅多行不义必自毙的道理，逻辑性上评定为10分。

赵良先从商鞅口里得到了仗义执言不会获罪的免死金牌，然后再放大招疯狂地吐槽，策略性上评定为10分。

赵良顺着商鞅狂妄自比百里奚的态度，一条一条地指出商鞅行事与百里奚的巨大差别，以此告诫商鞅末日将近的道理，表达力上评定为7分。

也许一肚子怨言的赵良在家都这样骂过很多次了，相信不会全部都是临时应答，而且毕竟是靠别人的引荐才见到商鞅，这些应该是计划过了的临时讲述，即兴度上评定为6分。

赵良深刻地剖析了暴政酷刑管理下的国家并非一片祥和的事实，明确了仁政才是治国安邦的核心要素，人心所向才是国家凝聚力的真实体现，影响力上评定为10分。

因此，在满分为50分，每10分为一星的标准下，我们将赵良告诫商鞅的故事评定为43分，四星。

【沙盘推演】

如今，我们不会像历史人物那样打打杀杀，如果商鞅不死，估计事后会更器重赵良，因为他全部说中了。在现实生活中，理得换心安的技法不仅可以说给自己听，更能对事件的走势产生一定的影响。

在大学本科的学习中，口头语言教学属于艺术类课程，而艺术类的学生往往被视作文化成绩较弱的生源。也许这在某种程度上属实，但艺术类的孩子也有自己的艰辛，他们需要比其他专业的学生更严格地管理自己的传播形象。

每当寒假过年前，我都会对他们叮嘱一番："各位同学，马上就要过年了，过年对别人是阖家团圆，对你们却是危机四伏。大吃大喝，方言互怼，开学后能让你们有种一夜回到解放前的感觉。我知道，面对年味的情不自禁，刚才那番话我说了也白说。可作为你们的老师，哪怕白说我也得说，因为这是我必须做的，这样哪怕当新学期看到你们'脑满肠肥'地回来，我也能问心无愧。"

这就是理得换心安的典型做法。别忘了说服自己也是需要本事的——你骗得了谁，也骗不了自己。